Der Deutsche Olympische Sportbund in der Zivilgesellschaft

Sebastian Braun (Hrsg.)

Der Deutsche Olympische Sportbund in der Zivilgesellschaft

Eine sozialwissenschaftliche Analyse zur sportbezogenen Engagementpolitik

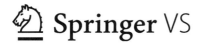

Herausgeber
Sebastian Braun
Humboldt-Universität zu Berlin,
Deutschland

ISBN 978-3-531-18472-2   ISBN 978-3-531-94203-2 (eBook)
DOI 10.1007/978-3-531-94203-2

Die Deutsche Nationalbibliothek verzeichnet diese Publikation in der Deutschen Nationalbibliografie; detaillierte bibliografische Daten sind im Internet über http://dnb.d-nb.de abrufbar.

Springer VS
© Springer Fachmedien Wiesbaden 2013
Das Werk einschließlich aller seiner Teile ist urheberrechtlich geschützt. Jede Verwertung, die nicht ausdrücklich vom Urheberrechtsgesetz zugelassen ist, bedarf der vorherigen Zustimmung des Verlags. Das gilt insbesondere für Vervielfältigungen, Bearbeitungen, Übersetzungen, Mikroverfilmungen und die Einspeicherung und Verarbeitung in elektronischen Systemen.

Die Wiedergabe von Gebrauchsnamen, Handelsnamen, Warenbezeichnungen usw. in diesem Werk berechtigt auch ohne besondere Kennzeichnung nicht zu der Annahme, dass solche Namen im Sinne der Warenzeichen- und Markenschutz-Gesetzgebung als frei zu betrachten wären und daher von jedermann benutzt werden dürften.

Gedruckt auf säurefreiem und chlorfrei gebleichtem Papier

Springer VS ist eine Marke von Springer DE. Springer DE ist Teil der Fachverlagsgruppe Springer Science+Business Media
www.springer-vs.de

Vorwort

Der vorliegende Bericht beinhaltet zentrale Ergebnisse einer Untersuchung über den „Deutschen Olympischen Sportbund (DOSB) in der Zivilgesellschaft", die vom Forschungszentrum für Bürgerschaftliches Engagement und der Abteilung Sportsoziologie an der Humboldt-Universität zu Berlin im Zeitraum von 2009 bis 2011 durchgeführt wurde. Das Forschungsprojekt ist in die „Nationale Engagementstrategie" eingebettet, die von der Bundesregierung im Jahr 2010 vorgelegt wurde. Es wurde in Kooperation mit dem DOSB realisiert und durch das Bundesministerium für Familie, Senioren, Frauen und Jugend (BMFSFJ) aufgrund eines Beschlusses des Deutschen Bundestages gefördert.

Neben den Ergebnissen dieses Forschungsprojekts fließen in den vorliegenden Bericht ausgewählte Befunde der „sportbezogenen Sonderauswertung der Freiwilligensurveys 1999 - 2009" ein, die auf der Basis der breit angelegten Umfragen zum ehrenamtlichen und freiwilligen Engagement in Deutschland in den Jahren 1999, 2004 und 2009 realisiert wurde. Die Ergebnisse dieses Projekts, das durch das Bundesinstitut für Sportwissenschaft (BISp) und den DOSB gefördert wurde, wurden zeitgleich in einer gesonderten Publikation dokumentiert (Braun, 2011a), so dass in der vorliegenden Broschüre nur noch einmal ausgewählte Befunde zur Plausibilisierung von Argumentationszügen und zur Visualisierung aktueller Forschungsergebnisse aufgegriffen werden.

Zur Ergebnispräsentation der beiden Forschungsprojekte haben wir im „Europäischen Jahr der Freiwilligentätigkeit zur Förderung der aktiven Bürgerschaft" am 8. Juni 2011 in Berlin den Fachkongress „Engagementpolitik des organisierten Sports – Traditionen, Innovationen und Potenziale im Spiegel der Freiwilligensurveys 1999 - 2009" veranstaltet. Der Fachkongress ist ebenfalls in die „Nationale Engagementstrategie" der Bundesregierung eingegangen und wurde wiederum durch das BMFSFJ, den DOSB und das BISp gefördert. Ziel des Kongresses war es, auf der Basis der hier dokumentierten Ergebnisse Elemente einer Agenda für eine „sportbezogene Engagementpolitik" mit Expertinnen und Experten aus Politik, Sportverbänden und -vereinen, Unternehmen und unterschiedlichen Akteuren der Zivilgesellschaft zu erörtern.

Die Autoren danken dem BMFSFJ, dem DOSB und dem BISp für die wertvolle Unterstützung wie auch die konstruktive Zusammenarbeit im Rahmen der mehrjährigen Forschungsarbeiten.

Berlin, Juni 2011

Inhaltsverzeichnis

Vorwort   5

Inhaltsverzeichnis   7

1   **Einleitung**   13
Sebastian Braun

Teil A Einordnungen:
Diskussionen, Positionen und Thesen

2   **Gesellschaftlicher Wandel als Gestaltungsoption: Eine „sportbezogene Engagementpolitik" als Zielperspektive?**   18
Sebastian Braun
    2.1   Aktivität und Engagement im vereins- und verbandsorganisierten Sport   18
    2.2   „Partnerschaftliche Zusammenarbeit" zwischen Staat und Sport im deutschen Modell der Interessenvermittlung   22
    2.3   Neue Verantwortungsteilung zwischen Staat und Gesellschaft   24
    2.4   „Engagementpolitik" als neues Politikfeld   26
    2.5   Erosion der zivilgesellschaftlichen Konturen im vereins- und verbandsorganisierten Sport?   29
    2.6   Eine „sportbezogene Engagementpolitik" des DOSB? Zielstellung der Untersuchung   32

3   **Der DOSB als Dachorganisation des vereins- und verbandsorganisierten Sports in Deutschland**   33
Sebastian Braun & Doreen Reymann
    3.1   Ordnungs-, Programm- und Dienstleistungsfunktion des DOSB   33
    3.2   Aufbau des vereins- und verbandsorganisierten Sports in Deutschland   34
    3.3   Formalstruktur des DOSB   35
    3.4   Der DOSB als Gegenstand der empirischen Untersuchung   39

4   **Methodische Anlage der Untersuchung**   40
Tina Nobis & Sebastian Braun
    4.1   Inhaltsanalytische Auswertungen von Dokumenten des DOSB   40
    4.2   Sportbezogene Sonderauswertung der Freiwilligensurveys 1999 - 2009   44

Teil B Analysen:
Thematische Schwerpunkte und empirische Befunde

5 Multikulturelle Zivilgesellschaft? Sportverbände und -vereine als Akteure der Integrationsarbeit   46
Tina Nobis
- 5.1 Integration durch Sport oder Integration durch bürgerschaftliches Engagement?   48
  - 5.1.1 Ausgangspunkte   48
  - 5.1.2 Integrationspotenziale des organisierten Sports: Was sagen die DOSB-Dokumente?   49
  - 5.1.3 Fazit und Perspektiven   53
- 5.2 Heterogene Zielgruppen = differenzierte Sportprogramme? Migrantinnen im Fokus der sportbezogenen Integrationsarbeit des DOSB   55
  - 5.2.1 Ausgangspunkte   55
  - 5.2.2 Anerkennung von Heterogenität: Migrantinnen im Fokus der Integrationsarbeit des DOSB   55
  - 5.2.3 Fazit und Perspektiven   58
- 5.3 Interkulturelle Öffnung als Anspruch des DOSB: Wer soll sich öffnen und wie?   59
  - 5.3.1 Ausgangspunkte   59
  - 5.3.2 Interkulturelle Öffnung in der Integrationsarbeit des DOSB   59
  - 5.3.3 Fazit und Perspektiven   62
- 5.4 Der DOSB und seine Sportvereine als Kooperations- und Netzwerkpartner   62
  - 5.4.1 Ausgangspunkte   62
  - 5.4.2 Netzwerke und Kooperationen als Anliegen der Integrationsarbeit des DOSB   63
  - 5.4.3 Fazit und Perspektiven   66
- 5.5 Vom Defizit- zum Potenzialdiskurs? Zum Integrationsverständnis des DOSB   66
  - 5.5.1 Ausgangspunkte   66
  - 5.5.2 Integrationsverständnis in den Dokumenten des DSB/DOSB   68
  - 5.5.3 Fazit und Perspektiven   69

6 Das Ehrenamt im Alter(n)sprozess? Engagementpolitische Perspektiven für ein neues Alter(n) im Sport   70
Doreen Reymann & Sebastian Braun
- 6.1 Einleitung   70
- 6.2 Altersstrukturwandel und Beteiligung im Handlungsfeld Sport und Bewegung   71

6.2.1	Ausgangspunkte	71
6.2.2	Ergebnisse der sportbezogenen Sonderauswertung der Freiwilligensurveys 1999 - 2009	71
6.2.3	Fazit	74
6.3	Altersbilder als soziale Konstruktionen	75
6.3.1	Ausgangspunkte	75
6.3.2	Altersbilder im vereins- und verbandsorganisierten Sport: Was sagen die Dokumente des DSB/DOSB?	76
6.3.3	Fazit und Perspektiven	78
6.4	Von der Randgruppe zur Perspektivgruppe – Entwicklung eines Themas	79
6.4.1	Ausgangspunkte	79
6.4.2	Das Thema Alter(n) im DSB/DOSB als zu entwickelndes Themenfeld: Rekonstruktionsversuche	80
6.4.3	Fazit und Perspektiven	84
6.5	Heterogenität der Älteren	85
6.5.1	Ausgangspunkte	85
6.5.2	Zielgruppenorientierung: Heterogenität der Älteren in den Dokumenten des DSB/DOSB	86
6.5.3	Fazit und Perspektiven	88
6.6	Gewinnung von Älteren als Ehrenamtliche im Sportverein	89
6.6.1	Ehrenamtliches Engagement von Älteren in den Dokumenten des DSB/DOSB	89
6.6.2	Fazit und Perspektiven	91
6.7	Netzwerke und Kooperationen	92
6.7.1	Ausgangspunkte	92
6.7.2	Innerverbandliche und außerverbandliche Zusammenarbeit im „Sport der Älteren": Was lassen die Dokumente des DSB/DOSB erkennen?	93
6.7.3	Fazit und Perspektiven	97

7 Lernen in Bildungslandschaften: Engagementpolitische Perspektiven für die Bildungsarbeit im Sport — 98

Stefan Hansen

7.1	Einleitung	98
7.1.1	Bildung und bürgerschaftliches Engagement – eine neue Rolle von Vereinen und Verbänden im Bildungsmix?	98
7.1.2	Ergebnisse der sportbezogenen Sonderauswertung der Freiwilligensurveys 1999 – 2009	99
7.1.3	Bildung und bürgerschaftliches Engagement: Dokumentenanalysen	103
7.2	Qualifizierung als Teil einer Anerkennungskultur im vereins- und verbandsorganisierten Sport	104
7.2.1	Ausgangspunkte	104
7.2.2	Zur Funktion des Qualifizierungssystems in den Dokumenten des DSB/DOSB	105
7.2.3	Fazit und Perspektiven	108
7.3	Informelle Lernprozesse im bürgerschaftlichen Engagement – zur Perspektive des DOSB auf eine neue Form des Bildungserwerbs	109

		7.3.1	Ausgangspunkte	109
		7.3.2	Informelle Lernprozesse im bürgerschaftlichen Engagement in den Dokumenten des DSB/DOSB	110
		7.3.3	Fazit und Perspektiven	112
	7.4	Lernen in Bildungslandschaften: Perspektiven des DOSB auf Vernetzungen mit lokalen Bildungsakteuren		113
		7.4.1	Ausgangspunkte	113
		7.4.2	Vernetzung im Bildungsbereich: Was sagen die Dokumente des DSB/DOSB?	115
		7.4.3	Fazit und Perspektiven	118

8 Profit und Gemeinwohl? Engagement-Partnerschaften zwischen Wirtschaft und Sport **120**
Sebastian Braun
  8.1 Einleitung 120
  8.2 „Tue Gutes und profitiere davon" – Suchbewegungen im Feld des bürgerschaftlichen Engagements von Unternehmen 121
  8.3 Konzeptionelle Schärfungen: CC und CSR als modernisierte Varianten des gesellschaftlichen Engagements von Unternehmen 123
  8.4 Zwischen Tradition und Neuorientierung: Bürgerschaftliches Engagement von Unternehmen in Deutschland 127
    8.4.1 Ausgangspunkte 127
    8.4.2 Bürgerschaftliches Engagement von Unternehmen: Was lassen die empirischen Ergebnisse erkennen? 128
    8.4.3 Fazit und Perspektiven 130
  8.5 Zwischen „anti-kommerzieller Gegenwelt" und „Sponsoring-König" – ambivalente Traditionen zwischen Sport und Wirtschaft 131
    8.5.1 Kernargumente zum Verhältnis von „Sport" und „Wirtschaft" 131
    8.5.2 Fazit und Perspektiven 134
  8.6 Kooperationsprojekte zwischen dem DOSB und Großunternehmen 134
    8.6.1 Ausgangspunkte 134
    8.6.2 Kooperationsprojekte: Was lassen die Dokumentenanalysen erkennen? 135
    8.6.3 Fazit und Perspektiven 139

Teil C Bilanzen:
Zusammenfassung und Perspektiven

9 Aspekte einer sportbezogenen Engagementpolitik: Ergebnisse und Ausblicke **143**
Sebastian Braun, Stefan Hansen, Tina Nobis, Doreen Reymann
  9.1 Expansion und Pluralisierung der Sport- und Bewegungskultur 143
  9.2 Ehrenamtliches und freiwilliges Engagement als Basis des vereins- und verbandsorganisierten Sports 144
  9.3 „Partnerschaftliche Zusammenarbeit" zwischen Staat und Sport im Kontext (neo-)korporatistischer Beziehungsmuster 147

9.4	Engagementpolitik im Kontext des Wandels von Staatlichkeit	148
9.5	Der DOSB als „engagementpolitischer Akteur"	150
9.6	Multikulturelle Zivilgesellschaft? Sportverbände und -vereine als Akteure der Integrationsarbeit	151
9.7	Ehrenamt im Alter(n)sprozess? Engagementpolitische Perspektiven für ein neues Alter(n) im Sport	156
9.8	Lernen in Bildungslandschaften: Engagementpolitische Perspektiven für die Bildungsarbeit im Sport	162
9.9	Profit und Gemeinwohl? Engagement-Partnerschaften zwischen Wirtschaft und Sport	165
9.10	Auf dem Weg zu einer sportbezogenen Engagementpolitik	170

Literaturverzeichnis   **173**

Die Autoren   **195**

1 Einleitung

Sebastian Braun

Vom Wohlfahrtsstaat zum Wohlfahrtsmix

Die Frage nach der „Zukunft des Wohlfahrtsstaats" steht abermals im Zentrum öffentlicher Diskussionen in Deutschland. Wie soll es weitergehen mit dem „Modell Deutschland", das über wenige Jahrzehnte so vielen Menschen soziale Sicherheit und gesellschaftliche Teilhabe verschaffte?

Die Diskussionen der letzten Jahre haben viele Fragen aufgeworfen, die an vielfältige Debatten der 1970er Jahre anknüpfen. Damals wurden unter dem Eindruck einer weltweiten Wirtschaftsflaute und steigenden Arbeitslosenzahlen nicht nur die „Grenzen des Wachstums" (Meadows, 1972) thematisiert, sondern auch das sozialdemokratische Modell vom „Staat als Hüter und Wächter des Gemeinwohls" (Naschold, 1993) in Frage gestellt. In diesem Modell spielte die „aktive Bürgerschaft" noch eher eine untergeordnete Rolle: Nicht hohe Beteiligungsquoten und der Input der Bürger[1], sondern das staatliche Leistungsniveau und der Output des politischen Systems galten als Maßstab für die Funktionstüchtigkeit des Gemeinwesens (vgl. Braun, 2001, Zimmer, 2007).

In den Folgejahren wurde dieses „wohlfahrtsstaatliche Arrangement" (Kaufmann, 1997) allerdings von verschiedenen Seiten kritisiert. Dabei berührten sich Forderungen nach Entstaatlichung, Privatisierung und Subsidiarität auf „liberal-konservativer" Seite mit der „demokratiepolitischen" Wiederentdeckung von sozialen Bewegungen und sozialem Pluralismus auf „links-alternativer" Seite (vgl. Peters, 1993).

Vor diesem Hintergrund werden auch die aktuellen Auseinandersetzungen über die Ausgestaltung des Wohlfahrtsstaats in Deutschland weitergeführt, die sich auf grundlegende Veränderungen und neuere Strategien zur Modernisierung der staatlich regulierten Sicherungssysteme konzentrieren. Seit Mitte der 1980er Jahre reüssieren dabei marktliberale Vorschläge, die vor allem unter dem Etikett „New Public Management" bekannt wurden. Die Vorschläge reichen von der Modernisierung des Managements nach privatwirtschaftlichen Mustern über die Einführung von Wettbewerbsmechanismen bis hin zur Privatisierung wohlfahrtsstaatlicher Leistungen (vgl. im Überblick z.B. Reichard & Wollmann, 1996; neuerdings z.B. Leibfried & Zürn, 2006; Lessenich, 2008).

Zwar herrscht bislang alles andere als Einigkeit zwischen Befürwortern und Gegnern derartiger Vorschläge. In einem Punkt war ihre Argumentationsbasis bisher aber ähnlich: Markt, Staat und der einzelne Bürger wurden zumeist isoliert betrachtet. Genau in diese Lücke sind in den letzten Jahren die Kritiker gestoßen: Sie fordern eine Neuordnung der institutionellen Arrangements des wohlfahrtsstaatlichen Systems und betonen dabei insbesondere die Stärkung von bürgerschaftlicher Mitwirkung, Selbsthilfe und Selbstorganisation in Vereinen, Projekten und Initiativen (vgl. Braun, 2011c). Der Staat gilt zwar weiterhin

---

[1] Ausschließlich zur sprachlichen Vereinfachung bzw. aus Gründen der Lesbarkeit verwenden wir im Folgenden die männliche Bezeichnung von Personen, womit stets beide Geschlechter gemeint sind.

als maßgeblicher Träger sozialer Dienste und Einrichtungen, da davon ausgegangen wird, dass Selbstorganisation und Selbsthilfe die Leistungen professionalisierter und bürokratisierter sozialer Sicherung nicht ersetzen können. Ihm werden aber vor allem strategiebildende, regulierende, gewährleistende und moderierende Aufgaben zugesprochen (vgl. im Überblick z.B. Evers & Olk, 1996).

Vom „schlanken" zum „gewährleistenden Staat" lautet ein Motto, das eine „neue Verantwortungsteilung" zwischen Staat und Gesellschaft vorsieht. Diese Akzentverlagerung begründet auch die Popularität „wohlfahrtspluralistischer" Ansätze, die vor allem den Unterschied zur Sozialstaatlichkeit betonen (vgl. z.B. Bleses & Seeleib-Kaiser, 2001; Evers & Olk, 1996; Evers & Wintersberger, 1990; Dettling, 1995; Kaufmann, 1994, 1997). Einerseits wird der Bürger nicht nur als Klient und Konsument, sondern mit seinem bürgerschaftlichen, freiwilligen und ehrenamtlichen Engagement in Verbänden, Vereinen, Projekten und Initiativen als wichtige Säule im gesellschaftlichen Bedarfsausgleich betrachtet. Andererseits soll sich der Staat auf die Gewährleistungsfunktion beschränken und die Vollzugs- und Finanzierungsverantwortung zunehmend an freiwillige Vereinigungen der Bürger abtreten.

Die Debatten über eine derartige „neue Verantwortungsteilung" zwischen Staat und Gesellschaft sind nicht nur auf den vielfach postulierten „Rückzug des Staates" durch die Privatisierung öffentlicher Aufgaben zu reduzieren, sondern betonen vor allem einen „Funktionswandel" des Staates: „Der Staat sichert die Leistungen, die nicht mehr unter seiner Verantwortung erbracht werden, durch Regulierungen. Der Staat weicht also nicht, er definiert seine Rolle im Konzert der Anbieter öffentlicher Leistungen neu. Es handelt sich also nicht notwendig um eine Schwächung des Staates, sondern um einen Funktionswandel", den man auch „als „Anlagerung von Staatlichkeit an andere, zum Teil neue und insbesondere nicht-staatliche Akteure bezeichnen kann" (Schuppert, 2008, S. 15). „Der Staat bekommt Gesellschaft" – und zwar, wie Schuppert (2008, S. 15) betont, „eine hochwillkommene, vom Staat selbst eingeladene Gesellschaft. Denn es ist der Staat selbst, der ‚Partner für Staatlichkeit' sucht, weil er auf deren Kompetenz, Know-how oder finanzielle Ressourcen angewiesen ist."

Engagementpolitik als Eckpfeiler im neuen Wohlfahrtsmix

Einen Eckpfeiler bei der Ausgestaltung dieses neuen „Wohlfahrtsmix" soll das Politikfeld der „Engagementpolitik" bilden, über das in den letzten Jahren in fachpolitischen und fachwissenschaftlichen Kontexten zunehmend diskutiert wird (vgl. Olk, Klein & Hartnuß, 2010). Um gesellschaftliche Probleme zu bearbeiten und zu lösen, soll Engagementpolitik einen substanziellen Beitrag zur Entwicklung eines veränderten Kooperationsmodells zwischen Staat, Markt und der Zivilgesellschaft als dem „selbst-organisierten, dynamischen, spannungsreichen, öffentlichen Raum der Vereine, Netzwerke, Bewegungen und Organisationen zwischen Staat, Wirtschaft und Privatsphäre" (Kocka, 2003, S. 33) leisten. Zugleich soll es „engagementförderliche" Rahmenbedingungen für Individuen und zivilgesellschaftliche Akteure schaffen (vgl. z.B. Bundesregierung, 2010).[2]

---

[2] Der breite ideengeschichtliche Hintergrund, der sich mit dem Begriff der „Zivilgesellschaft" verbindet, kann im vorliegenden Untersuchungszusammenhang nicht weiter ausgeführt werden. Klein (2001) gibt speziell auch mit Blick auf die laufenden Diskussionen über das bürgerschaftliche Engagement in Deutschland einen ausgezeichneten Überblick über die Klassiker der politischen Ideengeschichte.

„Engagementpolitik" geht es insofern um politik-praktische Übersetzungsversuche einer zivilgesellschaftlichen Reformpolitik gesellschaftlicher Institutionen in Deutschland, die bereits in dem einschlägigen Bericht der Enquete-Kommission des Deutschen Bundestages (2002) zu Fragen der „Zukunft des Bürgerschaftlichen Engagements" angelegt waren. Dabei thematisiert „Engagementpolitik" Fragen der Förderung bürgerschaftlichen Engagements dezidiert als Querschnittsthema, das vielfältige Verflechtungen mit anderen Politikfeldern aufweist. Dazu gehört neben der Sozial-, Arbeitsmarkt-, Bildungs-, Integrations- oder Gesundheitspolitik auch die Sportpolitik, die in die laufenden engagementpolitischen Debatten allerdings mit unterschiedlicher Aufmerksamkeit „eingebettet" werden.

Auch wenn die vielfältigen Argumentationszusammenhänge über den beobachtbaren „Funktionswandel von Staatlichkeit" und die Etablierung eines Politikfelds der „Engagementpolitik" ausgesprochen kontrovers diskutiert werden, ist davon auszugehen, dass die aktuellen Entwicklungen speziell für Nonprofit-Organisationen – wie den Deutschen Olympischen Sportbund (DOSB) – günstige gesellschaftspolitische Zeitfenster eröffnen, um neue „engagementpolitische Konzepte" zu entwickeln und zu erproben. Dabei dürfte speziell für den DOSB die Erschließung dieses neuen Politikfelds von besonderem Interesse sein; denn die unter dem Dach des DOSB organisierten Sportverbände und -vereine sind die mit Abstand größte Freiwilligenorganisation in Deutschland, die seit langem auch den vergleichsweise höchsten Anteil der freiwillig und ehrenamtlich Engagierten in der Bevölkerung an sich bindet (vgl. Braun, 2003a, 2011a).

Zielstellung und Aufbau der Untersuchung

Vor diesem Hintergrund gehen wir in dem vorliegenden Bericht von der gesellschaftspolitisch orientierten und insofern normativen *These* aus, dass für den DOSB das Thema „bürgerschaftliches", „freiwilliges" und „ehrenamtliches Engagement" von so grundlegender innerverbandlicher und gesellschaftspolitischer Bedeutung ist, dass es für die Dachorganisation des vereins- und verbandsorganisierten Sports zweckmäßig erscheint, eine originäre „sportbezogene Engagementpolitik" zu elaborieren.

Diese grundlegende These leitet auch zur *zentralen Zielstellung* des vorliegenden Berichts über: Ziel ist es, ausgewählte und zugleich zentrale Themenschwerpunkte der laufenden engagementpolitischen Debatten aufzunehmen und die bisherigen Positionen des DOSB als Dachorganisation der Turn- und Sportbewegung in Deutschland mit Blick auf die verschiedenen Themenfelder exemplarisch zu untersuchen. Bei diesen Themenschwerpunkten handelt es sich um den Zusammenhang von bürgerschaftliches und „Integration", „Alter(n)" und „Bildung" sowie das „bürgerschaftliche Engagement von Unternehmen".

Vor diesem Hintergrund gliedert sich der vorliegende Bericht in drei Teile:

In *Teil A* wird der Gegenstand der Untersuchung präzisiert. Zu diesem Zweck wird zunächst versucht, das noch neue Politikfeld der „Engagementpolitik" im Kontext ausgewählter Diskussionen über den DOSB als Dachorganisation des vereins- und verbandsorganisierten Sport zu explorieren und relevante Argumente zu umreißen, die eine originäre „sportbezogene Engagementpolitik" begründen können (Kapitel 2). Darauf aufbauend wird dann der DOSB als Gegenstand der empirischen Arbeiten der vorliegenden Untersuchung skizziert, indem die komplexe Organisationsstruktur des vereins- und verbandsorganisierten Sports beschrieben und die zentralen Funktionen des DOSB als Dachorganisation dargestellt werden (Kapitel 3). Diese Darstellung leitet zu Kapitel 4 dieses Berichtsteils über, das die methodischen Grundlagen der empirischen Analysen in knapper Form darlegt.

Teil B des Berichts ist dann der Darstellung der empirischen Untersuchungsergebnisse vorbehalten. Im Zentrum stehen dabei engagementpolitisch bedeutsame Themenschwerpunkte, die in insgesamt vier Kapiteln aufgearbeitet werden: Kapitel 5 befasst sich mit dem Thema „Multikulturelle Zivilgesellschaft? Sportverbände und -vereine als Akteure der Integrationsarbeit", Kapitel 6 greift das Thema „Ehrenamt im Alter(n)sprozess? Engagementpolitische Perspektiven für ein neues Alter(n) im Sport" auf und Kapitel 7 untersucht das Thema „Lernen in Bildungslandschaften: Engagementpolitische Perspektiven für die Bildungsarbeit im Sport". Unter dem Titel „Profit und Gemeinwohl? Engagement-Partnerschaften zwischen Wirtschaft und Sport" wird abschließend in Kapitel 8 das Thema „bürgerschaftliches Engagement von Unternehmen" vor dem Hintergrund der engagementpolitischen Debatten über „Corporate Citizenship" diskutiert.

Die Analyse der einzelnen Themenschwerpunkte und der Aufbau der Beiträge folgen einem einheitlichen Muster: Vor dem Hintergrund der fachwissenschaftlichen und gesellschaftspolitischen „Engagementdebatten", die in den entsprechenden Kapiteln jeweils einleitend skizziert werden, werden Positionen sowie sport- und engagementpolitische Ausrichtungen des DOSB rekonstruiert und beschrieben. Diese Erläuterungen sind wiederum in einzelne Abschnitte gegliedert, denen jeweils Thesen vorangestellt werden, die dazu dienen sollen, zentrale Ergebnisse der Analysen zu bündeln und zur Diskussion zu stellen.

In *Teil C* des Berichts werden die Ergebnisse der Untersuchung zusammengefasst und Perspektiven für eine „sportbezogene Engagementpolitik" angedeutet, die auch als Empfehlungen für den DOSB im Kontext seiner Ordnungs-, Programm- und Dienstleistungsfunktion für den vereins- und verbandsorganisierten Sport in Deutschland gelesen werden können.

Abschließend sei darauf hingewiesen, dass die Ergebnisse dieses Berichts in einem ausgesprochen konstruktiv und kooperativ arbeitenden Forschungsteam elaboriert wurden; gleichwohl zeichnen sich einzelne Mitglieder der Arbeitsgruppe für das Verfassen der einzelnen Textteile des Berichts verantwortlich. Diese Verantwortlichkeiten werden durch die namentliche Nennung der Autoren unter den Kapitelüberschriften kenntlich gemacht.

Teil A
Einordnungen: Diskussionen, Positionen und Thesen

Teil A des vorliegenden Berichts nimmt den Gegenstand der vorliegenden Untersuchung differenzierter in den Blick.

Zu diesem Zweck wird zunächst in Kapitel 2 das noch neue Politikfeld der „Engagementpolitik" vor dem Hintergrund aktueller Debatten über den DOSB als Dachorganisation des vereins- und verbandsorganisierten Sports umrissen. Auf diese Weise werden zentrale Argumentationszüge der engagementpolitischen Debatten rekonstruiert und maßgebliche Begriffe eingeführt. Darüber hinaus werden die Hintergründe der leitenden These der Untersuchung konturiert, die auf die Entwicklung einer originären „sportbezogenen Engagementpolitik" des DOSB als Dachorganisation des vereins- und verbandsorganisierten Sports abhebt.

Darauf aufbauend wird in Kapitel 3 die komplexe Organisationsstruktur des vereins- und verbandsorganisierten Sports beschrieben. In diesem Kontext werden auch die zentralen Funktionen des DOSB als Dachorganisation dargestellt: die Ordnungs-, Programm- und Dienstleistungsfunktion. Diese Funktionen machen den DOSB zu einem relevanten Akteur im komplexen Geflecht des vereins- und verbandsorganisierten Sports, der einen initiierenden, programmatischen, moderierenden und prozessbegleitenden Beitrag zur Entwicklung einer „sportbezogenen Engagementpolitik" leisten kann.

Kapitel 4 skizziert dann die methodische Anlage der empirischen Untersuchung, die es erlauben soll, zentrale Positionen sowie sport- und engagementpolitische Ausrichtungen des DOSB zu rekonstruieren.

2 Gesellschaftlicher Wandel als Gestaltungsoption: Eine „sportbezogene Engagementpolitik" als Zielperspektive?

Sebastian Braun

2.1 Aktivität und Engagement im vereins- und verbandsorganisierten Sport

Spitzensport und insbesondere der Spitzenfußball sind en vogue. Die Vorstellungen von z.T. fürstlich vergüteten Topathleten konstruieren vielfach das – medial inszenierte – Bild von einer der „schönsten Hauptsachen der Welt". Diese separierte Welt des Spitzensports ist allerdings weitgehend entkoppelt vom Alltagsbetrieb einer der „schönsten Nebensachen der Welt", nämlich des sich spielerischen Erprobens im Sinne eines unernsten, jedoch nicht beliebigen sport- und bewegungsbezogenen Handelns in einem gesellschaftlich „geschützten Raum".

In diesem Raum wird Tag für Tag in rund 91.000 Sportvereinen aufgrund unterschiedlicher individueller Motivlagen freizeit- und breitensportlich oder wettkampforientiert geübt, trainiert und sich bewegt. Nach den jüngsten Ergebnissen der sportbezogenen Sonderauswertung der bundesweit repräsentativen Freiwilligensurveys von 1999, 2004 und 2009 ist das Interesse der Bevölkerung an einer „aktiven Beteiligung" im Handlungsfeld „Sport und Bewegung" in zivilgesellschaftlichen Organisationsformen kontinuierlich gestiegen:[3] Während sich 1999 36,6% der Bevölkerung im Alter ab 14 Jahre aktiv im Feld Sport und Bewegung beteiligten, waren es 2004 bereits 39,9% und 2009 schließlich 41,9%. Damit bildet das Feld Sport und Bewegung das quantitativ mit Abstand bedeutendste Handlungsfeld aktiver Beteiligung der Bürger in der Zivilgesellschaft in Deutschland (Braun, 2011a; vgl. Abbildung 2-1).

---

[3] In den Freiwilligensurveys 1999, 2004 und 2009 wurden die befragten Personen gebeten anzugeben, ob sie sich in einem oder mehreren Tätigkeitsfeldern der Zivilgesellschaft „aktiv beteiligen". Die Frage war bewusst „breit" angelegt: Es erfolgte keine Einschränkung auf eine bestimmte Assoziationsform, sondern es waren insgesamt 14 verschiedene Bereiche (z.B. Sport und Bewegung, Freizeit und Geselligkeit, Kultur und Musik, Politik und politische Interessenvertretung) aufgelistet, in denen Gemeinschaftsaktivität stattfinden kann. Das bedeutet auch, dass Personen, die im Sportbereich aktiv sind, nicht zwangsläufig Mitglied eines Sportvereins sein müssen. Viele der hier stattfindenden Aktivitäten dürften zwar in einem vereinsorganisierten Rahmen stattfinden, die Aktivitätsquoten sind aber nicht mit Mitgliedschaftsquoten in Sportvereinen gleichzusetzen (vgl. dazu Braun, 2011a; Gensicke & Geiss, 2010).

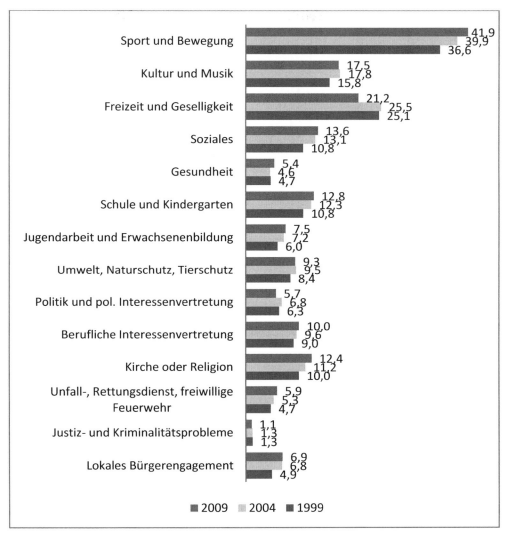

Abbildung 2-1: Anteil der in der Zivilgesellschaft aktiv Beteiligten in der Bevölkerung ab 14 Jahre im Jahr 1999, 2004 und 2009, differenziert nach Handlungsfeldern. Mehrfachnennungen. Prozentwerte (1999 N=14.922, 2004 N=15.000, 2009 N=20.005). Sportbezogene Sonderauswertung der Freiwilligensurveys 1999 - 2009 (Braun, 2011a).

Eine wichtige Rolle spielt in diesem Kontext der Deutsche Olympische Sportbund (DOSB) als Dachorganisation des komplexen Sportverbandswesens, unter dem wiederum das mannigfaltige Sportvereinswesen organisiert ist (vgl. dazu Kapitel 3). Während die Mitgliedschaftsquoten in den Sportvereinen in Westdeutschland seit Gründung des Deutschen Sportbundes (DSB, 1950-2006) sprunghaft in die Höhe gestiegen sind, hat sich auch das Sportvereinswesen in Ostdeutschland nach der „Wende" zügig nach „westdeutschem Muster" neu gründen und etablieren können (vgl. Baur & Braun, 2000, 2001; Klages, 2008).

Mittlerweile werden rund 27.5 Mio. Mitgliedschaften in den Sportvereinen registriert, so dass der DOSB die mit Abstand größte Personenvereinigung in Deutschland bildet.

Angesichts dieser Zahlen ist der vereins- und verbandsorganisierte Sport längst zu einem zentralen Organisationsfaktor mit lebensweltlicher Einbindung in der deutschen Zivilgesellschaft avanciert. In diesem Kontext ist neben den Mitgliedschafts- und Vereinsstatistiken die Quote der bürgerschaftlich engagierten Personen zu einer immer relevanteren Größe geworden (vgl. dazu z.B. Alscher, Dathe, Priller & Speth, 2009; Braun, 2001, 2011b; Enquete-Kommission, 2002; Gensicke & Geiss, 2010; Gensicke, Picot & Geiss, 2006).[4] Zur Ermittlung der „Engagementquoten" wurden in den Freiwilligensurveys – zu allen drei Erhebungszeitpunkten – diejenigen Personen, die angaben, sich in einem Handlungsfeld „aktiv zu beteiligen", gefragt, ob sie in diesen Handlungsfeldern auch „ehrenamtliche Tätigkeiten ausüben oder in Vereinen, Initiativen, Projekten oder Selbsthilfegruppen engagiert sind". Dabei wurde bewusst ein breites „Engagementverständnis" angelegt, das all jene „freiwillig übernommenen Aufgaben und Arbeiten [umfasst], die man unbezahlt oder gegen geringe Aufwandsentschädigung ausübt" (vgl. Gensicke & Geiss, 2010).

Exemplarisch dafür steht das Engagement in Sportvereinen, in denen sich Individuen in „Gemeinschaftsarbeit" (Strob, 1999) für die Erstellung der Vereinsleistungen und -angebote engagieren. Dieses Engagement zeichnet sich mindestens dadurch aus, dass es nicht erwerbsmäßig und in der Regel unbezahlt erbracht wird (wobei Aufwandsentschädigungen oder Übungsleiterpauschalen bezahlt werden können), außerhalb des sozialen Nahraums geleistet wird, von Mitgliedern für Mitglieder und z.T. auch für Nicht-Mitglieder erbracht wird, in den organisatorischen Kontext des Vereins eingebunden ist sowie in formal legitimierten Funktionen und formal nicht legitimierten Funktionen erbracht wird: als ein „ehrenamtliches Engagement" oder „freiwilliges Engagement" (vgl. Baur & Braun, 2000; Braun, 2002a; 2003a).[5]

Betrachtet man vor diesem Hintergrund die aktuellen Ergebnisse der sportbezogenen Sonderauswertung der Freiwilligensurveys, dann engagierte sich im Jahr 2009 rund ein Zehntel der Bevölkerung im Alter ab 14 Jahren im Handlungsfeld Sport und Bewegung (vgl. Abbildung 2-2). Damit liegt das Handlungsfeld Sport und Bewegung unangefochten auf Platz 1 der „Engagementquoten-Hitliste", weit vor Handlungsfeldern wie Freizeit und Geselligkeit, Kultur, Soziales, dem Rettungswesen oder auch der Politik. Rechnet man diese Engagementquote auf die Gesamtbevölkerung in Deutschland hoch, dann bedeutet dies in Absolutzahlen ausgedrückt, dass sich rund 6.5 Mio. Personen ab 14 Jahre im Hand-

---

[4] Den Begriff „bürgerschaftliches Engagement" verwenden wir als übergeordneten Begriff, der „im Prinzip alle Aktivitäten jenseits einer – in ihren Grenzen keineswegs unverrückbaren – Intim- und Privatsphäre [umfasst], zu der in unseren Gesellschaften z.B. Familien, aber auch wesentliche ökonomische Aktivitäten, wie die Erwerbsarbeit gehören, und unterhalb der im engeren Sinne staatlichen Handlungssphäre, die weitgehend bürokratischer Rationalität folgt" (Roth, 2000, S. 30). Dieser Begriff schlägt also eine Brücke zwischen den vielfach getrennt diskutierten Engagementformen in der Gesellschaft, etwa des ehrenamtlichen, sozialen und politischen Engagements. Damit sollen u.a. normative Einseitigkeiten vermieden und „typische", „traditionelle", „unkonventionelle" oder „moderne" Engagementformen gemeinsam zur Sprache gebracht werden. Gleichwohl verwenden wir bürgerschaftliches Engagement auch als einen normativen Begriff, der zumindest auf „Demokratie" und „Gemeinwohl" bezogen wird (vgl. dazu auch ausführlich Braun, 2001, 2002a; Roth, 2000).

[5] In der vorliegenden Untersuchung verwenden wir bewusst die in der Praxis der Sportvereine und -verbände relativ geläufigen Begriffe des „ehrenamtlichen" und „freiwilligen Engagements", da der Begriff des „bürgerschaftlichen Engagements" in der konkreten Arbeit der Sportverbände und -vereine bislang keine nennenswerte Verbreitung gefunden hat (vgl. dazu auch DOSB/ Präsidialausschuss Breitensport/Sportentwicklung, 2010).

lungsfeld Sport und Bewegung freiwillig und ehrenamtlich engagieren (vgl. Braun, 2011a; Gensicke & Geiss, 2010).

Bei einer genaueren Betrachtung der Daten wird zudem deutlich, dass ein freiwilliges und ehrenamtliches Engagement in diesem Handlungsfeld in der Regel ein „vereinsgebundenes Engagement" ist. Rund vier von fünf der Engagierten gaben 2009 an, dass der Verein den Rahmen ihres Engagements bildete, indem sie z.B. als Vorstandsmitglied, Übungsleiter, Trainer, Schiedsrichter, Betreuer oder freiwilliger Helfer bei Vereinsfesten und anderweitigen Vereinsaufgaben tätig waren. Darüber hinaus engagierten sich rund 3% der Engagierten im verbandlichen Kontext (vgl. Braun, 2011a). Wie bedeutsam der Verein für ein freiwilliges und ehrenamtliches Engagement im Handlungsfeld Sport und Bewegung ist, lassen auch die Befunde zum institutionellen Kontext des Engagements aller freiwillig Engagierten in Deutschland erkennen: In diesem Fall lag im Jahr 2009 die Quote der in Vereinen Engagierten unter der 50%-Marke – mit abnehmender Tendenz (vgl. Gensicke & Geiss, 2010).

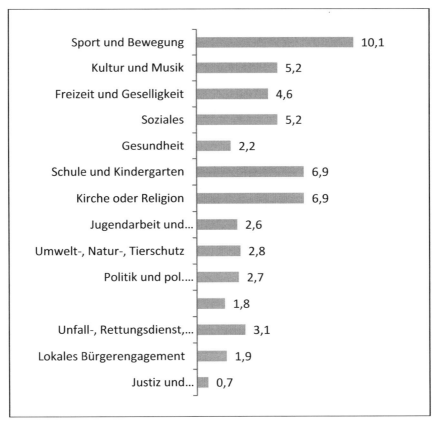

Abbildung 2-2: Anteil der in der Zivilgesellschaft freiwillig und ehrenamtlich Engagierten in der Bevölkerung ab 14 Jahre im Jahr 2009, differenziert nach Handlungsfeldern. Mehrfachnennungen. Prozentwerte (N=20.005). Sportbezogene Sonderauswertung der Freiwilligensurveys 1999 - 2009 (Braun, 2011a).

Diese Engagementquoten weisen darauf hin, dass sich die Sportvereine als freiwillige Vereinigungen im Nonprofit-Sektor primär als „Produzenten-Konsumenten-Gemeinschaften" (Horch, 1983, 1992) konstituieren, die ihre Leistungen vorrangig durch die Verbindung verschiedener Formen der freiwilligen Mitgliederbeteiligung erstellen: durch das Spenden von Zeit und Wissen der Mitglieder, das durch das Spenden von Geld in Form von Mitgliedschaftsbeiträgen und anderweitigen freiwillig geleisteten Zuwendungen komplettiert wird (vgl. Braun, 2003a; Strob, 1999). Wie bedeutsam diese Form des Arbeitens für die Leistungserstellung der Sportvereine ist, verdeutlichen auch die Daten zur Hauptamtlichkeit: Nur rund ein Drittel aller Sportvereine hatte im Jahr 2007 hauptamtliche Mitarbeiter (Breuer, 2009; dazu Emrich, Pitsch & Papathanassiou, 2001).

2.2 „Partnerschaftliche Zusammenarbeit" zwischen Staat und Sport im deutschen Modell der Interessenvermittlung

Die besondere Wertschätzung für das „zivilgesellschaftliche Potenzial" des vereins- und verbandsorganisierten Sports manifestiert sich staatlicherseits im mittlerweile fast schon klassischen Konzept der „partnerschaftlichen Zusammenarbeit". Im Einklang mit dem föderalen Staatsaufbau und der unterschiedlichen Kompetenzzuschreibungen und Autonomiegrade von Bund, Ländern und Kommunen hat sich in diesem Kontext eine flächendeckende und komplexe Sportförderung seitens des Staates herausgebildet (vgl. Winkler & Karhausen, 1985; neuerdings Haring, 2010). Sportförderung wird dabei als staatliche Ordnungsaufgabe betrachtet, wobei – so die gängige Argumentation politischer Akteure – „die Anerkennung der Selbstverwaltung und Eigenverantwortung des Sports ... kein Desinteresse des Staates dem Sport gegenüber [bedeutet]. Der freiheitliche Staat ist vielmehr auch Sozial- und Leistungsstaat, der Rahmenbedingungen schafft, damit gesellschaftliche Kräfte, wie die des Sports, sich optimal entfalten können" (Presse- und Informationsamt der Bundesregierung, 1992, S. 6).

Neo-korporatistisches Arrangement zwischen Staat und Sport

Zur Beschreibung und Analyse dieses Beziehungsgeflechts zwischen staatlichen Akteuren einerseits und dem verbandsorganisierten Sport andererseits wird in den Sozialwissenschaften u.a. der Begriff des „(Neo-)Korporatismus" verwendet (vgl. dazu z.B. Braun, 2006; Meier, 1995; Schröder, 1989; Streeck, 1994, 1999; Wiesenthal, 1987). Bei diesem spezifisch „deutschen Modell der Interessenvermittlung" (Weßels, 2000, S. 17) handelt es sich um einen Tausch zwischen Staat und Verbänden, von denen beide Seiten profitieren sollen. Mit Blick auf den DOSB lässt sich dieses „neokorporatistische Raster von Leistung und Gegenleistung" (Schröder, 1989, S. 122) vereinfacht wie folgt zusammenfassen:

Auf der einen Seite versucht sich der Staat von gesellschaftlichen Aufgaben und der Implementation adäquater Lösungsansätze zu entlasten (z.B. bei der Integrations-, Jugend- oder Gesundheitsförderung). Dabei kann er nicht nur auf die personellen, infrastrukturellen und kulturellen Ressourcen des DOSB und dessen Mitgliedsorganisationen rekurrieren. Darüber hinaus nutzt er auch deren sportpolitische und -praktische Expertise, um gesellschaftspolitische Herausforderungen zu bearbeiten. Die politikfeldspezifische Expertise der Sportverbände kann nicht nur die politische Entscheidungsfindung vereinfachen, sondern auch die Akzeptanz staatlichen Handelns erhöhen, da die Sportverbände ihre Mitgliedsorganisationen auf Folgebereitschaft gegenüber den jeweiligen staatlichen Zielen und Maßnahmen zu verpflichten suchen (vgl. dazu u.a. Braun & Backhaus-Maul, 2010; grundlegend Wiesenthal, 1987).

Auf der anderen Seite kann der DOSB für seine gesellschaftspolitischen Aktivitäten eine besondere staatliche Anerkennung einfordern, die u.a. dazu beiträgt, dass er seit Jahrzehnten ein stabiles Organisationsmonopol in sportpolitischen Angelegenheiten in Deutschland innehat (vgl. Meier, 1995). Diese Anerkennung drückt sich insbesondere in staatlichen Privilegierungen und Leistungen aus. So beeinflusst der DOSB als Interessenorganisation nicht nur politische Entscheidungsprozesse „von außen"; er wird auch in die entsprechenden Prozesse der Entscheidungsfindung eingebunden und insofern an der Formulierung von staatlichen Entscheidungen beteiligt. Diese Beteiligung erstreckt sich „nicht nur auf die Phase der Politikformulierung, sondern bezieht vor allem auch die Umsetzung öffentlicher Maßnahmen und Programme ein" (Backhaus-Maul & Olk, 1994, S. 109), die wiederum staatlicherseits subsidiär gefördert werden.

In diesem Kontext erweisen sich die von den Sportverbänden formulierten Zielstellungen vielfach als solche, die „die staatliche Verwaltung auch verfolgen könnte, aber weniger effektiv oder mit größeren Reibungsverlusten. Bilaterale Korporatismen entstehen, wenn beide Seite von ihnen Vorteile haben: der Staat Entlastung von schwierigen Problemen der Normsetzung, Konsensbeschaffung, Enttäuschungsverarbeitung und des Verwaltungsvollzugs, der Verband die Chance, für die Ablieferung staatlich erwünschter Regulierungsleistungen Gegenleistungen zu erhalten, von organisatorischer Stabilisierung bis zur Möglichkeit, gewährten ‚politischen Status' (Offe) nebenher für andere Ziele zu nutzen" (Streeck, 1999, S. 293).

Gesellschaftliche Funktionen des Sports als Legitimationsgrundlage

Im Sinne dieses (neo-)korporatistischen Arrangements legitimiert der Staat die Förderung des vereins- und verbandsorganisierten Sports insbesondere mit Hilfe der zahlreichen „gemeinwohlorientierten" bzw. „gesellschaftlichen Funktionen", die er den Sportvereinen zuschreibt, und bindet auf diese Weise die Sportverbände und -vereine in die Bewältigung gesellschaftlicher Problemstellungen ein. Das Spektrum der staatlichen Funktionszuschreibungen drückt sich in einem abstrakten Begriffsinventar aus: Es reicht – um nur die wichtigsten zu nennen – von den Integrations-, Sozialisations-, Partizipations- und Demokratiefunktionen über die Gesundheitsfunktionen bis hin zu den ökonomischen und Repräsentationsfunktionen des vereins- und verbandsorganisierten Sports. Diese Funktionen schreiben sich – quasi spiegelbildlich – der DOSB und dessen Mitgliedsorganisationen auch selbst zu (vgl. dazu z.B. Baur & Braun, 2003; Rittner & Breuer, 2004).

Vor diesem Hintergrund gelingt es dem DOSB (bzw. DSB) und den entsprechenden Mitgliedsorganisationen seit Jahrzehnten, staatliche Fördermittel für vielfältige Aufgaben zu erhalten: sei es für Jugend- und Jugendsozialarbeit, Gesundheitsprogramme oder Bildungsmaßnahmen, sei es für die vielfältigen Initiativen, die die Sportverbände im Rahmen ihrer Inklusions- und Integrationspolitik „Sport für alle" ergreifen (vgl. z.B. Braun & Nobis, 2011a; Hartmann-Tews, 1996). Das Spektrum der Zielgruppen reicht dabei von Menschen mit Zuwanderungsgeschichte über ältere Menschen bis hin zu Arbeitslosen, Strafgefangenen, Heiminsassen oder Drogenabhängigen. Dabei blieb – so konstatieren Rittner und Breuer (2004, S. 124) mit besonderem Blick auf die „sozialen Initiativen" des vereins- und verbandsorganisierten Sports – bislang „kaum ein gesellschaftspolitisches Problem ‚unentdeckt' ", um mit Hilfe staatlicher Unterstützung gesellschaftliche Verantwortung in unterschiedlichen sozialpolitischen Handlungsfeldern zu signalisieren und zu übernehmen.

Die Vielfalt verbandlicher und staatlicher Zuschreibungen im Hinblick auf gesellschaftlich funktionale Leistungen der Sportvereine dürfte allerdings auch dazu beitragen, dass die Sportvereine im öffentlichen Raum vielfach das Bild einer „Sozialstation" zur Linderung vielfältiger gesellschaftlicher Probleme abgeben (vgl. z.B. Baur, 2001). Die entsprechenden Formulierungen („Keine Macht den Drogen", „Sport spricht alle Sprachen", „Im Verein ist Sport am schönsten", „Sport tut Deutschland gut" etc.) sind politisch nicht nur bedeutsam, sondern in den korporatistischen Aushandlungsprozessen um die subsidiäre staatliche Förderung auch grundlegend. Zugleich können sie aber auch jene hochgeschraubten Erwartungen an die Sportvereine produzieren, die mitunter zu Enttäuschungen führen können, wenn sie auf dem empirischen Prüfstand stehen (vgl. dazu z.B. Braun, 2002b; Brettschneider & Kleine, 2001).

In diesem Sinne konstatieren auch Rittner und Breuer (2004, S. 216) in ihrer Meta-Evaluation über die sozialen Leistungen des vereins- und verbandsorganisierten Sports, dass „eine Reihe der seitens Staat, Politik und Sportorganisationen gemachten Funktionszuschreibungen in der Realität durchaus Entsprechungen aufweisen und die Sportorganisationen an der Produktion von Wohlfahrtsleistungen nennenswert beteiligt sind. Daneben existieren aber auch viele unbewiesene Funktionszuweisungen und offene Fragen, so sehr sie auch als entsprechende Leistungen des Sports in den jeweiligen Problemfeldern wünschbar sind oder als wohlmeinende Klischees kursieren."

2.3 Neue Verantwortungsteilung zwischen Staat und Gesellschaft

Veränderungen im (neo-)korporatistischen Arrangement

Diese – in den letzten Jahrzehnten gewachsenen – (Selbst-)Ansprüche an das „sozialpolitische Leistungsvermögen" des vereins- und verbandsorganisierten Sports gewinnen an zusätzlicher Brisanz, wenn man in Betracht zieht, dass sich das skizzierte (neo-)korporatistische Raster von Leistung und Gegenleistung im Zuge der veränderten sozialpolitischen Rahmenbedingungen grundlegend zu verändern scheint. So ist zwar zu konstatieren, dass „der organisierte Sport nach wie vor seine Entlastungsfunktion für den Staat wahrnimmt und ihm eine Option auf Kündigung seiner Beteiligung am neo-korporatistischen Politikspiel kaum zur Verfügung steht. Allerdings ist offensichtlich, daß auch für den Sport die Gesetze verringerter Verteilungsspielräume gelten. Die Gratifizierung fällt dem Staat auch im Sport schwerer als zuvor", wie Meier (1995, S. 104) schon Mitte der 1990er Jahre betonte.

In diesem Sinne argumentierte auch bereits der DSB-Präsident in seiner Eröffnungsrede des Kongresses „Sport gestaltet Zukunft mit den Menschen vor Ort" im Jahr 2004: „Die Krise der Kommunalfinanzen hat uns deutlich vor Augen geführt, in welchem Umfang eine funktionierende Partnerschaft zwischen Sport und Kommune von wahrhaft existentieller Bedeutung für den Sport und seine Zukunft ist. Denn die kommunale Sportförderung ist bekanntlich überwiegend eine sogenannte freiwillige Leistung, die dann zur Disposition steht, wenn Kommunen finanziell am Ende sind. Eine Krise der Kommunalfinanzen wird dann automatisch auch zur Krise des Sports vor Ort" (von Richthofen, 2004, S. 5).

So zeichnet sich z.B. auf lokaler Ebene schon seit Längerem ab, dass Sportvereinen die Ressourcenverantwortung, Bereitstellung und Pflege und das Management der Sportstätten übertragen wird, während sich das bislang dafür zuständige Sportamt mehr und mehr zu einer Reliquie vergangener Tage zu wandeln scheint (vgl. z.B. Braun, 2006; Rittner & Breuer, 2004; Zimmer, 1998). „Im Ergebnis zielen die Veränderungen darauf ab", so konstatieren Alscher, Dathe, Speth und Priller (2009, S. 143), „dass Ordnungs- und Wohlfahrtsleistungen in modernen Gesellschaften zunehmend von zivilgesellschaftlichen Akteuren und durch das bürgerschaftliche Engagement erbracht werden."

Koproduktion öffentlicher Leistungen

Während Staat und Verwaltung bisher die Gewährleistungs-, Finanzierungs- und Vollzugsverantwortung bei der Herstellung öffentlicher Güter und wohlfahrtsrelevanter Leistungen innehatten, sollen sie sich nun – so eine mittlerweile gängige Modernisierungsvorstellung staatlichen Verwaltungshandelns – auf die Gewährleistungsfunktion beschränken, die Vollzugs- und Finanzierungsverantwortung (zumindest teilweise) an Nonprofit-Organisationen wie Vereine und Verbände abtreten und damit zugleich „Gelegenheitsstrukturen" für bürgerschaftliches Engagement schaffen (vgl. dazu ausführlich Blanke, 2001; Olk, Klein & Hartnuss, 2010). Vom „interventionistischen Sozialstaat" bzw. vom „schlanken Minimalstaat" zum „gewährleistenden Staat" lautet ein gängiges Motto, das eine neue Verantwortungsteilung zwischen Staat und Gesellschaft vorsieht (vgl. z.B. Schuppert, 2005).

Zentrales Ziel eines solchen Staatsverständnisses sei es, „privates Engagement für das Gemeinwohl zu nutzen und zu mehren. Denn öffentliche Aufgaben – das ist eine Binsenweisheit – sind nicht immer Staatsaufgaben. Sie können und sollen auch durch den Bürger erfüllt werden. Modern ist so gesehen ein Staat, der auf die Aktivierung privater Kräfte setzt und die öffentliche Aufgabenerfüllung durch die Bereitstellung geeigneter Regelungsstrukturen ermöglicht" (Franzius, 2003, S. 493 ff., zit. nach Schuppert, 2005, S. 20). Entsprechende Schlagworte lauten: Selbstorganisation statt hoheitliche Fürsorge, Dialog statt Dekret und insbesondere neue Verantwortungsteilung statt Verantwortungsübertragung und Koproduktion statt Verhandlung (vgl. z.B. Blanke, 2001).

Bei dieser Koproduktion öffentlicher Leistungen sind die Organisation und das Management der Kooperationsbeziehungen zwischen staatlichen, zivilgesellschaftlichen wie auch privatwirtschaftlichen Akteuren von besonderer Bedeutung; denn es geht im Kern um „die Kombination von weniger Staat mit mehr Politik, sprich mehr gesellschaftlicher Beteiligung und Aktivität … . Und diese Kombination ist sicherlich neu, denn sie ist eine echte Alternative zu den bekannten Konzeptionen des schlanken Minimalstaats (weniger Staat, mehr Politik), und, nota bene, auch des technokratischen und autoritären Sozialstaats (mehr Staat, weniger Politik)" (Jann & Wegrich, 2004, S. 207).

Damit ist jedoch auch – so eine weiterführende Argumentation – eine Neubewertung der „aktiven Bürgerschaft" und zivilgesellschaftlicher Akteure auf Seiten von Politik und öffentlicher Verwaltung verbunden, die sich angesichts der obrigkeitsstaatlichen Tradition in Deutschland erst nach und nach vollzieht (vgl. z.B. Braun, 2001, 2011b; Zimmer, 2007). Institutionell geförderte Bürgerbeteiligung und Öffnung staatlicher Einrichtungen, Stärkung der Subsidiarität und kleiner Lebenskreise, Wiederbelebung politischer und sozialer Nahräume, Dezentralisierung großer Sozialsysteme und Kommunalisierung politischer Aufgaben lauten die Stichworte, die speziell im Kontext der Diskussionen über eine „neue

Verantwortungsteilung" zwischen Staat und Zivilgesellschaft zunehmend an Bedeutung gewinnen (vgl. Roth, 2000; dazu auch Naschold, 1996).

2.4 „Engagementpolitik" als neues Politikfeld

Engagementpolitik als politisches Handlungsfeld

In diesen Diskussionshorizont sind auch die noch relativ jungen Diskussionen über das sich konstituierende politische Handlungsfeld der „Engagementpolitik" einzuordnen (vgl. Olk, Klein & Hartnuß, 2010). Der Begriff der „Engagementpolitik" erscheint auf den ersten Blick sperrig und unbekannt in der Welt der etablierten Politikfelder, zu denen z.B. die Innen- und Außenpolitik, Finanz-, Bildungs- oder auch Sportpolitik gehören. Auf den zweiten Blick knüpft er aber an vielfältige und breite Debatten über die „Zivilgesellschaft" an (vgl. Klein, 2001), die insbesondere seit den Arbeiten der Enquete-Kommission des Deutschen Bundestages „Zukunft des Bürgerschaftlichen Engagements" (Enquete-Kommission, 2002) und zahlreiche politikberatende Forschungsarbeiten revitalisiert und dynamisiert wurden (vgl. z.B. Alscher, Dathe, Priller & Speth, 2009; Braun, 2001; Gensicke & Geiss, 2010; Gensicke, Picot & Geiss, 2006; Zimmer, 2007).

Insofern ist die Entstehung eines neuen Politikfelds Engagementpolitik auch Ausdruck einer Verschiebung der politischen Aufmerksamkeit zugunsten der Zivilgesellschaft mit ihren vielfältigen Institutionen, Strukturen, Akteuren und Aktivitäten wie auch der Versuch der Bündelung vielfältiger staatlicher Politiken auf Bundes-, Länder- und kommunaler Ebene, in die zivilgesellschaftliche Akteure wie Verbände, Vereine und Initiativen involviert sind. Im Zentrum steht dabei – so Klein, Olk und Hartnuß (2010, S. 29) – „die Umsetzung von Zivilgesellschaft als reformpolitischer Leitidee" in Gestalt einer „spezifischen Implementationsstrategie" und einer „flankierenden Verankerung von Prinzipien und Verfahren der Partizipation und des bürgerschaftlichen Engagements durch die Etablierung von Engagementpolitik als eines neuen politischen Handlungsfelds."

„Nationale Engagementstrategie" der Bundesregierung

In diesem Kontext und insbesondere auch im Anschluss an die angesprochenen Arbeiten der Enquete-Kommission (2002) wurde der Begriff der Engagementpolitik zunächst von zivilgesellschaftlichen Initiativen profiliert, etwa durch das vom Bundesnetzwerk Bürgerschaftliches Engagement (BBE) organisierte „Nationale Forum für Engagement und Partizipation" (NFEP). Das Forum, an dem Vertreter aus Zivilgesellschaft, Staat, Wirtschaft, Politik und Wissenschaft teilnahmen, ist 2009 mit dem Ziel angetreten, „eine erste engagementpolitische Agenda in zehn Dialogforen zu jeweils eigenen Themenkomplexen zu entwickeln und der Bundesregierung zur Verfügung zu stellen" (BBE, 2009a, S. 2). Entstanden ist u.a. eine Reihe von Bänden mit Diskussionsergebnissen und Handlungsempfehlungen zur Ausgestaltung von Engagementpolitik (vgl. z.B. BBE, 2009a, 2009b, 2010a, 2010b).

Darüber hinaus scheinen die engagementpolitischen Debatten zunehmend von staatlichen Akteuren wie z.B. dem BMFSFJ als thematisch zuständigem Bundesministerium und entsprechenden Landesministerien wie auch weiteren politischen Akteuren geprägt zu werden. Einen maßgeblichen Bezugspunkt bildet dabei immer wieder die „Nationale

Engagementstrategie der Bundesregierung", die im Oktober 2010 vorgelegt wurde und seitdem intensiv diskutiert wird (Bundesregierung, 2010). In dieser Perspektive soll Engagementpolitik dazu beitragen, durch das gezielte Zusammenwirken von staatlichen und politischen Akteuren, zivilgesellschaftlichen Akteuren und Unternehmen unterschiedliche Sichtweisen auf vorhandene gesellschaftliche Bedarfe zu bündeln, in abgestimmte Regel- und Ordnungsstrukturen zu überführen und auf diese Weise einen Rahmen gemeinsamen Arbeitens mit dem Ziel der Lösung gesellschaftlicher Probleme herzustellen (vgl. BMFSFJ, 2008).

In diesem Sinne heißt es in der „Nationalen Engagementstrategie der Bundesregierung": „Die Bundesregierung ist in der Bewältigung der vor ihr liegenden Aufgaben nicht nur angewiesen auf die Initiative und Verantwortungsbereitschaft eines jeden Einzelnen. Sie ist auch angewiesen auf wirksame Partnerschaften mit der Bürgergesellschaft und der Wirtschaft, durch die die Aufgaben-, Teilhabe- und Verantwortungsteilung neu justiert wird. Wichtig für das Gelingen solcher Partnerschaften sind eine Offenheit aller Akteure und eine enge Kooperation von Verwaltung, Wirtschaft und Bürgergesellschaft" (Bundesregierung, 2010, S. 3f.).

Ziele von Engagementpolitik als Querschnittsthema

Vor diesem Hintergrund umfasst Engagementpolitik ein Bündel an Maßnahmen, das bislang eher noch additiven Charakter als einen in sich geschlossenen programmatischen Zuschnitt hat. „So vielschichtig die Diskussionen zu Definitionen freiwilligen Engagements ausfallen, so verschieden dürften die Ansichten darüber sein, was unter dem Begriff ‚Engagementpolitik' zu verstehen sei", konstatiert Held (2010, S. 35). Zugleich verweist er auf das Verständnis von Engagementpolitik der Mitgliedsstaaten der Vereinten Nationen aus dem Jahr 2002, „nämlich ein ‚enabling environment for individuals and other actors of civil society to engage in voluntary activities' (Vereinte Nationen, 2002, p. 1)" zu schaffen (Held, 2010, S. 35).

Vor diesem Hintergrund lassen sich mit Bezug auf Helds (2010, S. 35f.) vorläufige Bilanz der fachpolitischen Diskussionen mindestens folgende engagementpolitische Ziele identifizieren:

- die Erhöhung der öffentlichen Aufmerksamkeit und Anerkennung für den Beitrag bürgerschaftlichen Engagements zur gesellschaftlichen Entwicklung;
- die Bereitstellung von Informationen zu Engagementmöglichkeiten auf vielfältigen Ebenen;
- der umfassende Einbezug aller Bevölkerungsgruppen und insofern die Schaffung von vielfältigen und zielgruppendifferenzierten Gelegenheitsstrukturen für bürgerschaftliches Engagement;
- die Schaffung bzw. der Ausbau einer organisationalen Freiwilligen-Infrastruktur;
- die Schaffung bzw. Weiterentwicklung engagementförderlicher gesetzlicher Rahmenbedingungen auf den unterschiedlichen Ebenen der Gebietskörperschaften;
- die Schaffung bzw. Ausdifferenzierung einer verfügbaren Forschungsdatenlage zu den vielfältigen Dimensionen bürgerschaftlichen Engagements;

- die Berücksichtigung bürgerschaftlichen Engagements in politischen Maßnahmen und administrativen Verfahren im Sinne einer „Folgenabschätzung" auf das bürgerschaftliche Engagement;
- aber auch – so kann man hinzufügen – die Förderung, Aktivierung und Moderation von Kooperationen zwischen Akteuren aus Staat, Zivilgesellschaft und Wirtschaft.

Diese politik-praktischen Übersetzungsversuche einer abstrakteren zivilgesellschaftlichen Reformpolitik in Deutschland, die bereits im Bericht der Enquete-Kommission zur „Zukunft des Bürgerschaftlichen Engagements" (2002) angelegt waren, lassen erkennen, dass Engagementpolitik als ein Querschnittsthema begriffen werden kann, das vielfältige Verflechtungen mit anderen Politikfeldern aufweist (z.B. Sozial-, Bildungs-, Integrations-, Gesundheits- oder auch Sportpolitik). „Engagementpolitik hat damit – unabhängig davon, ob sie auf kommunaler, Landes- oder Bundesebene operiert – eine doppelte strategische Ausrichtung. Es muss sowohl ein übergreifendes Leitbild einer engagementpolitischen Weiterentwicklung des Gemeinwesens entwickelt als auch dafür Sorge getragen werden, dass in den einzelnen politischen Ressorts Maßnahmen und Programme entwickelt und umgesetzt werden, die sich an diesem übergreifenden Leitbild orientieren" (Klein, Olk & Hartnuß, 2010, S. 27).

Ausgestaltung von Engagementpolitik

Insofern dürfte die Konturierung und Profilierung der spezifischen Formen, in denen Engagementpolitik gestaltet wird („polity"), der Inhalte, die durch Engagementpolitik realisiert werden sollen („policy"), und der Prozesse, die sich zwischen den verschiedenen Interessengruppen im politischen Geschehen vollziehen („politics"), in den nächsten Jahren – auch unter Rückgriff auf korporatistische Muster der Interessenvermittlung – vielfältige Akteure einbeziehen und betreffen. In diesem Sinne betont das BMFSFJ (2008, S. 14) in seiner Broschüre „Engagementpolitik wirksam gestalten": „Neben dem Staat und auch den verantwortungsvollen Unternehmen kommt allen voran den Organisationen der Zivilgesellschaft die Schlüsselrolle bei der Gestaltung der Engagementlandschaft in Deutschland zu. Ob Verbände, Vereine, Stiftungen oder andere zivilgesellschaftliche Organisationsformen – für sie alle ist Engagement geradezu konstitutiv. Engagementpolitik muss der Vielfalt und Dynamik dieses Feldes Rechnung tragen."

Formen, Inhalte und Prozesse von Engagementpolitik werden insofern also von Interessenverbänden wie dem DOSB aktiv mitgestaltet (vgl. DOSB, 2009e). Diese Interessenvermittlung vollzieht sich vielfach situations- und themenbezogen, indem z.B. Einfluss genommen wird auf staatliche Initiativen wie etwa Reformen im Spenden- und Gemeinnützigkeitsrecht (z.B. „Gesetz zur weiteren Stärkung des bürgerschaftlichen Engagements", 2007), die Implementation neuer Formen von Freiwilligendiensten (z.B. „Freiwilligendienste aller Generationen", 2008), den Bereich der Unfallversicherungsregelung für Engagierte (2005) oder die „Nationale Engagementstrategie der Bundesregierung" (2010).

Die Rolle des Mitgestaltens zivilgesellschaftlicher Reformprojekte kann aber auch über die Entwicklung verbandlicher Konzeptionen von Engagementpolitik wie z.B. einer „sportbezogenen Engagementpolitik" durch den DOSB weiterentwickelt werden, um z.B. sportspezifische Besonderheiten, Anliegen, Bedarfe oder Positionen bei der Konturierung des Politikfelds inner- und außerverbandlich herauszuarbeiten und sichtbar zu machen (vgl.

z.B. DOSB, 2009e). Diese Thematisierung von Engagementpolitik als einem eigenen *verbandlichen* Politikfeld, das speziell im vereins- und verbandsorganisierten Sport an vielfältige Traditionen anknüpfen kann, entwickelt sich in den letzten Jahren sukzessive (vgl. z.B. Braun, 2009d, 2009e).

Exemplarisch dafür stehen verschiedene Aktivitäten der Dachorganisation des vereins- und verbandsorganisierten Sports wie z.B. die Empfehlungen der DSB-Präsidialkommission „Bürgerschaftliches Engagement im Sport" zum Thema „Ein neues Verhältnis zwischen Bürgern und Staat – Förderung des bürgerschaftlichen Engagements im und durch den Sport", die bereits 2003 vom DSB-Hauptausschuss verabschiedet wurden (vgl. DSB, 2003c; dazu auch Barthels & Spangenberg, 2005; von Richthofen, 2005b), das Arbeitspapier des DOSB-Präsidialausschusses Breitensport/Sportentwicklung (2010) zum Thema „Engagementpolitik im Sport – Beschreibung eines Handlungsfeldes aus der Sicht des DOSB" oder die 2010 durchgeführte DOSB-Arbeitstagung für die Mitgliedsorganisationen mit dem Titel „Neue Engagementpolitik – auch für den Sport?!" (vgl. DOSB, 2010e).

2.5 Erosion der zivilgesellschaftlichen Konturen im vereins- und verbandsorganisierten Sport?

Diese Aktivitäten des DSB bzw. DOSB weisen u.a. darauf hin, dass wohl noch nie in der bundesdeutschen Geschichte Vereine, Vereinsmitgliedschaften und ehrenamtliches bzw. freiwilliges Engagement im Zentrum einer gesamtgesellschaftlichen Debatte standen wie in den laufenden engagementpolitischen Diskussionen mit ihren zivilgesellschaftlichen Reformanliegen (vgl. z.B. Braun, 2004).

Zugleich werden in jüngerer Zeit aber auch disparate Einschätzungen und Thesen in sportpolitischen und sportwissenschaftlichen Debatten thematisiert, die die Bedeutung des vereins- und verbandsorganisierten Sports als „zivilgesellschaftlicher Infrastruktur" zu relativieren scheinen. Folgt man diesen Debatten, dann scheint das zivilgesellschaftliche Fundament des Sportvereins- und damit auch des Sportverbandswesens sukzessive zu erodieren, wie es Streeck (1999, S. 223 ff.) in seinen einschlägigen Analysen über die „Vielfalt und Interdependenz intermediärer Organisationen" schon vor Längerem umrissen hat. Auch wenn solche Zukunftsszenarien vielfach einen Sachverhalt überbetonen und gegenläufige Entwicklungen ausblenden, so scheinen doch verschiedene Herausforderungen an die Sportvereine Plausibilitätsanspruch zu haben. Um nur einige Herausforderungen exemplarisch anzudeuten:

Rückgang des ehrenamtlichen und freiwilligen Engagements

Erstens deutet sich an, dass die Gewinnung und Bindung freiwillig und ehrenamtlich engagierter Sportvereinsmitglieder immer weniger zu gelingen scheint. So ist nach den Ergebnissen der sportbezogenen Sonderauswertung der Freiwilligensurveys zwischen 1999 und 2009 der Anteil der im Bereich Sport und Bewegung engagierten Bevölkerung von 11,2% auf 10,1% zurückgegangen (vgl. Abbildung 2-3). Dieser Rückgang erscheint prozentual betrachtet zwar gering. Hochgerechnet in Absolutzahlen ergeben sich allerdings erhebliche Einbußen im Umfang von ca. 650.000 Engagierten.

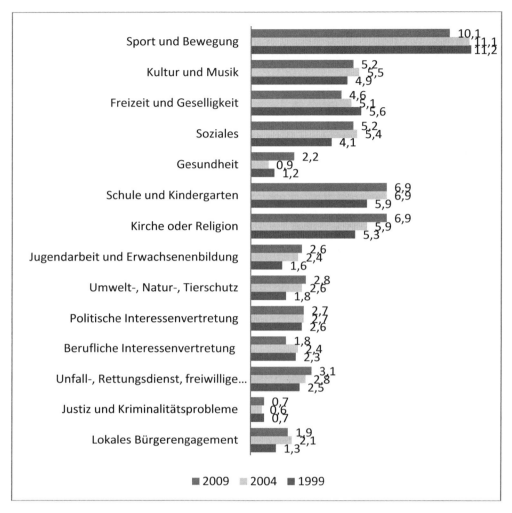

Abbildung 2-3: Anteil der in der Zivilgesellschaft freiwillig und ehrenamtlich Engagierten in der Bevölkerung ab 14 Jahre im Jahr 1999, 2004 und 2009, differenziert nach Handlungsfeldern. Mehrfachnennungen. Prozentwerte (1999 N=14.922, 2004 N=15.000, 2009 N=20.005). Sportbezogene Sonderauswertung der Freiwilligensurveys 1999 - 2009 (Braun, 2011a).

Diese Einbußen dürften auch für die konkrete Vereins- und auch Verbandsarbeit nicht folgenlos bleiben. Beispielsweise weist die sportbezogene Sonderauswertung auch darauf hin, dass der Rückgang von ehrenamtlich und freiwillig Engagierten derzeit noch durch die Erhöhung der Zeitkontingente der engagierten Mitglieder kompensiert wird – eine Entwicklung, die im Zuge eines fortschreitenden Strukturwandels des Ehrenamts vom „alten" zum „neuen Ehrenamt" etwa im Hinblick auf die Bindung von engagierten Sportvereinsmitgliedern zumindest nicht unproblematisch erscheint (vgl. Braun, 2011a; dazu auch Breuer, 2009).

Von Solidargemeinschaften zu Dienstleistungsorganisationen?

Zweitens scheinen sich vor allem Großvereine von zivilgesellschaftlich fest verankerten, bedarfswirtschaftlich ausgerichteten „Solidargemeinschaften" mit langfristigen Mitgliedschaften und einem belastbaren „Ehrenamt" zu betriebswirtschaftlich geführten Dienstleistungsorganisationen auf dem Sportanbietermarkt zu wandeln, die Konsumenten Sportangebote „verkaufen". Damit, so Zimmer (1996, S. 73), „geraten die Sportvereine zwangsläufig in Konkurrenz zu anderen Organisationsformen, wie etwa den kommerziellen Fitness-Centren oder dem auf individuelle Bedürfnisse eingehenden so genannten Sport- und Abenteuertourismus. ... Angesichts wachsender Konkurrenz sind die Sportvereine daher gezwungen, auf die veränderten Lebensstile der Mitglieder einzugehen, um auch weiterhin attraktiv zu bleiben".

Sofern diese These zutreffen sollte, dann könnten sich auch die Sportvereine zunehmend dazu gezwungen sehen, „Leistungen an Nichtmitglieder im Einzelhandel abzugeben und um der Erhaltung ihrer Wettbewerbsfähigkeit willen auf das Zustandekommen formalisierter unspezifischer Dauerbindungen (,Mitgliedschaft') als Voraussetzung der Nutzung von Vereinsleistungen zu verzichten" (Streeck, 1987, S. 479), womit wiederum die Bereitschaft zu freiwilligem und ehrenamtlichem Engagement im Sportverein unterminiert werden könnte.

Wachsende soziale Ungleichheiten beim Zugang zur Sport(vereins)partizipation

Ein drittes Beispiel bezieht sich auf soziale Ungleichheiten beim Sporttreiben, die vor allem vor dem Hintergrund der „Sport für alle"-Inklusionspolitik des DOSB von Bedeutung sind. So suggerieren zwar verbandspolitische Slogans wie „Sport verbindet!" oder „Sport spricht alle Sprachen!", dass vereinssportliche Aktivitäten für alle Bevölkerungsgruppen per se sozial offen seien. Dass die soziale Integration z.B. von bildungsfernen sozialen Milieus in und durch den vereinsorganisierten Sport aber kein Automatismus ist, lassen empirische Untersuchungen seit Jahrzehnten deutlich erkennen (vgl. z.B. Braun & Nobis, 2011b; Cachay & Hartmann-Tews, 1998; Nagel, 2003).

Die sportbezogene Sonderauswertung der Freiwilligensurveys von 1999 - 2009 zeigt sogar, dass das „Bildungskapital" beim Zugang zu gemeinschaftlichen Aktivitäten und zu einem freiwilligen Engagement im Handlungsfeld Sport und Bewegung im Zehnjahreszeitraum eine zunehmend größere Rolle spielt (vgl. Braun, 2011a). Dieser Trend dürfte auch Hinweise auf zunehmende soziale Ungleichheiten beim Zugang zu Sportaktivitäten und zu einem freiwilligen und ehrenamtlichen Engagement geben. Offensichtlich bedarf es also auch im vereinsorganisierten Sport anspruchsvoller organisatorischer und konzeptioneller Arrangements, um derartige soziale Ungleichheiten abzubauen (vgl. z.B. Braun & Finke, 2010).

Das „Konzept der partnerschaftlichen Zusammenarbeit" unter Legitimationsdruck

Bilanziert man diese drei disparaten und exemplarisch herausgegriffenen Herausforderungen, dann kann man zugespitzt die Frage stellen, ob der vereins- und verbandsorganisierte Sport die für Staat und Politik so bedeutsamen Konturen eines maßgeblichen „zivilgesellschaftlichen Akteurs" in Deutschland sukzessive einbüßen könnte. Eine eindeutige und fundierte Antwort auf diese zugespitzte Frage ist derzeit nicht zuletzt deshalb schwierig, weil für den DOSB keine kohärente „engagementpolitische Konzeption" vorliegt.

Eine solche Konzeption wäre gerade zum gegenwärtigen Zeitpunkt von grundlegender Bedeutung; denn mit dem Wandel von Staatsaufgaben und einer veränderten Aufgabenteilungen zwischen Staat, Markt und Zivilgesellschaft in Deutschland – dem „Wohlfahrtsmix" (Evers & Olk, 1996) – gerät auch das „Konzept der partnerschaftlichen Zusammenarbeit" zwischen Staat und Sport, das vor allem auf den zivilgesellschaftlichen Potenzialen des vereins- und verbandsorganisierten Sports basiert, unter Legitimationsdruck.

2.6 Eine „sportbezogene Engagementpolitik" des DOSB? Zielstellung der Untersuchung

Vor dem skizzierten Hintergrund sollte eine Re-Formulierung des für Staat und Sport elementaren Konzepts der „partnerschaftlichen Zusammenarbeit" – so die normativ und gesellschaftspolitisch ausgerichtete Ausgangsthese dieser Untersuchung – um eine fundierte „sportbezogene Engagementpolitik" des DOSB als Dachorganisation des vereins- und verbandsorganisierten Sports ergänzt werden. Dabei gehen wir von der leitenden Annahme aus, dass das Thema „bürgerschaftliches Engagement" für den vereins- und verbandsorganisierten Sport von so grundlegender innerverbandlicher und gesellschaftspolitischer Bedeutung ist, dass dem DOSB als Dachorganisation zu empfehlen ist, eine originäre „sportbezogene Engagementpolitik" zu elaborieren.

Mit der vorliegenden Untersuchung möchten wir dazu eine erste Orientierungshilfe aus sozialwissenschaftlicher Perspektive liefern. Vor diesem Hintergrund besteht das Ziel der Untersuchung darin, ausgewählte und zugleich zentrale Themenschwerpunkte der laufenden engagementpolitischen Debatten aufzunehmen und vor dieser Folie die bisherigen Positionen des DOSB als Dachorganisation exemplarisch zu diesen Themenfeldern zu untersuchen.

Bei den ausgewählten Themenschwerpunkten, die in Teil B in den einzelnen Kapiteln differenzierter eingeführt werden, handelt es sich um folgende vier Bereiche:

- Integration,
- Alter(n),
- Bildung,
- bürgerschaftliches Engagement von Unternehmen.

3 Der DOSB als Dachorganisation des vereins- und verbandsorganisierten Sports in Deutschland

Sebastian Braun & Doreen Reymann

3.1 Ordnungs-, Programm- und Dienstleistungsfunktion des DOSB

Wenn sich der vorliegende Bericht mit dem „DOSB in der Zivilgesellschaft" befasst, dann bezieht er sich auf einen begrenzten Ausschnitt einer komplexen Organisation, die sich in vielfältige Sportverbände, -bünde und -vereine im föderalen System der Bundesrepublik Deutschland ausdifferenziert. In diesem komplexen Organisationsgebilde hat der DOSB keine Weisungsbefugnis gegenüber seinen Mitgliedsorganisationen (vgl. Bundesregierung, 2006; Strob, 1999).

Insofern ist bei den Analysen in diesem Bericht immer zu berücksichtigen, dass der DOSB vor allem als „Manager" innerverbandlicher Willensbildungs- und Entscheidungsprozesse fungiert und weniger als „Herrschaftsmonopolist", der verbandspolitische Positionen und Programme „von oben nach unten" durchsetzen kann. Das Management der Vielfalt inhaltlicher und politischer Positionen in einem komplexen Geflecht von autonomen Mitgliedern stellt deshalb eine besondere Herausforderung für den DOSB (auch) im Zusammenhang mit der Entwicklung einer „sportbezogenen Engagementpolitik" dar. Damit sind mindestens zwei Konsequenzen für unsere Untersuchung verbunden:

Einerseits werden wir uns auf die offiziellen und insofern „aggregierten" Positionen und Sichtweisen des DOSB zu ausgewählten Themenschwerpunkten konzentrieren, die in der Regel das Ergebnis von innerverbandlichen Willensbildungs- und Entscheidungsprozessen im Aushandlungsprozess mit den Mitgliedsorganisationen sind. Auch wenn wir uns bemüht haben, die Genese dieser Positionen und Sichtweisen durch qualitative Interviews mit Repräsentanten des DOSB zu rekonstruieren und auf diese Weise unsere Beschreibungen und Interpretationen kritisch zu prüfen, werden diese „aggregierten" Positionen und Sichtweisen nicht identisch sein mit der „Realität vor Ort". Das bedeutet: In einzelnen Sportvereinen, Sportbünden oder Fachverbänden dürfte sich die Situation im Einzelfall anders darstellen.

Andererseits – und dieser Aspekt ist im vorliegenden Untersuchungszusammenhang weitaus relevanter – hat der DOSB als Dachorganisation bedeutsame inner- und außerverbandliche Aufgaben zu erfüllen, die speziell für die Entwicklung einer „sportbezogenen Engagementpolitik" von zentraler Bedeutung sein dürften. Diese Aufgaben liefern eine hinreichende Begründung, dass wir uns auf den DOSB als Dachorganisation konzentrieren, um zentrale Positionen und Sichtweisen „der" deutschen Turn- und Sportbewegung zu engagementpolitisch bedeutsamen Themengebieten zu analysieren. Zu diesen Aufgaben gehören nach Heinemann (2007, S.141):

- die *Ordnungsfunktion*, indem der DOSB für eine einheitliche Organisations- und Sportentwicklung eintreten und eine geschlossene Identität der Organisationen und ih-

rer Leistungsangebote sichern soll, so dass ihm auch eine „ordnende Hand" bei der Konzeptualisierung einer übergreifenden „sportbezogenen Engagementpolitik" zukäme;
- die *Programmfunktion*, indem der DOSB nach innen berät, Entscheidungshilfen gibt und Modelle und Konzepte für die erfolgreiche Arbeit der Mitgliedsorganisationen entwirft, so dass er diesen Beratung und Hilfestellung bei der Implementation engagementpolitischer Maßnahmen anzubieten hätte;
- die *Dienstleistungsfunktion*, indem der DOSB die Mitgliederinteressen gegenüber dem Staat vertritt und durchsetzt, so dass er im (korporatistischen) System der Interessenvermittlung als Lobbyist sportspezifische Besonderheiten und Bedarfe bei der Ausgestaltung von Engagementpolitik kenntlich machen müsste.

Diese abstraktere Aufgabenzuschreibung korrespondiert mit der konkreten Aufgaben, die sich der DOSB in seinem jüngsten Arbeitsprogramm für den Zeitraum von 2011 bis 2014 mit „drei ineinander verschränkten Arbeitsfeldern" (DOSB, 2011a, S. 1) selbst vorgegeben hat. Als „Stimme des organisierten Sports" (DOSB, 2011a, S. 20) sei er „Dienstleister für seine Mitgliedsorganisationen, die Interessenvertretung des deutschen Sports, national wie international, und Impulsgeber für und Entwickler von weiterführenden Konzepten, Programmen und Projekten" (DOSB, 2011a, S. 1).

Um vor diesem Hintergrund die besondere Stellung des DOSB im Organisationsgeflecht des vereins- und verbandsorganisierten Sports nachvollziehen zu können und zugleich den „Untersuchungsgegenstand" unserer engagementpolitischen Analysen strukturell zu umreißen, wird im Folgenden ein knapper Überblick über den Aufbau des vereins- und verbandsorganisierten Sport mit besonderem Blick auf den DOSB gegeben.

3.2 Aufbau des vereins- und verbandsorganisierten Sports in Deutschland

Der DOSB als Dachorganisation der deutschen Turn- und Sportbewegung entstand 2006 aus dem Zusammenschluss des DSB (Gründung: 1950) und des Nationalen Olympischen Komitees (NOK, Gründung: 1949). Damit bildet der DOSB die Dachorganisation für 98 Mitgliedsorganisationen, zu denen die Sportbünde, Sportverbände und die Verbände mit besonderen Aufgaben gehören (vgl. Abbildung 3-1). Sämtliche dieser Mitgliedsorganisationen verfügen über fachliche, organisatorische und finanzielle Selbständigkeit. Der DOSB hat – wie auch die Mitgliedsorganisationen – den Rechtsstatus eines eingetragenen Vereins.

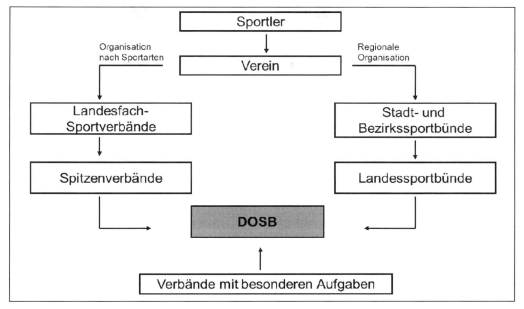

Abbildung 3-1: Aufbau des vereins- und verbandsorganisierten Sports in Deutschland (aktualisiert und modifiziert nach Heinemann, 2007, S. 140).

Die rund 91.000 Sportvereine mit ihren mehr als 27.5 Mio. Mitgliedschaften sind einerseits über einen regionalen Bezug indirekt in den DOSB eingebunden. In der Regel sind sie über Kreis-, Bezirks- und Stadtsportbünde Mitglieder in Landessportbünden, welche z.B. überfachliche Interessen auf Landesebene vertreten, den Sportstättenbau fördern, Übungsleiter und Trainer ausbilden oder den Versicherungsschutz der Sportvereinsmitglieder regeln. Andererseits sind die Sportvereine Mitglied eines Fachverbands, der die Interessen der jeweiligen Sportart repräsentiert. Jede im DOSB organisierte Sportart verfügt über einen Bundesfachverband, der sich – je nach Bundesland – in Kreis-, Bezirks- und Landesfachverbände organisiert und selbst direktes Mitglied im DOSB ist (vgl. Bundesregierung 2006; Heinemann, 2007; Zimmer, 2007). Insofern sind alle Sportvereine in Deutschland Mitglieder von Verbänden, über die sie heterarchisch in den verbandsorganisierten Sport eingebunden sind (vgl. Haring, 2010).

3.3 Formalstruktur des DOSB

Der DOSB als Dachorganisation des vereins- und verbandsorganisierten Sports besteht aus zwei Organen, sieben Gremien, dem Direktorium, der Geschäftsstelle sowie der Deutschen Sportjugend (DSJ) (vgl. Abbildung 3-2). Versucht man diese komplexe Struktur vereinfacht zu beschreiben, dann lassen sich die zentralen Institutionen der Dachorganisation – in Orientierung an Darstellungen des DOSB (2006a, 2010a) – wie folgt beschreiben:

(1) Organe des DOSB

Das oberste Organ des DOSB ist die *Mitgliederversammlung*, die jährlich zusammentritt. Der Mitgliederversammlung gehören mit Stimmrecht die Delegierten der Mitgliedsorganisationen sowie die Präsidiums- und die persönlichen Mitglieder an. Die Mitglieder der Präsidialausschüsse und des Vorstands der dsj, die Ehrenmitglieder, der Ehrenpräsident und die Mitglieder des Beirats der Aktiven haben eine beratende Stimme. Maßgebliche Aufgaben der Mitgliederversammlung sind z.B. die Entscheidung über grundsätzliche Angelegenheiten der Sportorganisation und der Sportpolitik, die Entgegennahme des Berichts des Präsidiums, die Genehmigung der Jahresrechnung und die Entlastung des Präsidiums, Satzungsänderungen, die Wahl des Präsidiums, der Präsidialausschüsse oder der persönlichen Mitglieder. Die Stimmverteilung in der Mitgliederversammlung orientiert sich u.a. an der Mitgliederstärke der Mitgliedsorganisationen.

Das zweite Organ des DOSB ist das *Präsidium*. Es setzt sich aus dem Präsidenten sowie den Vizepräsidenten Leistungssport, Breitensport/Sportentwicklung, Wirtschaft und Finanzen, Bildung und Olympische Erziehung, Frauen und Gleichstellungzusammen. Weiterhin gehören dem Präsidium der Vorsitzende der dsj sowie ein Athleten-Vertreter an. Die wesentlichen Aufgaben des für vier Jahre gewählten Präsidiums liegen in der Vertretung des DOSB nach außen, der strategischen Leitung des DOSB sowie der Entscheidungsfindung, soweit diese nicht durch die Mitgliedsversammlung oder ein anderes Gremium zu bearbeiten sind. Das Präsidium beruft Beiräte (und deren Mitglieder) sowie das Direktorium, dessen Tätigkeiten es dirigiert und überwacht.

(2) Weitere Gremien

Darüber hinaus fungieren im DOSB vier weitere Gremien: Präsidialausschüsse, Beiräte, die Konferenz der Spitzenverbände, der Landessportbünde, der Verbände mit besonderen Aufgaben, die Frauen-Vollversammlung sowie das Direktorium.

Die *Präsidialausschüsse Leistungssport und Breitensport/Sportentwicklung* beraten das Präsidium im Rahmen ihrer jeweiligen Zuständigkeiten bei Konzeptionen, grundlegenden Stellungnahmen zu sportpolitischen und sportfachlichen Fragen sowie bei der Entwicklung von Leitlinien. Den Vorsitz der Präsidialausschüsse haben der/die jeweils zuständigen Vizepräsident/innen inne. Gebildet werden die Präsidialausschüsse beim Präsidium, gewählt werden ihre Mitglieder durch die Mitgliederversammlung.

Die *Beiräte „Leistungssportentwicklung", „Sportentwicklung", „Bildung und olympische Erziehung", der „Beirat der Aktiven" und der „Wirtschaftsbeirat"* dienen der fachbezogenen Beratung des Direktoriums. Ihre Mitglieder werden vom Präsidium berufen. Eine Ausnahme bildet der Beirat der Aktiven, der durch die entsprechende Vollversammlung gewählt wird. Die Amtszeit der Beiräte ist an die des Präsidiums geknüpft.

Die *Konferenz der Spitzenverbände, die Konferenz der Landessportbünde, die Konferenz der Verbände mit besonderen Aufgaben* und die *Frauen-Vollversammlung* setzen sich aus Vertretern der Mitgliedsorganisationen des DOSB zusammen. Die Konferenzen und die Frauen-Vollversammlung, die jeweils eigene Geschäftsordnungen haben, beraten intern über Angelegenheiten ihrer jeweiligen Zuständigkeitsbereiche und geben Beschlüsse als Empfehlungen an die Organe des DOSB weiter.

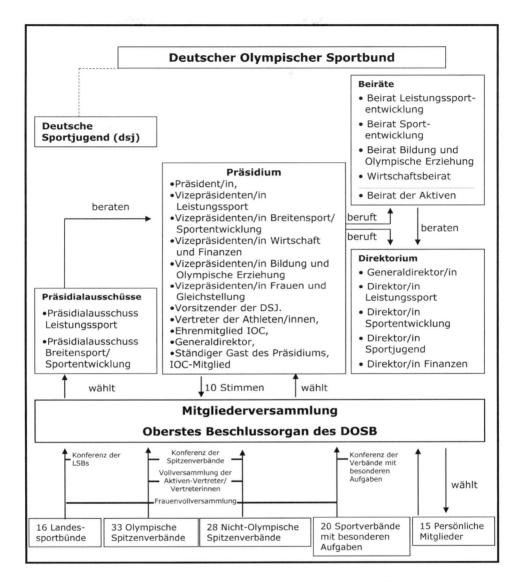

Abbildung 3-2: Formalstruktur des DOSB (eigene Darstellung nach DOSB, 2010a).

Das *Direktorium* ist ein hauptamtliches Gremium des DOSB mit der zentralen Aufgabe der Geschäftsführung im Hinblick auf die operativen Tätigkeiten des DOSB. Die Mitglieder des Direktoriums, das sich aus dem Generaldirektor und mehreren Direktoren zusammensetzt, werden durch das Präsidium be- und abberufen. Mit den dazugehörigen Mitarbeitern bilden sie die Geschäftsstelle des DOSB, die vom Generaldirektor geleitet wird.

(3) Geschäftsstelle des DOSB

Die *Geschäftsstelle*, die im jüngsten Arbeitsprogramm des DOSB als „Service- und Gestaltungsagentur" bezeichnet wird (DOSB, 2011a, S. 18), gliedert sich derzeit in vier Geschäftsbereiche: Leistungssport, Sportentwicklung, Jugendsport und Finanzen (vgl. Abbildung 3-3). Hinzu kommen die dem Generaldirektor zugeordneten Ressorts (Büro des Generaldirektors, Medien- und Öffentlichkeitsarbeit, die Vertretungen des DOSB in Berlin und Brüssel sowie Internationales). Jeder Geschäftsbereich gliedert sich wiederum in drei bis vier verschiedene Ressorts.

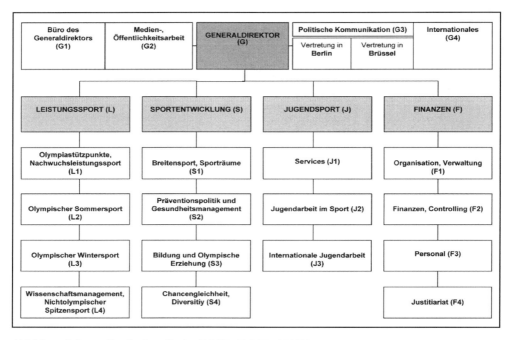

Abbildung 3-3:   Geschäftsstelle des DOSB (DOSB, 2011b).

(4) Deutsche Sportjugend (DSJ)

Die Deutsche Sportjugend (DSJ) nimmt als selbstverwaltete und -geführte Jugendorganisation eine Sonderstellung im DOSB ein. Ihre Eigenständigkeit beruht auf der – durch die Mitgliederversammlung des DOSB bestätigte – Jugend- und Geschäftsordnung. Demnach nimmt sie Aufgaben der Kinder- und Jugendhilfe im Sinne des SGB VIII und des Kinder- und Jugendplans des Bundes wahr. Sie unterstützt das gesamte Spektrum der Jugendarbeit im und durch den Sport und setzt sich für die Bedürfnisse der jugendlichen Sportaktiven ein. Die DSJ besteht – analog zum DOSB – aus den Sportjugenden der einzelnen Landesverbände und der Spitzenverbände. Ihre Organe, die die Selbstverwaltung und -führung sicherstellen, sind die Vollversammlung, der Jugendhauptausschuss, der Vorstand sowie die ständigen Konferenzen der Landessportjugenden, der Jugendorganisationen der Spitzenverbände des DOSB und der Jugendorganisationen der Sportverbände mit besonderen Aufgaben.

3.4 Der DOSB als Gegenstand der empirischen Untersuchung

Anhand der – hier nur skizzierten – Beschreibung der komplexen Formalstruktur des DOSB lässt sich erahnen, welche Herausforderungen für den DOSB bei der Weiterentwicklung und Implementation einer „sportbezogenen Engagementpolitik" zu bewältigen sind. Diese Herausforderungen sind keineswegs DOSB-spezifisch, sondern charakteristisch für komplexere und mitgliederreiche „intermediäre Organisationen" in modernen Gesellschaften. Streeck (1999) hat die damit verbundenen Probleme als „Vielfalt und Interdependenz" charakterisiert und pointiert zusammengefasst:

> „Diese Probleme lassen sich ganz allgemein als Ausdruck einer Notwendigkeit beschreiben, mit mindestens zwei gleich wichtigen Umwelten zur gleichen Zeit interagieren zu müssen: nach ‚unten' mit einer mehr oder weniger ‚freiwilligen' Mitgliedschaft oder Klientel – oder allgemeiner: einer der Organisation gegenüber ‚primären' Sozial- und Wertestruktur – und ‚nach oben' mit einer institutionellen Umgebung, in der sie (mehr oder weniger organisierte) Organisationen unter anderen sind. Jede dieser Interaktionen ... unterliegt einer spezifischen ‚Logik', deren jeweilige Anpassungsanforderungen nicht notwendig kompatibel sein müssen und aus deren Widersprüchen Friktionen sowohl im Verhältnis zwischen Institutionen und ihrer sozialen Basis als auch zwischen Institutionen untereinander entstehen können: einer ‚Mitgliedschaftslogik', die Imperativen einer der Sozialintegration, und einer ‚Einflusslogik', die Imperativen der Systemintegration unterliegt" (Streeck, 1999, S. 225f.).

Es wäre insofern wirklichkeitsfremd davon auszugehen, dass der Weg zu einer „sportbezogenen Engagementpolitik" seitens des DOSB durch wissenschaftliche Analysen oder Expertisen, politische Positionspapiere, Stellungnahmen oder Verlautbarungen, Gremienbeschlüsse und gar Satzungsänderungen vollzogen wäre. Eine solche Grundannahme über die verbandliche Konturierung eines neuen Politikfelds im und durch den DOSB verfolgen wir in der vorliegenden Untersuchung auch nicht. Gleichwohl gehen wir davon aus, dass der DOSB im Rahmen seiner Ordnungs-, Programm- und Dienstleistungsfunktion einen initiierenden, programmatischen, moderierenden und prozessbegleitenden Beitrag zur Entwicklung einer „sportbezogenen Engagementpolitik" leisten kann.

Zu diesem Zweck muss das Rad nicht neu erfunden werden; denn im Kontext der skizzierten gesellschaftlichen Funktionen, die dem DOSB seit Jahrzehnten zugeschrieben werden (vgl. Abschnitt 2.2), hat sich der DOSB immer wieder als ein „zivilgesellschaftlicher Akteur" präsentiert, der innerverbandliche und gesellschaftliche Wandlungsprozesse aufnehmen und im Rahmen seiner Ordnungs-, Programm- und Dienstleistungsfunktion konstruktiv ver- und bearbeiten kann. Insofern erscheint es lohnenswert, die bisherigen Positionen und Sichtweisen des DOSB zu ausgewählten und zugleich bedeutsamen engagementpolitischen Themenfeldern unter dem Gesichtspunkt zu betrachten, inwieweit der DOSB engagementpolitische Argumente und Perspektiven bereits berücksichtigt und in welcher Weise weiter gehende Anschlussofferten an diese Argumente und Perspektiven sinnvoll und begründet sein könnten.

4 Methodische Anlage der Untersuchung

Tina Nobis & Sebastian Braun

Vor dem Hintergrund der skizzierten Überlegungen in den Kapiteln 2 und 3 geht es in den folgenden Kapiteln darum, Analysen zu den Themenschwerpunkten „Integration", „Alter(n)", „Bildung", und „bürgerschaftliches Engagement von Unternehmen" durchzuführen. Diese Analysen basieren vor allem auf den Ergebnissen von zwei Forschungsprojekten mit jeweils unterschiedlichen methodischen Designs: dem Forschungsprojekt „Der DOSB als zivilgesellschaftlicher Akteur im neuen Wohlfahrtsmix" (vgl. Abschnitt 4.1) und der „Sportbezogenen Sonderauswertung der Freiwilligensurveys 1999 - 2009" (vgl. Abschnitt 4.2), die hier in erster Linie als ergänzende Studie herangezogen wird und deren Ergebnisse an anderer Stelle im Überblick nachzulesen sind (vgl. Braun, 2011a).

4.1 Inhaltsanalytische Auswertungen von Dokumenten des DOSB

Im Rahmen des Forschungsprojekts „Der DOSB als zivilgesellschaftlicher Akteur im neuen Wohlfahrtsmix" wurden umfangreiche Dokumentenanalysen durchgeführt, die durch qualitative Experteninterviews mit ausgewählten Mitarbeitern des DOSB ergänzt wurden. Darüber hinaus liegt allen Analysen der verschiedenen Themenschwerpunkte eine umfangreichere Rekonstruktion der sozial- und sportwissenschaftlich orientierten Engagementforschung zugrunde. Diese Rekonstruktion des Forschungsstands fließt sowohl in die inhaltliche Konturierung der Themenschwerpunkte als auch in die Interpretation der entsprechenden Ergebnisse unserer Dokumentenanalysen ein, deren methodische Anlage im Folgenden knapp skizziert wird.

(1) Die Datenbasis der Dokumentenanalysen

In einem ersten Schritt wurde systematisch nach zentralen Dokumenten recherchiert, die der DSB bzw. DOSB in den letzten Jahrzehnten zu den Themenschwerpunkten „Integration", „Alter(n)", „Bildung" und „bürgerschaftliches Engagement von Unternehmen" veröffentlicht hat. Da sich hierbei allerdings zügig herauskristallisierte, dass die Datenlage je nach Themenbereich ausgesprochen disparat ist, orientierte sich auch die Auswahl der zu analysierenden Dokumente an teilweise unterschiedlichen Kriterien.

Für den *Themenbereich „Integration"* liegen sowohl themenspezifische als auch themenübergreifende Materialien vor. Die themenspezifischen Dokumente, die sich explizit mit dem Thema „Integration" befassen und zum großen Teil innerhalb der letzten zehn Jahre veröffentlicht wurden, wurden in ihrer Gesamtheit in die Auswertungen einbezogen. Hierzu gehören z.B. Grundsatzerklärungen, Konzeptionspapiere, Broschüren oder Ideenhefte zum Thema Integration. Zu den themenübergreifenden Materialien, die vor allem hilfreich sind, um die Genese des Themas und den Stellenwert der Integrationsarbeit innerhalb des DOSB nachzuvollziehen, gehört ebenfalls eine Reihe von Dokumenten, von denen allerdings nur eine Auswahl in die Analysen einbezogen wurde. Aufgrund der Vielzahl an

Materialien, die in jeweils unterschiedlichen Kontexten entstanden sind und für jeweils unterschiedliche Zwecke und Zielgruppen erstellt wurden, konzentrieren sich die Inhaltsanalysen vor allem auf Präsidiumsberichte, Reden von DSB- und DOSB-Präsidenten, Reden und Interviews weiterer DSB- und DOSB-Funktionsträger, Kongressdokumentationen sowie weitere themenübergreifende Broschüren, Werkhefte und Schriftenreihen, die spätestens im Jahr 1990 veröffentlicht wurden.

Für den *Themenbereich „Alter(n)"* liegen ebenfalls themenspezifische und themenübergreifende Materialien vor. Da die systematische Beschäftigung mit diesem Thema durch den DOSB vor allem seit Ende der 1990er Jahre stattfindet, dürften weitgehend alle themenspezifischen Materialien in die Analyse eingegangen sein. Hierzu gehören Berichte des Präsidiums, Positionspapiere, Rahmenpläne, Beschreibungen zu Projekten, Praxisbroschüren, Pressemeldungen, Arbeitspapiere oder Pressemeldungen und Artikel von DOSB-Mitarbeitern, an denen sich die Genese des Themenfeldes Alter(n) im DOSB nachvollziehen und dessen Bedeutung bewerten lässt. Um aktuelle Entwicklungen im Themenfeld Alter(n) aufzuzeigen, wurden darüber hinaus auch ausgewählte themenübergreifende Materialien in den Analysen berücksichtigt. Hierunter fallen vornehmlich Materialien, in denen das Thema Alter(n) zumindest am Rande angesprochen wird (z.B. Kongressdokumentationen oder Pressemeldungen).

Für den *Themenbereich „Bildung"* liegen besonders zahlreiche Dokumente vor; denn einerseits wird dieser Themenbereich vom DSB bzw. DOSB bereits seit seiner Gründung umfangreich bearbeitet. Andererseits ist er in der Organisationsstruktur des DOSB strukturell und personell weitreichend verankert, insofern als es eine Vizepräsidentin „Bildung und olympische Erziehung" und ein entsprechendes Ressort im „Geschäftsbereich Sportentwicklung" gibt. Insofern war eine systematische Einschränkung der Datenbasis zum Themenbereich Bildung erforderlich, die auf der Grundlage der folgenden Überlegungen getroffen wurde: In die Auswertung wurden solche Dokumente einbezogen, die sich a) als grundsatzartige, programmatische Papiere beschreiben lassen (Grundsatzerklärungen, Orientierungsrahmen, Programme, Richtlinien etc.) und die sich b) ausschließlich mit bildungsbezogenen Themen (Schulsport, Qualifizierung, Kooperation mit Bildungseinrichtungen) auseinandersetzen. Um auch aktuelle Entwicklungen aufnehmen zu können, wurden darüber hinaus c) besonders aktuelle Dokumente (z.B. Berichte der Präsidentin für Bildung und olympische Erziehung, aktuelle Veröffentlichungen des Ressorts „Bildung und olympische Erziehung") in die Auswertungen einbezogen.

Um schließlich den noch jungen *Themenbereich „bürgerschaftliches Engagement von Unternehmen"* im Hinblick auf den DOSB zu explorieren, wurden einerseits einschlägige Forschungsarbeiten zum Thema „bürgerschaftliches Engagement von Unternehmen" in Deutschland herangezogen. Andererseits wurden vor dem Hintergrund des historisch ambivalenten Verhältnisses zwischen „Sport" und „Wirtschaft" und des dynamischen Aufkommens des Sportsponsorings Stellungnahmen und Reden untersucht, in denen u.a. Kooperationsbeziehungen mit Unternehmen thematisiert werden. Schließlich wurden jüngere Kooperationsprojekte zwischen dem DOSB und Großunternehmen recherchiert, die erste Ansätze eines bürgerschaftlichen Engagements von Unternehmen in Zusammenarbeit mit dem DOSB erkennen lassen.

(2) Auswertungsverfahren: Inhaltsanalysen

Die Auswertung der ausgewählten Materialien folgte den Prinzipien der qualitativen Inhaltsanalyse, die darauf abzielt, die Inhalte von Informationsträgern – im vorliegenden Fall von DSB-/DOSB-Dokumenten – zu erfassen, aufzuarbeiten und zu analysieren. Das damit verbundene Ablaufmodell kann zwar je nach Fragestellung und methodischer Ausrichtung variieren und in jeweils unterschiedliche Formen und Unterformen unterteilt werden (vgl. hierzu insbesondere Mayring, 2008). Gleichwohl kristallisieren sich vor allem drei zentrale Arbeitsschritte heraus, denen auch die hier vorgenommenen Inhaltsanalysen folgten (vgl. z.B. Gläser & Laudel, 2009; Häder, 2006; Kromrey, 1998; Mayring, 2008):

- *Erstellung eines Kategoriensystems:* In einem ersten Schritt wurde ein Kategoriensystem erstellt, das im weitesten Sinne als „Suchraster" verstanden werden kann, über das die „Informationen beschafft werden können, die für die Beantwortung der Forschungsfrage notwendig sind" (Gläser & Laudel, 2009, S. 206; vgl. auch Kromrey, 1998; Mayring, 2008). In Anlehnung an Gläser und Laudel (2009) haben wir dabei dem „Prinzip der Offenheit" einen besonderen Stellenwert eingeräumt und das Kategoriensystem auch im Verlauf der Datenauswertung sukzessive verändert und kontinuierlich ergänzt.
- *Materialdurchlauf durch Extraktion:* In einem zweiten Schritt ging es darum, das zu analysierende Material durchzusehen, die relevanten Informationen herauszufiltern und diese dann den jeweiligen Kategorien des Kategoriensystems zuzuordnen (Gläser & Laudel, 2009).
- *Aufbereitung und Auswertung der gewonnenen Daten:* Im dritten Schritt wurde eine Zusammenfassung der auf diesem Weg herausgefilterten Informationen vorgenommen, Redundanzen wurden beseitigt und die Informationen systematisch sortiert, so dass letztlich mit der Auswertung der Daten begonnen werden konnte (vgl. Gläser & Laudel, 2009; Mayring, 2008).

(3) Zur Aussagekraft der Dokumentenanalysen

Die Forschungsmethode der Dokumentenanalyse bietet sich im vorliegenden Zusammenhang insofern an, als auf diese Weise Positionen sowie sport- und engagementpolitische Ausrichtungen des DOSB zu den ausgewählten Themenschwerpunkten rekonstruiert werden können. Dokumentenanalysen sind allerdings auch mit einigen Grenzen und Limitierungen verbunden, die an dieser Stelle zumindest angesprochen werden sollen und bei den folgenden Analysen stets im Blick zu behalten sind:

- *Entstehungskontexte der Materialien:* Wie differenziert sich der DSB bzw. DOSB in einem Dokument mit bestimmten Themen befasst und welche konkreten Inhalte er dort wie detailliert aufgreift, dürfte unter anderem mit den Entstehungskontexten der Materialien, d.h. mit der spezifischen Dokumentenart, dem Adressatenkreis und den Ressourcen zusammenhängen, die in die Erstellung der jeweiligen Dokumente investiert wurden. Grundsatzerklärungen dürften z.B. mit einem vergleichsweise hohen Zeit- und Personalaufwand verbunden sein und der Öffentlichkeit erst nach einem

„Gang durch die Gremien" zugänglich gemacht werden. Bei verschriftlichten Interviews, Reden etc. dürfte es sich hingegen eher um ad-hoc-Positionen einzelner Funktionsträger handeln, von denen nicht erwartet werden kann, dass sie auf „medientaugliche" Fragen hochdifferenzierte Antworten geben.

- *Praxisrelevanz der Materialien:* Bei den vorliegenden Materialien handelt es sich u.a. um Bestandsaufnahmen, Statements, Stellungnahmen und Selbstverpflichtungen des DOSB. Wie handlungsrelevant solche Aussagen sind und inwiefern sie in die „operative Arbeit" umgesetzt werden, kann auf der Basis von Dokumentenanalysen nicht beantwortet werden. Allerdings verfolgt die vorliegende Untersuchung auch vielmehr das Ziel, anhand der recherchierten und ausgewerteten Materialien nach grundlegenden Hinweisen zu suchen, wie sich der DOSB im Rahmen seiner Ordnungs-, Programm- und Dienstleistungsfunktion bei der Etablierung des Politikfelds Engagementpolitik im Hinblick auf die ausgewählten Themenschwerpunkte „positioniert".

- *Organisationsbezogene Ressourcen:* Zwar lassen sich aus den vorliegenden Dokumenten zentrale Positionen herausarbeiten. Wie umfangreich und differenziert ein Thema vom DOSB aufgegriffen wird und ob entsprechende Dokumente überhaupt erstellt werden, dürfte aber auch mit organisationsstrukturellen Faktoren zusammenhängen. Dazu zählt z.B. die personelle und finanzielle Ausstattung einzelner Geschäftsbereiche und Ressorts in der Geschäftsstelle des DOSB, die ihrerseits wiederum mit dem Verlauf und den Akzentuierungen gesellschaftspolitischer Debatten und insofern auch mit Erwartungen politischer Akteure zusammenhängen dürfte. Exemplarisch dafür stehen die erheblichen Ausstattungsunterschiede zwischen den Geschäftsbereichen „Leistungssport" und „Sportentwicklung" (vgl. dazu bereits Meier, 1995).

- *Anzahl von Dokumenten:* Die im Zeitverlauf zunehmende Zahl von veröffentlichten Dokumenten hat nur begrenzte Aussagekraft im Hinblick auf den Stellenwert eines Themas. Denn zum einen könnte dies ein Effekt der generell gestiegenen Bedeutung der Presse- und Öffentlichkeitsarbeit sein; zum anderen eröffnen sich im Zeitalter der „Informationsgesellschaft" neue, womöglich weniger zeit- und kostenintensive Möglichkeiten, eigene Stellungnahmen publik zu machen (z.B. über elektronische Newsletter und Veröffentlichungen oder Meldungen auf der Homepage etc.).

(4) Ergänzung der Inhaltsanalysen durch leitfadengestützte Interviews

Um diesen exemplarisch skizzierten Limitierungen zumindest tendenziell entgegenzuwirken, haben wir in Ergänzung zu den Dokumentenanalysen ausführliche leitfadengestützte Interviews mit Mitarbeitern der DOSB-Geschäftsstelle geführt.

Diese Mitarbeiter, die in ihrem jeweiligen Bereich als thematisch ausgewiesene Experten gelten können, haben in den Interviews insbesondere zu folgenden Aspekten ihre Sichtweisen erörtert: zur Genese des jeweiligen Themas im DSB bzw. DOSB, zu den Inhalten, der Ausrichtung und der Relevanz dieses Themas im DSB bzw. DOSB, zur Bedeutung und zum Stellenwert des bürgerschaftlichen Engagements im thematischen Kontext wie auch zu Visionen, Ausblicken und Herausforderungen im Hinblick auf den Themenschwerpunkt.

Die drei- bis vierstündigen Interviews wurden vollständig transkribiert. Die gewonnen Daten haben wir insbesondere genutzt, um die qua Dokumentenanalyse herausgearbeiteten Ergebnisse zu validieren und weitergehende Interpretationsmöglichkeiten zu eröffnen.

4.2 Sportbezogene Sonderauswertung der Freiwilligensurveys 1999 - 2009

In den vorliegenden Bericht fließen darüber hinaus Ergebnisse der zeitglich mit diesem Bericht abgeschlossenen sportbezogenen Sonderauswertung der so genannten „Freiwilligensurveys" von 1999, 2004 und 2009 ein. Relevante Befunde wurden bereits in Kapitel 2 herangezogen, um Aktivitäts- und Engagementquoten darzustellen.

Zentrale Ergebnisse dieser Sonderauswertung der Freiwilligensurveys wurden unlängst in einer gesonderten Publikation vorgelegt (vgl. Braun, 2011a). Insofern werden in der vorliegenden Broschüre nur noch einmal zentrale Befunde zur Plausibilisierung von Argumentationszusammenhängen und zur Visualisierung aktueller Forschungsergebnisse aufgegriffen.

Da in der Monografie auch die methodischen Hintergründe der Datensätze dargestellt werden, sollen an dieser Stelle einige erläuternde Hinweise zu den Freiwilligensurveys genügen, die vom BMFSFJ initiiert und in Auftrag gegeben und durch TNS Infratest Sozialforschung realisiert wurden (vgl. Gensicke & Geiss, 2010; Gensicke, Picot & Geiss, 2006; von Rosenbladt, 2000).

Die Freiwilligensurveys bieten mittlerweile über drei Messzeitpunkte eine umfangreiche und solide Datenbasis zum freiwilligen und ehrenamtlichen Engagement in Deutschland. Die Bevölkerungsbefragungen, die 1999 ursprünglich als „Ehrenamtssurvey" starteten, sich jedoch konzeptionell zügig zu einem „Freiwilligensurvey" wandelten, wurden mit dem Ziel initiiert, das bürgerschaftliche Engagement in Deutschland repräsentativ und im Zeitverlauf empirisch abzubilden. Sie bilden mittlerweile ein relevantes Instrument der Politikberatung, insofern als sie herangezogen werden, um z.B. die Nationale Engagementstrategie der Bundesregierung (2010) oder das Feld der Engagementpolitik zu profilieren.

Mit dem Abschluss der dritten Erhebungswelle im Jahr 2009 liegt nicht nur eine vielbeachtete Zeitreihenstudie vor (vgl. Gensicke & Geiss, 2010). Es sind auch Datensätze mit beträchtlichen Stichprobengrößen generiert worden. Mit einem Umfang von ca. 15.000 Interviews zählten bereits der erste und der zweite Freiwilligensurvey zu den größeren Bevölkerungsbefragungen in Deutschland; im Rahmen der dritten Welle wurde die Fallzahl sogar auf 20.000 Befragte erhöht. Diese ausgesprochen großen Stichproben erlauben u.a. bereichsspezifische Analysen, wie zum Beispiel eine Sonderauswertung speziell zum Handlungsfeld „Sport und Bewegung", deren Befunde in den folgenden Kapiteln zu den vier thematischen Schwerpunktanalysen an verschiedenen Stellen aufgegriffen werden.

Teil B
Analysen: Thematische Schwerpunkte und empirische Befunde

Teil B des Berichts dient der Darstellung der empirischen Untersuchungsergebnisse, die insbesondere im Rahmen der umfangreichen Dokumentenanalysen wie auch der Rekonstruktion der sozialwissenschaftlichen Debatten und der sportbezogenen Sonderauswertung der Freiwilligensurveys herausgearbeitet wurden.

Die Auswertung der Daten erfolgte mit Blick auf vier engagementpolitisch bedeutsame Themenschwerpunkte, auf die wir uns im Rahmen der Studie exemplarisch konzentriert haben und die sich mit folgenden eingängigen Überschriften kennzeichnen lassen:

- Multikulturelle Zivilgesellschaft? Sportverbände und -vereine als Akteure der Integrationsarbeit (Kapitel 5),
- Das Ehrenamt im Alter(n)sprozess? Engagementpolitische Perspektiven für ein neues Alter(n) im Sport (Kapitel 6),
- Lernen in Bildungslandschaften: Engagementpolitische Perspektiven für die Bildungsarbeit im Sport (Kapitel 7),
- Profit und Gemeinwohl? Engagement-Partnerschaften zwischen Wirtschaft und Sport (Kapitel 8).

Vor dem Hintergrund der engagementpolitischen Diskussionen über die vier Themenschwerpunkte, die in den entsprechenden Kapiteln einleitend skizziert werden, werden die Positionen sowie sport- und engagementpolitischen Ausrichtungen des DOSB rekonstruiert und beschrieben. Um die Fülle des Materials in eine möglichst lesbare Form zu bringen, haben wir den einzelnen Abschnitten der vier Kapitel Thesen vorangestellt, die dazu dienen sollen, zentrale Ergebnisse der Analysen zu bündeln und zur Diskussion zu stellen. Daran anschließend werden die relevanten Einzelbefunde als „Ergebnisse" durchnummeriert und kursiv kenntlich gemacht.

5 Multikulturelle Zivilgesellschaft? Sportverbände und -vereine als Akteure der Integrationsarbeit

Tina Nobis

Fachwissenschaftliche und gesellschaftspolitische Debatten zum Thema „Integration und Migration" wurden in den letzten Jahren rege und kontrovers geführt. Anlass dafür sind häufig demografische Entwicklungen, die – so die gängige Argumentation – eine Auseinandersetzung mit dem Integrationsthema geradezu bedingten. Da die Bundesrepublik Deutschland zur Stabilisierung ihrer Bevölkerungszahl auch zukünftig auf Einwanderung angewiesen ist und der Anteil der in Deutschland lebenden Migranten weiter steigen wird, sei Integration bereits heute eine gesellschaftliche und politische Schlüsselaufgabe, die einer differenzierten Auseinandersetzung bedürfe.[6]

Angesprochen sind damit auch zivilgesellschaftliche Akteure, die sich im Zuge der demografischen Entwicklungen mit neuen Funktionszuschreibungen konfrontiert sehen. Weil man sich vom bürgerschaftlichen Engagement in Freiwilligenvereinigungen integrationsförderliche Effekte verspricht, wird von Vereinen, Verbänden und anderen zivilgesellschaftlichen Assoziationen immer häufiger erwartet, sich aktiv um die Gewinnung und Bindung von Migranten zu bemühen – und dieser Anspruch wird auch an den DOSB und dessen Mitgliedsorganisationen herangetragen.

Zwar gelingt es dem vereins- und verbandsorganisierten Sport, so viele Personen mit Migrationshintergrund an sich zu binden wie keine andere freiwillige Vereinigung in Deutschland. Allerdings zeigen aktuelle empirische Analysen wie die sportbezogene Sonderauswertung des Freiwilligensurveys von 2009 auch, dass Personen mit Migrationshintergrund im Hinblick auf die Aktivität und das freiwillige Engagement im Handlungsfeld Sport und Bewegung nach wie vor unterrepräsentiert sind. Vor allem Personen mit einem Migrationshintergrund im engeren Sinn – das sind vielfach selbst zugewanderte und nichtdeutsche Migranten –, aber auch und insbesondere Frauen mit Migrationshintergrund sind überdurchschnittlich selten im Feld Sport und Bewegung aktiv beteiligt und freiwillig engagiert (vgl. Abbildungen 5-1 und 5-2).[7]

---

[6] In Anlehnung an den gängigen Sprachgebrauch und aus Gründen der Lesbarkeit werden die Begriffe „Personen mit Migrationshintergrund" sowie „Migrantinnen" und „Migranten" im Folgenden synonym verwendet. Personen ohne Migrationshintergrund werden auch als „Einheimische" bezeichnet. Wenn im folgenden Beitrag von „Integration" die Rede ist, so ist damit explizit die Integration von Personen mit Migrationshintergrund gemeint.

[7] Als Personen mit Migrationshintergrund im engeren Sinn werden in der sportbezogenen Sonderauswertung gefasst: (1) selbst zugewanderte Migranten, die die deutsche Staatsbürgerschaft besitzen, (2) selbst zugewanderte Migranten ohne deutsche Staatsbürgerschaft, (3) Migranten der zweiten Generation ohne deutsche Staatsbürgerschaft. Als Personen mit Migrationshintergrund im weiteren Sinn werden gefasst: (1) Migranten der zweiten Generation mit deutscher Staatsbürgerschaft, (2) nicht-deutsche Staatsbürger, die selbst und deren Eltern in Deutschland geboren sind. Alle weiteren Personen werden als Personen ohne Migrationshintergrund bezeichnet.

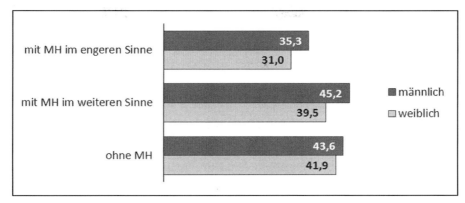

Abbildung 5-1: Anteil der im Handlungsfeld Sport und Bewegung aktiv Beteiligten in der Bevölkerung ab 14 Jahre im Jahr 2009, differenziert nach Migrationshintergrund (MH) und Geschlecht. Prozentwerte (N = 19.952). Sportbezogene Sonderauswertung der Freiwilligensurveys 1999 - 2009 (Braun, 2011a).

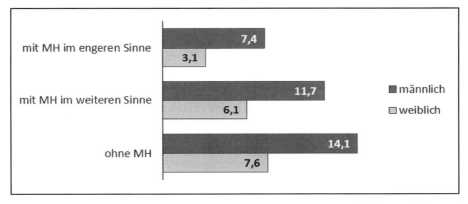

Abbildung 5-2: Anteil der im Handlungsfeld Sport und Bewegung freiwillig und ehrenamtlich Engagierten in der Bevölkerung ab 14 Jahre im Jahr 2009, differenziert nach Migrationshintergrund (MH) und Geschlecht. Prozentwerte (N = 19.952). Sportbezogene Sonderauswertung der Freiwilligensurveys 1999 - 2009 (Braun, 2011a).

Vor dem Hintergrund dieser Befunde werden Handlungsbedarfe nicht nur „von außen" an den DOSB und dessen Mitgliedsorganisationen herangetragen. Letztere nehmen sich dieser „Herausforderung" auch selbst an und versuchen, weiterreichende Integrationspotenziale des Sports zu aktivieren. Mit öffentlichkeitswirksamen Kampagnen wie „Sport spricht alle Sprachen" oder „Sport verbindet" betont z.B. der DOSB sein Engagement im Integrationsbereich, das sich u.a. in der Initiierung und Koordinierung von Integrationsmaßnahmen manifestiert, die eine Integration in und durch den Sport gewährleisten sollen.

Doch wie gestaltet der DOSB sein Engagement im Integrationsbereich und auf welche Weise greift er die an ihn herangetragenen und von ihm selbst formulierten Erwartungen auf? Um diese Fragen zu beantworten, wurde systematisch nach Materialien recherchiert, in denen der DSB/DOSB seine Integrationsarbeit beschreibt und Stellung zu integrationsbezogenen Fragen bezieht.

Hierzu gehören zum einen alle vom DSB/DOSB veröffentlichten, zentralen Dokumente mit *unmittelbaren* Bezug zum Thema Integration: die Grundsatzerklärungen „Sport mit ausländischen Mitbürgern" (DSB, 1981) sowie „Sport und Zuwanderung" (DSB, 2004), das Konzeptionspapier zum Programm „Integration durch Sport" (DSB, 2001a), das Werkheft „Integration im Sportverein" (DSB, 2003a), die Positionierung „Integration durch Sport" (DOSB, 2006b), das Ideenheft „Kirche und Sport" (DOSB, DBK & EKD, 2007), die Broschüren „Migrantinnen und Sport" (DOSB, 2007a), „Interkulturelles Wissen schulen und vermitteln" (DOSB, 2008a) und „20 Jahre Integration durch Sport" (DOSB, 2009a) sowie das Themenblatt „Migrantinnen im Sport" (DOSB, 2009b). Zum anderen wurde versucht, *themenübergreifende* Materialien ausfindig zu machen, die der DSB/DOSB von 1990 bis heute veröffentlicht hat. Hierzu gehören Dokumente, in denen „Integration" zumindest am Rande thematisiert wird, z.B. verschriftlichte Reden und Interviews der DSB- und DOSB-Präsidenten und -Vizepräsidenten (vgl. z.B. Bach, 2006a; Ridder-Melchers, 2005a; von Richthofen, 2005a; Schneeloch, 2008), Präsidiumsberichte (vgl. z.B. DOSB, 2008b), sowie Broschüren und Werkhefte, in denen Integration als eines unter anderen (Breitensport-)Themen angesprochen ist (vgl. z.B. DOSB, 2007b, 2010b).

Nach einer inhaltsanalytischen Durchsicht dieser Materialien kristallisieren sich fünf Schwerpunkte heraus, die im Folgenden näher betrachtet und thesenartig aufgearbeitet werden: Es geht um (1) die Integrationsleistungen des Sports, (2) die Heterogenität der Bevölkerungsgruppe mit Migrationshintergrund, (3) die interkulturelle Öffnung von Sportorganisationen, (4) Kooperationen und Netzwerke im Bereich der Integrationsarbeit sowie (5) Verständnisse von und Perspektiven auf Integration.

5.1 Integration durch Sport oder Integration durch bürgerschaftliches Engagement?

5.1.1 Ausgangspunkte

Fachwissenschaftliche und gesellschaftspolitische Diskussionen über sozialintegrative Funktionen bürgerschaftlichen Engagements, die unter Begriffen wie „Sozialkapitaldiskurs", „Zivilgesellschafts-" oder „Bürgergesellschaftsdebatte" geführt werden, blicken inzwischen auf eine langjährige Tradition zurück. Trotz des beachtlichen Umfangs und der Vielfalt der vorliegenden Publikationen wurde allerdings eher selten gefragt, welche spezifischen Integrationschancen ein solches Engagement für Personen mit Migrationshintergrund eröffnet. In den letzten Jahren sind zwar einige empirische Befunde zu den Engagementquoten von Personen mit Migrationshintergrund vorgelegt worden (vgl. z.B. Braun & Nobis, 2011a; Breuer, Wicker & Forst, 2011; Geiss & Gensicke, 2006; Halm & Sauer, 2005; Mutz & Burrmann, 2011; zur Aufarbeitung des Forschungsstandes vgl. insbesondere Huth 2002, 2003). Inwiefern aber mit der Übernahme von Funktionen, Ämtern und Aufgaben auch weiterreichende Integrationswirkungen verbunden sind, bleibt empirisch weitgehend ungeklärt.[8]

---

[8] Hinzu kommt, dass die Befundlage zum bürgerschaftlichen Engagement von Migranten trotz des gestiegenen Forschungsinteresses keineswegs zufriedenstellend ist. Wegen der oftmals geringen Umfänge der „Migrantenstichproben" muss z.B. eine Vielzahl an möglichen Einflussfaktoren auf ein solches Engagement aus

Im Zuge der aktuellen Debatten findet man allenfalls *Annahmen* über Integrationspotenziale und -wirkungen eines bürgerschaftlichen Engagements. Diese werden in der Regel in Anlehnung an die von Esser (2000, 2001) herausgearbeiteten Integrationsdimensionen der sozialen, der kulturellen, der strukturellen und der identifikatorischen Integration erläutert (vgl. z.B. Baur, 2006, 2009; Braun, 2007b; Braun & Finke, 2010; Huth, 2006, 2007).

- Soziale Integration: Angenommen wird erstens, dass bürgerschaftliches Engagement Gelegenheiten für den Aufbau von sozialen Kontakten zwischen Migranten und Einheimischen schaffe.
- Kulturelle Integration: Zweitens heißt es, dass über bürgerschaftliches Engagement Kompetenzen erworben werden könnten, die für Kulturationsprozesse von Bedeutung sind (z.B. Sprachfertigkeiten und Kenntnisse über Institutionen des Aufnahmelandes).
- Strukturelle Integration: Drittens könne bürgerschaftliches Engagement für Platzierungsprozesse relevant sein – z.B. wenn hierüber Arbeitsplätze vermittelt werden oder wenn über ein Engagement erworbene Kompetenzen auch im Erwerbsleben eingesetzt werden.
- Identifikatorische Integration: Viertens wird die identitätsstiftende Bedeutung bürgerschaftlichen Engagements genannt, d.h. die Förderung von Zugehörigkeits- und Verbundenheitsgefühlen zur Aufnahmegesellschaft.

Über diese Integrationsdimensionen wurde in letzter Zeit auch speziell mit dem Blick auf die Integrationspotenziale des Sports diskutiert. Insbesondere die Sportvereine werden hier als Integrationsakteure ausgewiesen, die vielfältige Gelegenheiten für den Aufbau von sozialen Beziehungen und den Erwerb und die Verbesserung von Sprachkenntnissen eröffneten, die als Handlungsfelder für freiwilliges Engagement „bürgerschaftliche Tugenden" sozialisierten, als „informelle" Kontakt- und Jobbörsen fungierten und nicht zuletzt vielfältige Unterstützungsleistungen anböten (z.B. Hausaufgabenhilfe), die für strukturelle Integrationsprozesse von Personen mit Migrationshintergrund relevant sein können (vgl. z.B. Baur, 2006, 2009; Braun & Finke, 2010; Nobis & Rübner, 2009).

5.1.2 Integrationspotenziale des organisierten Sports: Was sagen die DOSB-Dokumente?

Integrationspotenziale des Sports werden auch in den Dokumenten des DSB/DOSB immer wieder thematisiert. In der Zusammenschau zeigt die dahingehende Analyse der Materialien Folgendes:

> Während in der Bürgergesellschaftsdebatte betont wird, dass bürgerschaftliches Engagement vielfältige Integrationsperspektiven für Personen mit Migrationshintergrund eröffnen kann, wird in den analysierten Dokumenten des DSB/DOSB eher selten auf das „Integrationsmedium Engagement" hingewiesen. Wesentlich häufiger und ausführlicher werden hingegen der „leichte" Zugang zum vereinsorganisierten Sport und die vielfältigen, über eine *Sportbeteiligung* erworbenen Kompetenzen hervorgehoben. Deutlich wird in diesem Kontext auch, dass der DOSB kontrovers diskutiert, ob Sport

---

den Analysen ausgeklammert werden, über Kontexte des Engagements wissen wir nach wie vor ausgesprochen wenig und von wenigen Ausnahmen abgesehen mangelt es auch an Binnendifferenzierungen, in denen etwa nach dem Herkunftsland oder dem Geschlecht der Personen mit Migrationshintergrund unterschieden wird.

„per se" und „quasi automatisch" integrativ wirke oder ob Integrationspotenziale erst durch entsprechende Maßnahmen und Programme aktiviert werden müssten. Des Weiteren erscheint der DOSB – unabhängig von diesen Diskussionen – als ein „selbstbewusster" Integrationsakteur, der vornehmlich auf positive Effekte einer Sportbeteiligung verweist und sich mehrfach als wichtigen Integrationsakteur bezeichnet.

Ergebnis 1: Freiwilliges und ehrenamtliches Engagement von Personen mit Migrationshintergrund

Der DSB/DOSB befasst sich in seinen Dokumenten zwar mit dem ehrenamtlichen und freiwilligen Engagement von Migranten im Sportverein und erachtet das Thema als wichtig. Allerdings lassen die Inhaltsanalysen auch erkennen, dass die Gewinnung und Bindung von freiwillig engagierten Migranten für Aufgaben im Sportverein nicht unbedingt *das* Kernanliegen der sportbezogenen Integrationsarbeit des DOSB darstellt.

So findet man einerseits Hinweise darauf, dass bei der Gewinnung von ehrenamtlich und freiwillig engagierten Migranten „Nachholbedarf" bestünde (DOSB, 2007b, S. 23) und dass Migranten „in Vorstandsämtern und im Übungsbetrieb deutlich unterrepräsentiert sind" (DSB, 2004, S. 5). Damit einher geht auch der Anspruch, verstärkte Anstrengungen zu unternehmen, „um Menschen mit Migrationshintergrund für die Übernahme von Funktionen auf der Führungs- und Übungsleiterebene zu gewinnen" (DOSB, 2007b, S. 40) und sich der „Herausforderung für eine Mitwirkung von Migrantinnen und Migranten in den Vorständen sowie im Ausbildungssystem" zu stellen (DSB, 2004, S. 5). Andererseits werden diese Aussagen jedoch seltener und knapper erläutert und mit einer geringeren Vehemenz vorgetragen als z.B. die Selbstverpflichtungen zur interkulturellen Öffnung oder zur Erhöhung der Sportbeteiligungsraten von Personen mit Migrationshintergrund (vgl. hierzu auch Abschnitt 4.3.2).

Einen ähnlichen Eindruck gewinnt man auch, wenn man die Erläuterungen des DSB/DOSB zur Integration durch bürgerschaftliches Engagement betrachtet. Integrationsleistungen des Sports werden in den analysierten Dokumenten zwar ausführlich beschrieben, sie beziehen sich allerdings in erster Linie auf eine „Integration durch Sport" und erst in zweiter Linie auf eine „Integration durch bürgerschaftliches Engagement". In der Grundsatzerklärung „Sport und Zuwanderung" heißt es zwar, dass die „Integrationsfähigkeit im Sport mit der Zahl der Migrantinnen und Migranten, die auch Funktionen im Verein übernehmen, grundsätzlich" steige (DSB, 2004, S. 5). Und auch im Konzeptionspapier zum Programm „Integration durch Sport" wird der Mehrwert eines freiwilligen Engagements im Sport wie folgt betont: „Die Übernahme von Aufgaben, vor allem durch Personen mit Migrationshintergrund, bietet die Möglichkeit der aktiven Beteiligung am Integrationsprozess und ist zugleich ein wertvoller Beitrag als Hilfe zur Selbsthilfe. Es entstehen dadurch Synergieeffekte hinsichtlich der Erlernung der Sprache, des Aufbaus persönlicher Kontakte, als auch des Kennenlernens der Gesellschafts- und Sportstrukturen in Deutschland" (DSB, 2001a, S. 11). Insgesamt findet man in den herangezogenen Materialien jedoch eher selten ausführlichere Erläuterungen über denkbare Integrationswirkungen eines freiwilligen und ehrenamtlichen Engagements.

Richtet man den Blick abschließend auf Begründungszusammenhänge, sieht man zudem, dass in den DSB-/DOSB-Dokumenten nur selten differenzierter erläutert wird, weshalb gerade Personen mit Migrationshintergrund für ein freiwilliges und ehrenamtliches Engagement gewonnen werden sollten. Entsprechende Argumente beziehen sich in erster Linie auf die Gewinnung von Übungsleitern mit Migrationshintergrund. Hierzu heißt es in verschiedenen Dokumenten, dass diese einen „besonderen Zugang zur Zielgruppe" fänden, „der oft über eine sprachliche oder kulturelle Nähe erreicht wird und somit zu einer hohen Identifikation der Teilnehmer mit den Angeboten führt" (DSB, 2003a, S. 19; vgl. auch DOSB, 2006b, 2008b). Ob es sich bei diesem Argument tatsächlich um ein starkes Argument für die Gewinnung von *freiwillig und ehrenamtlich engagierten* Migranten handelt oder ob es hier vielmehr um Maßnahmen zur Förderung der *Sportbeteiligung* von Personen mit Migrationshintergrund geht, lässt sich auf der Basis der Dokumente nicht differenzierter untersuchen.

Ergebnis 2:   Sportvereine gelten als „Integrationsplattformen"

Erläuterungen zum freiwilligen und ehrenamtlichen Engagement von Personen mit Migrationshintergrund fallen in den DSB-/DOSB-Dokumenten eher knapp aus. Mit Blick auf die Sportbeteiligung – die schließlich auch das originäre Ziel des vereins- und verbandsorganisierten Sports ist – ergibt sich hingegen ein anderes Bild. Der DSB/DOSB betont immer wieder seinen Selbstanspruch, die Sportbeteiligungsraten von Migranten erhöhen zu wollen. Dieser Anspruch geht nicht nur mit der Beschreibung von sportbezogenen Integrationsmaßnahmen einher (vgl. z.B. DSB, 2001a, 2003a; Fehres, 2007a); er manifestiert sich auch in zahlreichen integrationsbezogenen Aktivitäten des DOSB, die – um nur einige Beispiele zu nennen – von der Koordinierung des Programms „Integration durch Sport" über die Implementierung des jüngst abgeschlossenen Projekts „Mehr Migrantinnen in den Sport" bis hin zur Ernennung von „Integrationsbotschaftern" reichen.

Darüber hinaus werden in den DSB-/DOSB-Dokumenten häufig Integrationspotenziale hervorgehoben, die sich durch eine Beteiligung am (vereinsorganisierten) Sport eröffnen sollen. Versucht man die in diesem Zusammenhang genannten, vielfältigen Argumente zu systematisieren, lassen sich vier Dimensionen unterscheiden (vgl. hierzu auch Baur, 2006):

(1) Erstens wird betont, dass sich der organisierte Sport durch einen vergleichsweise einfachen Zugang für alle Bevölkerungsgruppen auszeichne. Zum einen sei Sport ein „kultur- und schichtübergreifendes Phänomen", bei dem „Merkmale wie Nationalität, Hautfarbe oder Weltanschauung" (DSB, 2003a, S.8) an Bedeutung verlören. Zum anderen wird auf die flächendeckende Verbreitung der Sportvereine in Deutschland verwiesen. Mit seinen rund 91.000 Sportvereinen böte der organisierte Sport „allen Bevölkerungsgruppen die Chance auf sportliche Betätigung und Möglichkeiten zur aktiven Mitwirkung in unserer Gesellschaft" (DSB, 2004, S. 3; vgl. z.B. auch DOSB, DBK & EKD, 2007).

(2) Besonders häufig wird ein zweiter Aspekt betont, der vor allem auf soziale Integrationsleistungen abhebt. Sportvereine seien demnach Orte für interkulturelle Begegnungen und „gemeinschaftsfördernde Plattformen" für Menschen „jeglicher Herkunft und Hautfarbe" (von Richthofen, 2000, S. 192). Der Aufbau von sozialen Kontakten falle hier ausgesprochen leicht und durch gemeinsame Erfolge und Niederlagen entstünde ein „Gefühl der Verbundenheit" (DSB, 2003a, S. 8) und des gegenseitigen Vertrauens (vgl. z.B. DOSB, 2008b; DSB, 2004; von Richthofen, 2005a). Der Sport könne sogar „wie keine andere menschliche Betätigung Barrieren aller Art überwinden, Isolierung aufbrechen, Sprachlosigkeit in Kommunikation und Verständigung umwandeln" (Bach, 2007a, S. 4).

(3) Drittens wird eine ganze Reihe an Kompetenzen und Fähigkeiten erwähnt, die über die Teilnahme am Sport erworben werden könnten. Hierzu zählen interkulturelle Kompetenzen, die sich auf den Abbau von kulturellen Vorurteilen, den Aufbau von gegenseitiger Offenheit und Anerkennung sowie die Entwicklung von Toleranz beziehen. Es werden aber auch weitere „Lerneffekte" thematisiert: Sport fördere z.B. die Entwicklung von Regelakzeptanz und „Streitanstand" und schule Frustrationstoleranz, Fairness und Selbstbehauptung (vgl. z.B. DOSB, 2006b, 2008b; DOSB, DBK & EKD, 2007; DSB, 2001a, 2003a).

(4) In einigen wenigen Dokumenten wird schließlich erwähnt, dass die Teilnahme am Sport für viele Personen mit Migrationshintergrund „zum Türöffner für andere gesellschaftliche Bereiche werden" könne (DSB, 2003a, S. 10) und dass vom vereins- und verbandsorganisierten Sport „sogar wichtige Impulse im Bereich Erziehung und Bildung ausgehen" könnten (DSB, 2001a, S. 15).

Ergebnis 3: Funktionales oder intentionales Verständnis von Integrations-leistungen?

Einerseits findet man in den DSB-/DOSB-Dokumenten Positionierungen, die ein funktionales Verständnis von Integration unterstellen. Exemplarisch hierfür steht z.B. die Aussage aus der Positionierung „Integration durch Sport", dass Sport „gelebte Integration" sei und dass „beide Bereiche ... untrennbar miteinander verbunden" sind (DOSB, 2006b, S. 2). Darüber hinaus verweist auch der DOSB-Präsident darauf, dass Integrationsprozesse im Sport quasi automatisch aktiviert würden. Sport sei nicht *Mittel* zur Integration, sondern „Integration per se" (Bach, 2006a, 2006b, 2007b, 2009).

Andererseits wird in den Dokumenten des DSB/DOSB auch ein intentionales Verständnis von Integration vertreten, dem zufolge die Integrationspotenziale des Sports erst durch gezielte Maßnahmen „abgerufen" werden müssten. Diesbezüglich bezieht der DSB in seiner Grundsatzerklärung „Sport und Zuwanderung" deutlich Stellung: Sport und Bewegung könnten Integrationschancen nur dann eröffnen, „wenn sie bewusst und sensibel eingesetzt werden – Sport wirkt nicht per se integrativ!" (DSB, 2004, S. 6). Aber auch in weiteren Werkheften, Berichten und Reden findet man entsprechende Aussagen, aus denen hervorgeht, dass Integration ein Prozess sei, „der nur durch kontinuierliche, produktive und kompetente Arbeit realisierbar ist", (DSB, 2001a, S. 6) und dass vielfältige Maßnahmen unterstützt würden, „um die integrativen Potenziale des Sports zu aktivieren und auszuschöpfen" (DOSB, 2008b; vgl. auch DOSB, DBK & EKD, 2007; Ridder-Melchers, 2005c).[9]

Ergebnis 4: Wo liegen die Grenzen der Integrationskraft des Sports? Der DOSB als selbstbewusster Integrationsakteur

Sport gilt für den DOSB als eine „Integrationsplattform". Aber was kann der Sport im Vergleich zu anderen Bereichen leisten? Wo liegen die Grenzen einer Integration durch Sport?

---

[9] Im Rahmen einer Diskussionsveranstaltung versucht die DOSB-Direktorin des Geschäftsbereichs Sportentwicklung, die beiden Standpunkte miteinander zu vereinbaren. „'Sport ist Integration', ... per se. Das ist falsch, ... es ist aber auch richtig, es hat beide Seiten. Richtig daran ist, dass selbst eigenethnische Vereine, wenn sie denn bei uns Fußball spielen wollen, sich den Regeln des Deutschen Fußballbundes unterwerfen müssen. Und in dem Sinne nicht mit einem pädagogischen Anspruch, nicht mit einem pädagogisch orientierten Integrationsanspruch, aber in dem Sinne ist Sport per se in bestimmten Zusammenhängen Integration. Also ich denke, man muss diese beiden Seiten im Blick und im Auge behalten" (Fehres, 2007b, S. 40).

In einigen Dokumenten wird betont, dass der Sport „den sozialen und gesellschaftlichen Integrationsprozess nicht alleine gestalten" könne (DSB, 2001a, S. 15), dass er nicht nur seine Möglichkeiten, sondern auch seine Grenzen erkennen müsse (Bach, 2007b) und dass er „zwar einen wichtigen Teil zur Verstärkung der Integration beitragen kann, aber eben nur einen Teil, das muss uns klar sein" (Schneeloch, 2008; vgl. hierzu auch DSB, 2003a; von Richthofen, 2005a; Ridder-Melchers, 2005a).

Neben diesen einschränkenden Anmerkungen zur Integrationskraft des Sports findet man aber auch Aussagen, die darauf abheben, dass der Sport eine besonders wichtige und einzigartige Integrationsplattform sei und dass sich *gerade* Sportvereine für die Integrationsarbeit eigneten (DSB, 2003a, 2004). Die Sportvereine seien „in unserer Gesellschaft längst der Integrationsfaktor Nummer eins" (von Richthofen, 2001, S. 4), der Sport böte eine Integrationsplattform, „wie es in unserer Gesellschaft keine bessere gibt" (Bach, 2006c, S. 17), er reiche „weiter als Schule und Bildungsprogramme" (Bach, 2006a, S. 3) und stelle „wie kein anderer gesellschaftlicher Bereich für seine Mitglieder Chancen für die individuelle Entwicklung, als auch vielfältige Möglichkeiten für soziales Lernen und eine Bühne für interkulturelle Begegnungen zur Verfügung" (DSB, 2001a, S. 5).

Die genannten Einschränkungen einerseits und die selbstbewussten Positionierungen andererseits müssen allerdings keine Widersprüche sein; denn es kann sowohl Verdienste als auch Grenzen einer sportbezogenen Integrationsarbeit geben. Somit scheint sich der DOSB insgesamt als ein ausgesprochen selbstbewusster Integrationsakteur zu positionieren, der vor allem seine Integrationsleistungen hervorhebt, bisweilen aber auch auf Grenzen der Integrationskraft des vereins- und verbandsorganisierten Sports verweist.

5.1.3 Fazit und Perspektiven

Bei den analysierten Dokumenten handelt es sich vor allem um Ergebnisse der Öffentlichkeitsarbeit, deren Zweck darin besteht, Leistungen und Verdienste der eigenen Organisation zu bewerben. Damit einher geht selbstverständlich auch, dass nicht jedes Thema in aller Differenziertheit und bei gleichzeitiger Benennung aller Einschränkungen behandelt werden kann, dass Thesen „adressatengerecht" aufgearbeitet werden und dass nicht jedes Argument einer profunden wissenschaftlichen Überprüfung unterzogen wird, bevor es „druckreif" ist und „freigegeben" werden kann. Dennoch können die soeben referierten Ergebnisse einige Anstöße für zukünftige Positionierungen des DOSB liefern – und zwar insbesondere deshalb, weil derzeit mehrere zentrale Dokumente zum Themenbereich „Integration" überarbeitet und andere Materialien neu erstellt werden.

So könnte der DOSB die Frage stellen, ob er zukünftig noch stärker an Argumente aus anderen Debatten anschließen und dabei die Gewinnung und Bindung von freiwillig und ehrenamtlich engagierten Migranten als zentrales Ziel seiner Integrationsarbeit verankern will. Sofern dies der Fall sein sollte, könnte es z.B. hilfreich sein, eine entsprechende Vision auszuarbeiten und als Bestandteil einer breiter angelegten „sportbezogenen Engagementpolitik" zu verankern wie auch in einem integrationsbezogenen Leitbild festzuhalten (z.B. in einer Grundsatzerklärung oder einem Positionspapier).

Darüber hinaus könnte die Diskussion über und die Arbeit an einer entsprechenden Vision als Anstoß genutzt werden, weiteren Fragen nachzugehen: So wäre vor dem Hintergrund empirischer Befunde zum freiwilligen und ehrenamtlichen Engagement von Migranten zu überlegen, in welchen spezifischen Kontexten des vereins- und verbandsorganisierten Sports die Engagementquoten von Personen mit Migrationshintergrund erhöht werden sollen (z.B. in Sportverbänden oder in Sportvereinen, auf der Ebene der Funktionsträger oder im informellen Bereich), über welche konkreten Schritte man diese Ziele erreichen kann und will, welche spezifischen Integrationswirkungen davon zu erwarten sind und welchen Mehrwert diese Maßnahmen für die Sportverbände und -vereine haben sollten. Solche ausführliche Beschreibungen finden in einem Leitbild womöglich keinen Platz; sie könnten aber in die jeweils adäquaten Dokumente (z.B. Broschüren, Werkhefte, Themenblätter) eingeflochten werden.

Diese Verweise auf spezifische Integrationspotenziale, die sich über ein freiwilliges und ehrenamtliches Engagement im Sport ergeben können, stehen keineswegs im Widerspruch zu den in den DSB-/DOSB-Dokumenten umfangreich erwähnten Integrationsleistungen des Sports „an sich". Vielmehr könnten sie diese angeführten Argumente ergänzen und „unterfüttern". Und möglicherweise liefern sie sogar Anschlussofferten für die Zusammenarbeit mit anderen zivilgesellschaftlichen Akteuren, die ebenfalls auf den Prinzipien der Selbstorganisation und der demokratischen Entscheidungsstruktur basieren und Mitsprache, Mitarbeit und Mitgestaltung ihrer Mitglieder zu fördern suchen.

Es bleibt zu konstatieren – darauf sei an dieser Stelle noch einmal explizit hingewiesen –, dass es dem DSB/DOSB in seinen Dokumenten durchaus gelungen ist, die Integrationspotenziale, die der Sport bietet, umfangreich zu erläutern und in diesem Zusammenhang zugleich die Alleinstellungsmerkmale der Sportorganisationen herauszuarbeiten. Womöglich gewinnt der DOSB im Bereich der Integrationsarbeit aber an zusätzlicher Überzeugungskraft, wenn er die erwähnten Integrationsleistungen systematisch unter verschiedenen Dimensionen bündelt und diesen Dimensionen zugleich strategische Ziele, mögliche Maßnahmen einer sportbezogenen Integrationsarbeit, Argumente und Good-Practise-Beispiele zuordnet, aus denen hervorgeht, auf welchem Wege welche Leistungen bislang umgesetzt wurden bzw. zukünftig umgesetzt werden sollen (vgl. hierzu auch Baur, 2009).

In diesem Zusammenhang dürfte es auch sinnvoll sein, eine Argumentationslinie zu verfolgen, die entweder eine funktionale oder ein intentionale Sichtweise auf Integration betont – oder aber die gegensätzlichen Sichtweisen transparent gegenüber stellt. Auf diesem Wege könnte auch die Frage geklärt werden, weshalb Programme ins Leben gerufen werden, die Integrationspotenziale des Sports aktivieren sollen, wenn Sport doch per se integrativ wirke.

Die Aussage, dass der Sport Integrationsaufgaben nicht alleine lösen könne, und die Hinweise auf den Sport als „Integrationsakteur Nummer 1" stehen nicht in unmittelbarem Widerspruch. Es könnte aber sinnvoll sein, zukünftig vermehrt auf die Zusammenführung beider Perspektiven Wert zu legen, wie sie in einigen Dokumenten bereits vorgenommen wurde. Dies dürfte die Chance bergen, eine gleichermaßen selbstbewusste und realistische Einschätzung über die Bedeutung des vereins- und verbandsorganisierten Sports als Integrationsakteur zu vertreten, mit der die besonderen Verdienste der Sportorganisationen gewürdigt und hervorgehoben wie auch etwaige Problemlagen und Grenzen der Integration thematisiert werden. Womöglich wird gerade durch eine solche differenzierte Sichtweise deutlich, welche Ressourcen der vereins- und verbandsorganisierte Sport benötigt, um seine Integrationsarbeit auch zukünftig konsequent und erfolgversprechend zu realisieren.

5.2 Heterogene Zielgruppen = differenzierte Sportprogramme? Migrantinnen im Fokus der sportbezogenen Integrationsarbeit des DOSB

5.2.1 Ausgangspunkte

In den fachwissenschaftlichen Debatten der letzten Jahre wurde wiederholt betont, dass Personen mit Migrationshintergrund keineswegs eine homogene Gruppe darstellen. So zeigt z.B. die im Jahr 2008 abgeschlossene Sinus-Studie über Migranten-Milieus in Deutschland, dass sozialstrukturelle Faktoren und Aspekte des Migrationshintergrunds (z.B. Migrantengeneration und Herkunftsländer) ausgesprochen different sind und dass es „in der Population der Menschen mit Migrationshintergrund ... eine bemerkenswerte Vielfalt an Lebensauffassungen und Lebensweisen gibt" (Wippermann & Flaig, 2009, S. 5), die wiederum an Merkmale der sozialen Lage von Migranten gekoppelt sind.

Entsprechend differenzierte Sichtweisen findet man auch zunehmend in solchen Arbeiten, die sich mit den Sportengagements von Migranten befassen. Über Sportbeteiligungsraten, Sportinteressen und Sportkontexte einiger Migrantengruppen liegen zwar nach wie vor nur relativ wenige Befunde vor (z.B. für ältere Migrantinnen und Migranten). Insgesamt wird aber deutlich, dass es *das* Sportengagement der Personen mit Migrationshintergrund offensichtlich nicht gibt. Wertvoll sind in diesem Zusammenhang zum einen qualitative Studien, in denen vor allem die Sportengagements von Migrantinnen detaillierter in den Blick genommen werden (vgl. z.B. Klein & Kleindienst-Cachay, 2004; Klein, 2011; Kleindienst-Cachay, 2007). Zum anderen tragen auch quantitativ ausgerichtete Re-Analysen umfangreicher Datensätze, in denen insbesondere die Sportvereinsengagements jugendlicher Migranten entlang verschiedener Merkmale (z.B. nach der Migrantengeneration, dem Geschlecht oder dem Bildungshintergrund) beschrieben werden, zu differenzierteren Sichtweisen bei (vgl. z.B. Mutz, 2009; Mutz & Burrmann, 2011; Fussan & Nobis, 2007).

5.2.2 Anerkennung von Heterogenität: Migrantinnen im Fokus der Integrationsarbeit des DOSB

Inwiefern wird auch vom DSB/DOSB auf die Heterogenität der Personen mit Migrationshintergrund Bezug genommen? Unsere Dokumentenanalysen lassen Folgendes erkennen:

> Auf der einen Seite findet man in den DSB-/DOSB-Dokumenten eher vereinzelte Hinweise darauf, welche Migrantengruppen über welche Maßnahmen erreicht werden bzw. zukünftig erreicht werden sollen. Auf der anderen Seite zeigt sich, dass sich der DSB/DOSB insbesondere seit den 2000er Jahren, spätestens aber mit dem im Jahr 2008 initiierten Netzwerkprojekt „Mehr Migrantinnen in den Sport" differenziert mit der Zielgruppe der Mädchen und Frauen mit Migrationshintergrund befasst. Dabei werden in verschiedenen Materialien Maßnahmen zur Förderung der Sportbeteiligungsraten von Mädchen und Frauen mit Migrationshintergrund herausgearbeitet.

Ergebnis 1:   Bekenntnis zur Förderung der Sportbeteiligung von Migrantinnen

Aus zahlreichen Reden und Interviews, Broschüren sowie Präsidiumsberichten geht hervor, dass der DSB/DOSB die Sportbeteiligungsraten von Frauen und Mädchen mit Migrationshintergrund zu fördern sucht. Migrantinnen seien „eine ganz wichtige Zielgruppe" (Ridder-Melchers, 2005a, S. 3f.), deren Förderung sich der DOSB „auf die Fahnen geschrieben hat" (DOSB, 2009a, S. 10). Mehrfach wird in den Dokumenten des DSB/DOSB betont, „mehr Angebote [zu] machen" (Ridder-Melchers, 2005a, S. 3f.) und „Sportvereine im Aufbau nachhaltiger Strukturen für die Gewinnung und Qualifizierung von Migrantinnen" (DOSB, 2009b) zu unterstützen (vgl. dazu auch Bach, 2006a, 2006b, 2007b; DOSB, 2006b, 2006c; von Richthofen, 2005a; Ridder-Melchers, 2005b, 2005c, 2009a; Schneeloch, 2008).

Als wegweisend erscheint in diesem Zusammenhang auch das Netzwerkprojekt „Mehr Migrantinnen in den Sport", auf das in den DOSB-Dokumenten immer wieder Bezug genommen wird. Das im Jahr 2011 ausgelaufene Projekt wird z.B. in dem von der Vizepräsidentin für Frauen und Gleichstellung vorgelegten Jahresbericht für 2007 wie folgt beschrieben: „Zurzeit sind jedoch die Sportvereine für Mädchen und Frauen mit Migrationshintergrund noch wenig attraktiv. Dies belegt u.a. die Expertise ‚Mädchen und Frauen mit Migrationshintergrund im organisierten Sport' […]. Das Netzwerkprojekt ‚Mehr Migrantinnen in den Sport' wurde aufbauend auf den Ergebnissen dieser Expertise mit dem Programm ‚Integration durch Sport' entwickelt. … Ziel des Netzwerkprojekts ist es, die Mitgliedsorganisationen des DOSB dabei zu unterstützen, die Angebote der Vereine vermehrt auch an Interessen von Mädchen und Frauen mit Migrationshintergrund zu orientieren, gemeinsam mit geeigneten Partnern im Sinne von Netzwerken neue Zugänge zur Zielgruppe zu öffnen und mittelfristig den Anteil von Mädchen und Frauen mit Migrationshintergrund in den Vereinen zu fördern" (DOSB, 2007c, S. 54).

Ergebnis 2:   Verweis auf unterschiedliche Sportengagements von Migrantinnen

In den Dokumenten des DSB/DOSB werden vor allem die niedrigen Sportpartizipationsraten von *Mädchen* mit Migrationshintergrund erwähnt, die zu deutlich geringeren Anteilen Sport treiben als altersgleiche Jungen und als altersgleiche Mädchen ohne Migrationshintergrund (vgl. z.B. DSB, 2003a, 2004; DOSB, 2009b). Als besonders sportabstinente Gruppen werden an einigen Stellen aber auch ältere Migrantinnen sowie muslimische und türkische Mädchen und Frauen genannt (vgl. z.B. Bach, 2006b, 2007; DOSB, 2009b; DSB, 2003a; von Richthofen, 2005a).

Auch konkretere Beschreibungen der Sportengagements von Frauen und Mädchen mit Migrationshintergrund sind in Ansätzen erkennbar. Man findet vor allem Ausführungen über Sportartenpräferenzen von Migrantinnen: Frauen und Mädchen mit Migrationshintergrund wünschten sich vor allem Selbstbehauptungs- und Selbstverteidigungskurse, darüber hinaus seien aber auch Tanz- und Fitnessangebote sowie Fußball-, Kampfsport- und Schwimmgruppen besonders beliebt (DOSB, 2007b, 2009b; DSB, 2003a; Ridder-Melchers, 2005a; 2005c, 2007). Weitere Binnendifferenzierungen, aus denen z.B. hervorgeht, ob die Sportinteressen der Migrantinnen entlang des Herkunftslands, des Alters, der sozialen Herkunft oder auch entlang von bisherigen Sportkarrieren variieren, werden bislang eher selten aufgenommen.

Ergebnis 3:   Gründe für geringe Sportbeteiligungsraten von Migrantinnen

Der Grund für die geringen Sportpartizipationsraten von Migrantinnen sei kein mangelndes Interesse am Sport, heißt es immer wieder, denn fast die Hälfte der Mädchen mit Migrationshintergrund wünsche sich mehr Möglichkeiten, Sport zu treiben (vgl. z.B. DOSB, 2006b; DSB, 2003a, 2004).

Doch weshalb sind Migrantinnen im Sport dann unterrepräsentiert? In dem von der Deutschen Sporthochschule zusammengestellten und vom DOSB herausgegebenen „Themenblatt" über „Migrantinnen im Sport" wird auf „fehlende finanzielle Ressourcen und Fremdheitsgefühle gegenüber der sporttreibenden Mittelschicht" verwiesen, auf soziale Hintergründe und einen damit einhergehenden „Mangel an Kenntnissen über die soziale und gesundheitliche Bedeutung des Sports" und auf „religiös motivierte Werte und Normen" (DOSB, 2009b), die einen Einfluss auf das Sporttreiben von Migrantinnen haben könnten.

Neben diesem Dokument, das verschiedene Argumente zur Begründung der geringen Sportbeteiligungsraten von Migrantinnen anführt, befasst sich der DOSB vornehmlich mit der vergleichsweise hohen Sportabstinenz muslimischer Mädchen: Insbesondere die für Frauen und Gleichstellung zuständige DOSB-Vizepräsidentin verweist verschiedentlich darauf, dass bei muslimischen Mädchen die „Hindernisse in erster Linie in den Normen der Mädchenerziehung" (Ridder-Melchers, 2009b) zu suchen seien; hier spiele „die Trennung der Geschlechter, das Verhüllungsgebot oder das Tabu von Nacktheit eine wichtige Rolle. Da ist die Angst vor Entfremdung und dem Verlust der kulturellen Identität. Außerhäusliche Aktivitäten ohne Begleitung werden von der Familie nicht gerne gesehen" (Ridder-Melchers, 2009a).[10]

Zugleich heißt es im Werkheft „Integration im Sportverein", dass es „vorschnell" und „undifferenziert" sei, die Gründe für die geringen Sportbeteiligungsraten von jungen Migrantinnen „ausschließlich im familiären Umfeld, in traditioneller Erziehung und Frauenrolle zu suchen" (DSB, 2003a, S. 27). Hier wird zwar nicht explizit auf muslimische Mädchen Bezug genommen. Am Beispiel der türkischen Mädchen wird in diesem Dokument jedoch verdeutlicht, dass es „ein breites Spektrum unterschiedlicher Erziehungsstile" gäbe (DSB, 2003a, S. 27).

Ergebnis 4:   Strategien zur Förderung des Sportengagements von Migrantinnen

Zwar beinhalten die Dokumente des DSB/DOSB keinen übergreifenden Maßnahmenkatalog, in dem Strategien zur Förderung der Sportpartizipationsraten von Migrantinnen zusammengeführt und systematisch gebündelt sind. Insgesamt wird jedoch eine ganze Reihe möglicher Maßnahmen genannt: So sollten die Vereine über ihre Angebotsstrukturen die spezifischen Sportartenpräferenzen dieser Zielgruppe berücksichtigen und z.B. „reine Mädchensportgruppen" und niedrigschwellige Angebote einrichten, die den Zugang zum Sport-

---

[10] In der Broschüre „Interkulturelles Wissen" wird zudem explizit auf Frauen aus den Staaten der ehemaligen Sowjetunion Sport Bezug genommen, die Sport „nur unter dem Leistungsgedanken kennen gelernt haben. Für sie ist Sport nur etwas für junge Mädchen. So haben sie Sport in ihrem alten Kulturkreis kennen gelernt, er ist als Freizeitbeschäftigung daher kein Thema. ... Die Frauen sind den überwiegenden Teil des Tages entweder mit der Organisation der Familie beschäftigt oder gehen wie ihr Mann ebenfalls einer Arbeit nach. Häufig schaffen sie sogar beides. Angesichts dieses geringen Zeitbudgets ist es schwierig, sie überhaupt zu erreichen und sie in ihrer knappen Freizeit dann auch noch für Sport zu motivieren" (DOSB, 2008a, S. 12f.).

treiben erleichtern sollen. Genannt werden auch die Notwendigkeit der Vermittlung von interkulturellen Kompetenzen und die interkulturelle Sensibilisierung von Vereinsverantwortlichen, die Anstrengung mehr Migrantinnen als Übungsleiterinnen gewinnen und auch das familiale Umfeld der Migrantinnen, insbesondere die Mütter, zu berücksichtigen. Und schließlich sei auch der Aufbau von Kooperationen und die Arbeit in Netzwerken der Integration bedeutsam (vgl. z.B. Bach, 2007b; DOSB, 2006b, 2007b; DSB, 2003a; Ridder-Melchers, 2005c, 2009a, 2010).

5.2.3 Fazit und Perspektiven

Einerseits geht der DOSB eher am Rande auf die Heterogenität der Zielgruppe „Personen mit Migrationshintergrund" ein. Andererseits wird auch deutlich, dass er sich mit Migrantinnen besonders eingehend und umfangreich befasst hat. Dieses Thema, das derzeit auch in gesellschaftspolitischen und fachwissenschaftlichen Debatten immer häufiger aufgegriffen wird (vgl. z.B. Braun & Finke, 2010; Gebken & Vosgerau, 2011; Kleindienst-Cachay, 2007; Klein, 2011; Mutz & Burrmann, 2011, Mutz & Nobis, 2010; vgl. auch CDU, CSU & FDP, 2009), wird im DOSB derzeit sogar von zwei Seiten bearbeitet: einerseits von jenen Fachgebieten und Akteuren, die sich insbesondere mit dem Thema Integration befassen; andererseits vom Bundesausschuss für Frauen und der für Frauen und Gleichstellung zuständigen DOSB-Vizepräsidentin.

Mit Blick auf das Thema „Migrantinnen im Sport" deuten die Dokumentenanalysen also auf eine fortgeschrittene und differenzierte Auseinandersetzung hin, die auch den Weg für eine ähnlich differenzierte Befassung mit weiteren Zielgruppen weisen könnte (z.B. ältere Migranten, muslimische Mädchen, Spätaussiedler, Migranten der zweiten Generation). Um nur einige mögliche Schritte eines solchen Weges anzudeuten: Mit der Beschreibung der Sportbeteiligungsraten von Migrantinnen wird eine Ausgangslage skizziert, die den Handlungsbedarf und die Relevanz des Themas verdeutlichen kann; unter Einbeziehung wissenschaftlicher Ergebnisse, die als Grundlage für daran anschließende Handlungskonzepte dienen können, hebt der DOSB auf Ursachen der Unterrepräsentanz von Frauen und Mädchen mit Migrationshintergrund im Sport ab; mit den Aussagen zur Förderung der Sportbeteiligung von Migrantinnen benennt er konkrete, überprüfbare Ziele, die zu realisieren sind; und schließlich wird in den Dokumenten auch auf praxisnahe konkrete Maßnahmen verwiesen, die von den Sportvereinen umgesetzt werden könnten.

Vor dem Hintergrund dieser Ergebnisse beschränken sich die weiteren Schlussfolgerungen auf zwei Anregungen, die auf einem eher „hohen Niveau" ansetzen: Es bleibt zwar abzuwarten, ob sich der DOSB auch zukünftig, nach dem Abschluss des Projekts „Mehr Migrantinnen in den Sport", in einem entsprechendem Umfang dem Thema „Migrantinnen" widmen wird. Sollte dies der Fall sein, könnten bei einer Aktualisierung oder Neuauflage von Dokumenten jedoch folgende Überlegungen integriert werden: (1) Um die eigenen Kompetenzen und Erfahrungswerte noch deutlicher zum Vorschein zu bringen, könnte es sinnvoll sein, die bislang eher vereinzelten, in der Summe aber beachtlichen Maßnahmen in einem Maßnahmenkatalog zusammenzuführen. (2) Womöglich könnten im Zuge dessen auch weitere Binnendifferenzierungen vorgenommen werden, die verdeutlichen, dass es weder *die* Personen mit Migrationshintergrund noch *die* Migrantinnen oder *die* muslimischen Frauen gibt und dass auch Sportinteressen und Sportartenpräferenzen entsprechend heterogen sein dürften.

5.3 Interkulturelle Öffnung als Anspruch des DOSB: Wer soll sich öffnen und wie?

5.3.1 Ausgangspunkte

Forderungen nach einer interkulturellen Öffnung der *sozialen Dienste* wurden zwar schon in den 1980er Jahren vorgetragen. Zum „Paradigma im integrationspolitischen Diskurs" (Lima Curvello, 2009, S. 253) avancierte dieses Konzept allerdings erst innerhalb der letzten Jahre. Inzwischen wird interkulturelle Öffnung häufig als eine Forderung an die gesamte Gesellschaft und alle ihre Institutionen verstanden – auch an die zivilgesellschaftlichen Organisationen (Gaitanides, 2004; Lima Curvello, 2009). So wird z.B. im Nationalen Integrationsplan der Bundesregierung davon ausgegangen, dass Integration durch bürgerschaftliches Engagement einer interkulturellen Öffnung von traditionellen Vereinen und Verbänden, Kirchen, Religionsgemeinschaften und Migrantenselbstorganisationen bedürfe (vgl. Bundesregierung 2007, S. 174). Aber auch andere Akteure betonen die Notwendigkeit entsprechender Selbstverpflichtungen von zivilgesellschaftlichen Organisationen (vgl. z.B. BBE, 2009a).

Einerseits wird interkulturelle Öffnung in diesen Diskussionen mit verschiedenen Maßnahmen verknüpft, z.B. mit der Gewinnung von Migranten für ein bürgerschaftliches Engagement, der Einrichtung von organisationsinternen Servicestellen, die Migranten über Engagementmöglichkeiten beraten, der Ausweitung von Qualifizierungsmaßnahmen zum Erwerb von interkultureller Kompetenz, dem Aufbau von und der Zusammenarbeit mit kommunalen Netzwerken und Migrantenorganisationen oder auch der Erarbeitung von gemeinsamen Zielsetzungen, in denen festgehalten wird, was Vereine, Verbände und andere Institutionen mit interkulturellen Öffnungsprozessen überhaupt erreichen wollen (vgl. z.B. BBE, 2009a; Bundesregierung, 2007; Lima Curvello, 2009; Meier, 2005). Andererseits wird kritisch angemerkt, dass der Begriff der interkulturellen Öffnung ein inflationär verwendeter Modebegriff geworden sei. Es bliebe vielfach unklar, welche Ziele mit interkultureller Öffnung verbunden sind, wie die in der Literatur empfohlenen Maßnahmen umzusetzen sind und welche Effekte mit diesem Prozess überhaupt wirksam werden sollen (vgl. z.B. Filsinger, 2002; Gaitanides, 2004; Lima Curvello, 2009; Schröer, 2007).

5.3.2 Interkulturelle Öffnung in der Integrationsarbeit des DOSB

Vor dem Hintergrund dieser Debatten stellt sich die Frage, ob auch der DOSB entsprechende Selbstverpflichtungen zur interkulturellen Öffnung formuliert und wie umfassend er sich mit diesem Thema in der Vergangenheit befasst hat. Eine Analyse der DSB-/DOSB-Dokumente veranlasst zu folgender These:

> Ähnlich wie in den breiter angelegten gesellschaftspolitischen Debatten gewinnt das Thema „interkulturelle Öffnung" in den letzten Jahren auch für den DOSB an Bedeutung. Man findet z.B. immer häufiger Selbstverpflichtungen zur interkulturellen Öffnung und im Jahr 2008 wird sogar ein eigenes Werkheft mit dem Titel „Interkulturelles Wissen schulen und vermitteln" veröffentlicht. Darüber hinaus wird in den Dokumenten des DSB/DOSB präzisiert, dass sich vor allem die Sportvereine öffnen sollen – die Umsetzung interkultureller Öffnungsprozesse erscheint also vor allem als eine verbandspolitische Forderung an den vereinsorganisierten Sport. Wie auch in den allge-

> meinen Debatten über interkulturelle Öffnung wird jedoch eher selten differenzierter erläutert, welche Ziele mit einer interkulturellen Öffnung verfolgt werden, welche Dimensionen dieses Konzept umfasst und über welche Maßnahmen welche Wirkungen erzielt werden sollen.

Ergebnis 1:   Verpflichtungen zu interkultureller Öffnung als neuer Selbstanspruch des DOSB

In der 1981 verabschiedeten DSB-Grundsatzerklärung „Sport der ausländischen Mitbürger", die bereits vor mehreren Jahren durch eine neue Grundsatzerklärung ersetzt wurde, wird noch offen gelassen, ob der DSB eine Öffnung der Sportorganisationen – die damals allerdings noch nicht als interkulturelle Öffnung bezeichnet wird – zu forcieren sucht. Auf der einen Seite betont der DSB in diesem älteren Dokument, dass sich Vereine „den ausländischen Mitbürgern stärker öffnen [sollten], ihnen und ihren Familien besondere sportliche Angebote machen und sie auch für Funktionen in den Entscheidungsgremien gewinnen [sollten]" (DSB, 1981, S. 168). Auf der anderen Seite heißt es, dass es „wenig sinnvoll und hilfreich [erscheint], ausländischen Mitbürgern in deutschen Sportvereinen spezielle Angebote zu machen, die in der sportlichen Tradition der ausländischen Heimatländer liegen" (DSB, 1981, S. 170); denn „das bestehende Angebot der Vereine [wird] den sportlichen Bedürfnissen der ausländischen Mitbürger gerecht" (DSB, 1981, S. 170).

In jüngeren Dokumenten des DSB/DOSB findet man hingegen eindeutigere Plädoyers zugunsten einer interkulturellen Öffnung der Sportvereine. So hebt der seinerzeit amtierende DSB-Präsident anlässlich des bundesweiten Tags der Integration im Jahr 2005 hervor, dass der organisierte Sport „nicht nur darauf warten [dürfe], dass Aussiedlerinnen und Aussiedler, Migrantinnen und Migranten den Weg von allein in die Sportvereine finden. Er muss auf die Belange der Menschen aus anderen Kulturen eingehen" (von Richthofen, 2005a, S. 823f.). Ähnliche Selbstansprüche werden auch in zahlreichen weiteren Dokumenten formuliert. Angeführt wird beispielsweise, dass „Integrationsarbeit im Verein eine Wegbereitung der interkulturellen Öffnung" bedeutet (DOSB, 2007a, S. 15), dass der „Aufbau interkultureller und partnerschaftlicher Strukturen" bedeutsam (DSB, 2004, S. 5) und die „Öffnung der Vereine für Menschen mit Migrationshintergrund ausbaufähig und ein Schwerpunkt künftiger Vereinsaufgaben" (DOSB, 2007b, S. 39) sei.

Ergebnis 2:   Interkulturelle Öffnung zielt in erster Linie auf eine Öffnung der Sportvereine ab

In seinen Grundsatzerklärungen, Broschüren und öffentlichen Auftritten von Funktionsträgern bekennt sich der DSB/DOSB also zur interkulturellen Öffnung. Weitere Analysen zeigen zudem, dass die konkrete Umsetzung dieser Maßnahmen vor allem von den Sportvereinen erwartet wird. Sofern entsprechende Präzisierungen vorgenommen werden, wird darauf verwiesen, dass sich die Sportvereine „weiter als bisher für partnerschaftliche Strukturen öffnen" (DOSB, 2007a, S. 15), auf die Unterrepräsentanz von Migranten reagieren und den Aufbau von interkulturellen Strukturen vorantreiben sollen (vgl. z.B. DOSB, 2007b; DSB, 2004). Verweise auf eine interkulturelle Öffnung der Sportverbände findet man hingegen nicht.

Ergebnis 3: *Was heißt eigentlich interkulturelle Öffnung? Welche Dimensionen umfasst dieses Konzept?*

„Dimensionen" oder „Bausteine" einer interkulturellen Öffnung von Sportvereinen werden in den Dokumenten des DSB/DOSB eher selten diskutiert. Lediglich in der Broschüre „Demografische Entwicklung in Deutschland", in der unter anderem das Thema „Integration" angesprochen wird, heißt es zur „Öffnung der Vereine für Menschen mit Migrationshintergrund": „Die ‚Bausteine' dieser Fortentwicklung sind: Sensibilisierung und Aktivierung von Vereinen und deren Funktionsträger/innen durch Beratung, Förderung von Integrationsstrukturen durch Netzwerkbildung, Konzeptentwicklung für Vereine und kommunale Zusammenschlüsse, finanzielle Förderung und Qualifikationsmaßnahmen" (DOSB, 2007b, S. 39).

Insgesamt deuten die Dokumentenanalysen also darauf hin, dass der DOSB Elemente oder Teilziele einer interkulturellen Öffnung bislang eher selten systematisch unter einzelnen Dimensionen dieses übergreifenden Handlungskonzeptes bündelt. Gleichwohl sind diese Bausteine einer interkulturellen Öffnung implizit angesprochen, insofern als in verschiedenen Papieren entsprechende Aspekte erwähnt werden, die dem Konzept der interkulturellen Öffnung zugeordnet werden *könnten* (z.B. die Förderung von Sportbeteiligungsquoten, Gewinnung und Bindung von freiwillig Engagierten, interkulturelle Sensibilisierung von Trainern und Übungsleitern, Netzwerkarbeit in kommunalen Zusammenschlüsse).

Ergebnis 4: *Über welche Maßnahmen soll interkulturelle Öffnung erreicht werden?*

Wirft man in diesem Zusammenhang einen Blick auf Maßnahmen, die mit interkulturellen Öffnungsprozessen verbunden sein können, wird erneut erkennbar, dass vielfältige integrationsbezogene Maßnahmen genannt werden, die prinzipiell unter dem Konzept der interkulturellen Öffnung gebündelt und in konkreten Tipps für die Praxis zusammengeführt werden könnten.

Diese Maßnahmen werden in den Dokumenten des DSB/DOSB auf unterschiedliche Weise konkretisiert: Die Förderung des freiwilligen und ehrenamtlichen Engagements von Migranten und die Mitarbeit in kommunalen Netzwerken werden z.B. als notwendige und bedeutsame Schritte einer sportbezogenen Integrationsarbeit hervorgehoben (vgl. z.B. DOSB, 2007b; DSB, 2001a, 2004). Darüber hinaus findet man insbesondere im Hinblick auf die Förderung der Sportpartizipationsraten und die interkulturelle Sensibilisierung der beteiligten Akteure differenzierte Begründungen und konkrete Umsetzungsvorschläge. Sowohl in Reden und Vorträgen von Funktionsträgern des DOSB als auch in Broschüren und Werkheften wird z.B. auf die Einrichtung von offenen Sportgruppen, die gezielte Auswahl von bestimmten Sportarten, die direkte Ansprache von Menschen mit Migrationshintergrund, die Einbindung von Übungsleitern mit Migrationshintergrund, die Implementierung von interkulturellen Qualifizierungsmaßnahmen oder die Platzierung von interkulturellen Inhalten in den Ausbildungsmodulen der Sportverbände verwiesen (vgl. hierzu z.B. DOSB, 2006b, 2007b, 2008a; DSB, 2001a, 2003a, 2004).

5.3.3 Fazit und Perspektiven

Einerseits lässt sich somit festhalten, dass eine *systematische* Aufarbeitung der Bausteine einer interkultureller Öffnung sowie der damit verbundenen Maßnahmen bislang eher in Ansätzen erkennbar ist. Andererseits deuten die Dokumentenanalysen auf eine umfangreiche Auseinandersetzung mit sportbezogenen Integrationsmaßnahmen hin. Damit dürften verschiedene Gestaltungsoptionen einhergehen: So könnte der DOSB z.B. proaktiv an seine vielfältigen Erläuterungen anknüpfen und dabei die von ihm erörterten und bereits praktizierten Maßnahmen systematisch mit strategischen Zielen verknüpfen und unter dem Dach des übergeordneten Handlungskonzepts „interkulturelle Öffnung" bündeln.

Diese systematische Zusammenführung birgt womöglich auch die Chance, mit einem differenzierten Handlungsprogramm einen wichtigen Beitrag für eine übergreifende „sportbezogene Engagementpolitik" zu leisten.[11] Eine dementsprechende konzeptionelle Weiterentwicklung könnte beispielsweise darauf abheben, die interkulturelle Öffnung von Sportorganisationen als Instrument des Qualitätsmanagements und der Organisationsentwicklung zu etablieren. Damit einher ginge vermutlich auch die – bereits auf den Weg gebrachte – Überarbeitung eines Grundsatzdokuments, in dem Visionen benannt sowie kurz-, mittel- und langfristige Ziele abgeleitet werden könnten. Daran anknüpfend wären die für eine Zielerreichung relevanten „Schlüsselprozesse" zu benennen, d.h. konkrete Maßnahmen einer sportbezogenen Integrationsarbeit, die gegebenenfalls sogar einer Evaluierung unterzogen werden könnten, um die Verwirklichung des Anspruchs einer interkulturellen Öffnung zu begleiten (vgl. hierzu insbesondere Handschuk & Schröer, 2000).

Eine Auseinandersetzung mit diesen Herausforderungen, die vermutlich auch der Implementierung einer Diskussionsplattform mit Vertretern des vereins- und verbandsorganisierten Sports bedarf, könnte zugleich die Möglichkeit schaffen, einige „Detailfragen" aufzunehmen: Zu überlegen wäre z.B., ob die ausführlichen Beschreibungen über Maßnahmen zur Förderung der Sportbeteiligung und zum Erwerb interkultureller Kompetenzen durch Erläuterungen über konkrete Wege zur Mobilisierung und Bindung von freiwillig engagierten Migranten ergänzt werden sollen. Darüber hinaus wäre zu prüfen, ob zukünftig auch die interkulturelle Öffnung von Sportverbänden thematisiert werden soll und welche Ziele und Maßnahmen mit einem solchen Anspruch verbunden wären (z.B. Gewinnung von hauptamtlichen Mitarbeitern mit Migrationshintergrund, Benennung von ehrenamtlichen Integrationsbeauftragten, interkulturelle Trainings für Mitarbeiter etc.).

5.4 Der DOSB und seine Sportvereine als Kooperations- und Netzwerkpartner

5.4.1 Ausgangspunkte

In gesellschaftspolitischen und fachwissenschaftlichen Debatten wird häufig betont, dass die Realisierung „gesellschaftlicher Integrationsziele" nicht zuletzt von einer kooperativen Zusammenarbeit zwischen kommunalen Trägern, Initiativen, Vereinen und Verbänden abhinge.

---

[11] Um sportbezogene Integrationsmaßnahmen zu bündeln, könnte prinzipiell auch auf andere Handlungsprogramme Bezug genommen werden – z.B. auf den Ansatz des Diversity Management (vgl. insbesondere Rulofs, 2011). Eine Erläuterung dieser Ansätze erfolgt an dieser Stelle jedoch nicht, da der DOSB selbst in erster Linie mit dem Begriff der (interkulturellen) Öffnung operiert.

Abgehoben wird dabei zum einen auf die besondere Bedeutung von Netzwerken. Deren Etablierung gilt vor allem deshalb als erstrebenswert, weil die Zusammenarbeit unterschiedlicher Akteure dazu führe, Problemzusammenhänge in ihrer Reichweite zu erkennen, Kräfte und Fähigkeiten der Netzwerkpartner zu bündeln, Projekte zur Integrationsförderung abzustimmen und die „Effizienz beim Umgang mit staatlichen Fördermitteln und gesellschaftlichen Ressourcen" (Welt, 2001, S. 36) zu erhöhen (vgl. auch Enquete-Kommission, 2002; Kamara, 2006; Strasser, 2001).

Zum anderen geraten auch Migrantenorganisationen als potentielle Kooperations- und Netzwerkpartner zunehmend in den Fokus der Aufmerksamkeit. Wenngleich über deren Bedeutung rege und kontrovers diskutiert wird, werden entsprechende Kooperationen auch immer wieder als erstrebenswert hervorgehoben. Sie sollen, so die Erwartung, in einer gegenseitigen Anerkennung und Akzeptanz, im Transfer und in der Bündelung vorhandener Kompetenzen und Ressourcen sowie im beidseitigen Abbau bestehender Vorurteile münden (vgl. z.B. Bundesregierung, 2007; Huth, 2006, 2007; BAMF, 2008; BBE, 2009a).

5.4.2 Netzwerke und Kooperationen als Anliegen der Integrationsarbeit des DOSB

Im Zuge dieser Diskussion wird auch an die Sportorganisationen vielfach die Erwartung herangetragen, sich in kommunalen Netzwerken zu beteiligen, „damit die Integrationspotenziale des Sports vollständig genutzt werden können", wie es beispielsweise im Nationalen Integrationsplan der Bundesregierung (2007, S. 141) heißt. Doch wie positioniert sich der DOSB selbst zu diesem Thema?

Insgesamt wird deutlich, dass Kooperationen und Netzwerke für die Integrationsarbeit des DOSB bedeutsam sind. Man findet sowohl Verpflichtungen zum Ausbau von bilateral angelegten Kooperationsbeziehungen als auch Verweise auf die besondere Relevanz netzwerkartiger Zusammenschlüsse, in denen mehrere Akteure gemeinsam „an einem Tisch sitzen". Begründet wird die Bedeutung einer solchen kooperativen Zusammenarbeit mit anderen „Integrationsakteuren" in der Regel mit Argumenten, die auch in gesellschaftspolitischen Debatten eine zentrale Rolle spielen und die vor allem auf die Effizienz und Effektivität von Netzwerken abheben. Dabei verweist der DSB/DOSB vor allem auf die Kompetenz und das Engagement „seiner" Sportvereine, die sich in kommunale Netzwerke einbringen und Kooperationen aufbauen sollen. Neben Schulen, Wohlfahrtsverbänden, kommunalen Einrichtungen und anderen „Trägern der Integrationsarbeit" werden auch Migrantenorganisationen als potentielle Kooperationspartner genannt, die – so lassen die Dokumentenanalysen vermuten – gerade in der jüngeren Vergangenheit in den Blickpunkt der Aufmerksamkeit rücken.

Ergebnis 1:   Netzwerkarbeit als relevantes Thema für den DOSB

Auf die besondere Relevanz, die Netzwerke in der Integrationsarbeit des DOSB spielen, wird in mehreren zentralen Dokumenten hingewiesen, z.B. in dem im Jahr 2003 erschienenen Werkheft „Integration im Sportverein" (DSB, 2003a), der Grundsatzerklärung „Sport und Zuwanderung" aus dem Jahr 2004 (DSB, 2004), der Positionierung zum Themenbereich Integration (DOSB, 2006b) oder auch dem Konzeptionspapier „Integration durch

Sport" (DSB, 2001a). So heißt es exemplarisch im letztgenannten Dokument, dass „eine Vernetzung verschiedener gesellschaftlicher Akteure, die sich für die Integration der Zielgruppe und deren gleichberechtigten Teilhabe an der Aufnahmegesellschaft einsetzen, … für den Erfolg der Bemühungen des Sports unverzichtbar" ist (DSB, 2001a, S. 15).

Die Bedeutsamkeit des „Arbeitsprinzips Netzwerk" (DSB, 2001a, S. 7), die der DOSB hervorhebt, geht zudem aus den Beschreibungen von Integrationsprogrammen hervor. Nicht nur im *Netzwerkprojekt* „Mehr Migrantinnen in den Sport" sei – wie bereits der Projekttitel verrät – die Zusammenarbeit mit kommunalen Partnern eine zentrale und maßgebliche Komponente (vgl. z.B. DOSB, 2007c). Auch für das Programm „Integration durch Sport" wird die Gewinnung und Einbindung von Netzwerkpartnern als wichtiges Ziel und als wesentlicher Bestandteil des Programms ausgewiesen (vgl. z.B. DSB, 2001a, 2003a).

Schließlich wird das Thema „Netzwerke und Kooperationen" auch im Rahmen weiterer Aktivitäten aufgegriffen, z.B. auf dem Kongress „Starker Sport, starke Kommunen", den der DOSB gemeinsam mit dem Deutschen Städtetag und dem Deutschen Städte- und Gemeindebund veranstaltet. In der Ankündigung des dort stattfindenden Arbeitskreises „Integration durch Sport in der Kommune" heißt es: „Es soll diskutiert werden, welchen Beitrag der Sport bzw. die Sportvereine zum Thema Integration in den Kommunen bereits leisten und welche Entwicklungspotenziale identifiziert werden können. Im Mittelpunkt steht darüber hinaus die erfolgreiche Kooperation zwischen Sportorganisationen und Kommunen" (DOSB, DST & DStGB, 2010, S. 4).

Ergebnis 2:   Begründungen für eine Netzwerkarbeit im Sport

Integration sei „keine Einzelaktion, sondern eine Querschnittsaufgabe, die „viele Kooperationspartner benötigt", heißt es im DSB-Werkheft „Integration im Sportverein" (DSB, 2003a, S. 38; vgl. z.B. auch DOSB, 2007a; DOSB, DBK & EKD, 2007). Doch welche weiteren Argumente sprechen den Dokumenten des DSB/DOSB zufolge dafür, sich mit möglichst vielen Kooperationspartnern in Netzwerken zusammenzuschließen?

Ähnlich wie in den laufenden engagementpolitischen Debatten wird auch in den Materialien des DSB/DOSB besonders häufig hervorgehoben, dass man in Netzwerken Erfahrungen, Stärken und Ressourcen unterschiedlicher Partner zusammenführen und auf diese Weise Ziele umsetzen kann, die „sonst nur schwer zu erreichen sind" (DSB, 2003a, S. 38; vgl. z.B. auch DSB, 2001a, 2004; DOSB, 2006b, 2010b; DOSB, DBK & EKD, 2007). Diese Argumente werden z.B. im Werkheft „Integration im Sportverein" ausgeführt: „Obwohl viele lokale Institutionen mit unterschiedlichen Ansätzen vorgehen, beschäftigt man sich in der Integrationsarbeit mit den gleichen Problemen und Zielsetzungen. Schon deshalb bietet sich eine Bündelung verschiedener Ressourcen und Fähigkeiten an. Im Interesse des gesellschaftlichen Ziels der Integrationsarbeit sollte grundsätzlich der Kooperationsgedanke vor dem Konkurrenzgedanken stehen" (DSB, 2003a, S. 38).

Neben diesem „Hauptargument" werden in einigen Dokumenten weitere Argumente genannt. Insbesondere in der Broschüre „Netzwerkarbeit im Sport", die sich allerdings in erster Linie auf den „Sport der Älteren" (DOSB, 2010a) konzentriert, werden die bisher erläuterten Begründungen um zwei Komponenten ergänzt: Zum einen wird hier darauf verwiesen, dass Netzwerke Anlaufstellen sein könnten, um Zielgruppen zu erreichen. Zum anderen wird die Chance hervorgehoben, Netzwerke als Plattformen für die eigene Außendarstellung zu nutzen, Sport- und Bewegungsangebote gezielt zu bewerben und sich auf diese Weise womöglich auch Zugang zu öffentlichen Ressourcen zu erschließen (DOSB, 2010b).

Ergebnis 3: Netzwerkarbeit als Aufgabe für die Vereine

Wenngleich der DOSB selbst Kooperationsbeziehungen im Integrationsbereich unterhält (z.B. zu den christlichen Kirchen in Deutschland), in verschiedenen Zusammenschlüssen mitarbeitet und beispielsweise auch mit der Teilnahme an den Integrationsgipfeln und der Mitarbeit am Nationalen Integrationsplan der Bundesregierung sein Kooperationsinteresse dokumentiert, verweist er in den analysierten Dokumenten eher selten explizit auf eigene Netzwerke und Kooperationspartner. Im Jahr 2007 veröffentlicht der DOSB zwar gemeinsam mit der Deutschen Bischofskonferenz und der Evangelischen Kirche Deutschland das Ideenheft „Kirche und Sport" (DOSB, DBK & EKD 2007) und in Pressemitteilungen, Reden und Berichten hebt er auch seine Teilnahme am Integrationsgipfel hervor. Insgesamt werden jedoch vornehmlich die Sportvereine adressiert, wenn es um „Kooperationen und Netzwerke" geht.

Verwiesen wird in diesem Zusammenhang nicht nur auf die Notwendigkeit, Kooperations- und Netzwerkbeziehungen der Vereine weiter auszubauen (vgl. z.B. DOSB, 2007b). Im Werkheft „Integration im Sportverein" findet man hierzu auch Tipps für die „praktische Vorgehensweise", die sich direkt an Vereinsvertreter richten (DSB, 2003a). Konkretisiert wird schließlich auch, mit welchen Partnern Sportvereine bereits kooperieren bzw. zukünftig kooperieren könnten. Dabei reicht das Spektrum von Schulen, die besonders häufig genannt werden, über Wohlfahrtsorganisationen, kommunale und städtische Verwaltungen, Kirchen, die Polizei, andere Vereine, Universitäten und Hochschulen, Bildungsinstitute und Gewerkschaften bis hin zu Migrantenorganisationen (DOSB, 2007b; DSB, 2003a).

Ergebnis 4: Migrantenorganisationen als besonders relevante Netzwerk- und Kooperationspartner?

Im Ideenheft „Kirche und Sport" heißt es, dass bei der Etablierung von Netzwerken „darauf geachtet werden [sollte], dass auch Vertreter der Migranten eingebunden sind", denn „nicht über sie soll geredet werden, sondern mit ihnen" (DOSB, DBK & EKD, 2007, S. 13). Zwar sind weitere Erläuterungen hierzu eher selten. Es werden aber in einigen Dokumenten Migrantenorganisationen, wie die russlanddeutschen Kirchengemeinden (DSB, 2003a) oder Kulturvereine und Moscheegemeinden (DOSB, DBK & EKD, 2007) explizit als mögliche Kooperationspartner genannt. Darüber hinaus deuten die Dokumentenanalysen sowie die Experteninterviews darauf hin, dass das Thema in jüngster Zeit an Relevanz gewonnen hat – auch wenn (noch) keine entsprechenden Materialien hierzu vorliegen.

Beispielsweise fand im Rahmen des Programms „Integration durch Sport" im November 2010 ein Orientierungsworkshop zur Vernetzung mit Migrantenorganisationen statt, über den wie folgt berichtet wird: „Migrantenorganisationen können einen wertvollen Beitrag zur Integration leisten. Sie verfügen häufig über Kompetenzen, die Integrationsprozesse in Gang bringen oder fördern können. Die Landeskoordinatoren/innen des Programms ‚Integration durch Sport' trafen sich im November in Duisburg zu einem Orientierungsworkshop, um über dieses Potenzial zu diskutieren. Dabei tauschten sie Erfahrungen aus und entwickelten Konzepte für die zukünftige Zusammenarbeit mit Migrantenorganisationen" (DOSB, 2010c, S. 1).

5.4.3 Fazit und Perspektiven

Aus den Dokumentenanalysen geht hervor, dass der DOSB den Aufbau und die Aufrechterhaltung von Kooperationen und Netzwerken als wichtige Bedingungen für eine erfolgreiche Integrationsarbeit betont und dabei vor allem auf Begründungen Bezug nimmt, die auch in engagementpolitischen Debatten häufig genannt werden. Zudem sind Ansätze einer weiterführenden Argumentation erkennbar, die darauf abhebt, dass kooperative Formen der Zusammenarbeit für die Sportvereine auch deshalb sinnvoll sein könnten, weil sie Zugang zu öffentlichen Mitteln eröffnen, Plattformen für die „Werbung in eigener Sache" bieten und Wege zur Gewinnung „neuer" Zielgruppen ermöglichen würden. Bislang findet man diese Erläuterungen zwar eher selten. Sie dürften aber wichtige Impulse liefern, um Sportvereine für den Aufbau von Kooperationen zu gewinnen und deren Stellenwert als Integrationsakteure weiter zu stärken.

Insgesamt – so kann abschließend festgehalten werden – thematisiert der DOSB „Netzwerke und Kooperationen" in zahlreichen Dokumenten. Sollte er sich zukünftig noch expliziter mit diesem Thema befassen wollen, könnten folgende Fragen relevant sein:

(1) Bislang zielt der DOSB in seinen Dokumenten vor allem darauf ab, Sportvereine zur Intensivierung von Netzwerkstrukturen zu motivieren. Insbesondere im Hinblick auf die Entwicklung einer „sportbezogenen Engagementpolitik" könnte es aber möglicherweise auch gewinnbringend sein, zusätzlich auf die vielfältigen Kooperationen und Netzwerke zu verweisen, in die der DOSB selbst eingebunden ist.
(2) Angesichts der Aktualität des Themas dürfte auch eine Befassung mit Kooperationsbeziehungen zu Migrantenorganisationen relevant sein, die der DOSB bereits auf den Weg gebracht, die bislang allerdings erst ansatzweise in seinen Dokumenten verankert sind.
(3) Schließlich stellt sich die Frage, wo etwaige Grenzen einer Kooperations- und Netzwerkarbeit liegen und welche Synergieeffekte es im Einzelnen sind, die über die Einbringung von welchen zeitlichen und personellen Ressourcen erreicht werden können und sollen.

5.5 Vom Defizit- zum Potenzialdiskurs? Zum Integrationsverständnis des DOSB

5.5.1 Ausgangspunkte

Allein durch die Fokussierung auf einige und die Vernachlässigung anderer Aspekte eines Themas können Diskussionen über Integration einen normativen Charakter aufweisen und spezifische Sichtweisen auf Personen mit Migrationshintergrund und auf Integrationsprozesse deutlich machen. Wirft man in diesem Zusammenhang einen Blick auf die aktuellen engagementpolitischen und fachwissenschaftlichen Debatten in Deutschland, kristallisiert sich einerseits die These heraus, dass Migranten immer seltener als Empfänger von Hilfeleistungen und zunehmend häufiger als „aktive Bürger" und als „gestaltende Subjekte" (Hunger, 2002, S. 2) wahrgenommen werden. Andererseits wird diese Einschätzung aber nicht von allen Autoren geteilt. Nach wie vor bestehe, so die Gegenargumentation, in wissenschaftlichen, öffentlichen und medialen Debatten die Neigung, vor allem Defizite und Problemlagen zu thematisieren, Menschen mit Migrationshintergrund a priori einen gewissen Eingliederungsbedarf zu unterstellen, sie „zu bemitleiden und als Opfer zu stilisieren" (Wippermann & Flaig, 2009, S. 3; vgl. auch Bukow, 2007; Hunger, 2002; Kamara, 2006; Thränhardt, 2005).

Wenngleich die folgenden Ausführungen den aktuellen Stand der Integrationsdebatten nicht im Detail wiedergeben können, ist ein kurzer historischer Rückblick auf die unterschiedlichen Perspektiven hilfreich, um das sich verändernde Integrationsverständnis des DSB/DOSB besser einordnen zu können:

Problemperspektiven werden insbesondere mit Blick auf die Anfänge der Migrationssozialarbeit in Deutschland thematisiert. Verschiedentlich wird ausgeführt, dass Zuwanderer hier vornehmlich als Zielgruppen der Sozialarbeit deutscher Organisationen betrachtet wurden, denen quasi automatisch ein Integrationsdefizit unterstellt wurde. Zurückgeführt wird dies unter anderem auf die spezifische „Migrationssituation" in den 1950er und 1960er Jahren: Migranten, die damals nach Deutschland zogen, kamen häufig ohne feste Bleibeabsichten, beherrschen die deutsche Sprache nicht und lebten – vor der 1965 in Kraft getretenen Regelung zum Nachzug von Familienangehörigen – in der Regel getrennt von ihren Familien. Um die soziale Situation dieser „Arbeitsmigranten" zu verbessern, wurden die deutschen Wohlfahrtsverbände mit deren „Betreuung" und „Fürsorge" betraut (Barth, 2001; Filsinger, 2009; Gaitanides, 2009; Heckmann, 2001; Thränhardt, 2005; Treibel, 2003) und fungierten in diesem Sinne auch als Interessenvertreter der Migranten in Deutschland, „ohne allerdings die Betroffenen selbst demokratisch in ihr Verbandssystem einzubinden" (Hunger, 2002, S. 3).

Dieser als paternalistisch bezeichnete Blick auf Personen mit Migrationshintergrund habe sich – so wird zum Teil konstatiert – in den letzten Jahren grundlegend verändert. Inzwischen rückten zunehmend Potenziale bürgerschaftlichen Engagements von und für Personen mit Migrationshintergrund in den Blick (Huth, 2007). Nicht zuletzt vor dem Hintergrund der seit den 1970er Jahren diskutierten „neuen" Integrationsmodelle, die Assimilationsvorstellungen in Frage stellten und statt dessen auf vielfältige Integrationsverläufe, auf Formen der Mehrfachintegration und auf wechselseitige Integrationsprozesse verwiesen, sei auch eine Abkehr von Defizitperspektiven erkennbar. Nicht mehr das bürgerschaftliche Engagement *für* Migranten, sondern das bürgerschaftliche Engagement *von* Migranten stehe nun im Blickpunkt des fachpolitischen und -wissenschaftlichen Interesses. Dies manifestiere sich nicht zuletzt in wissenschaftlichen Studien über freiwilliges Engagement und Engagementpotenziale von Personen mit Migrationshintergrund (vgl. z.B. Geiss & Gensicke, 2006; Halm & Sauer, 2005), die neuerdings wiederum in der sportbezogenen Sonderauswertung der Freiwilligensurveys herausgearbeitet wurden (Braun, 2011a;vgl. auch Abbildungen 5-1 und 5-2).

Wie weitreichend dieser Perspektivenwechsel vom Problem- zum Potenzialdiskurs ist, wird zwar unterschiedlich beurteilt. Dennoch zeigt allein die Tatsache, einige Sichtweisen als paternalistisch auszuweisen und kritisch zu reflektieren oder sich zunehmend mit den Engagementquoten von Migranten zu befassen, dass neben der Thematisierung von Integrationsdefiziten zumindest *auch* über Chancen und Potenziale von Zuwanderung diskutiert wird.

5.5.2 Integrationsverständnis in den Dokumenten des DSB/DOSB

Sieht man die DSB-/DOSB-Dokumente im Hinblick auf das dort enthaltene Integrationsverständnis durch, findet man insgesamt nur wenige Erläuterungen. In der Zusammenschau sind aber sowohl Problem- als auch Potenzialperspektiven erkennbar.

> In den Dokumenten des DSB/DOSB wird Integrationsarbeit einerseits als Sozialarbeit verstanden, die sich den „Problemlagen" der Migranten annimmt. Neben dieser Perspektive werden andererseits Integrationspotenziale hervorgehoben. Diese „Potenzialperspektive" manifestiert sich vor allem darin, dass Integrationsarbeit als eine Bereicherung für den vereins- und verbandsorganisierten Sport verstanden wird.

Ergebnis 1:   Integrationsarbeit als Sozialarbeit?

Wenngleich Verweise auf Problemlagen bei weitem nicht in allen Dokumenten des DSB/DOSB zu finden sind und in der Regel auch nicht explizit als solche bezeichnet werden, findet man einige Passagen, die darauf hindeuten, dass Personen mit Migrationshintergrund eine Zielgruppe mit besonderem Hilfebedarf sein könnten.

Teilweise werden Migranten, ebenso wie beispielsweise Behinderte oder straffällig gewordene Menschen, als „Minderheiten" bezeichnet, die „außerhalb unserer Gesellschaft stehen" (DOSB, 2011c; vgl. z.B. auch DSB, 2003b) und von sozialer Ausgrenzung sowie besonderen Problemlagen betroffen seien. So heißt es in der Broschüre „Interkulturelles Wissen", dass jugendliche Migranten ab etwa 14 Jahre mit vielfältigen Problemen konfrontiert seien: „Sie stehen traditionell in ihren Familien nicht mehr im Zentrum der Aufmerksamkeit, zumindest was ihre Aktivitäten außerhalb der Familie angeht. Was sie in ihrer Freizeit tatsächlich machen, entzieht sich meist den Kenntnissen ihrer Eltern. Wenn solche Jugendliche mit ihrer Familie nach Deutschland kommen, sind sie im doppelten Sinne heimatlos. Die Familie kümmert sich nicht mehr konzentriert um sie, sondern lässt sie sich draußen ihren Weg suchen. Gleichzeitig stoßen sie in ihrer neuen Heimat auf viele Barrieren. Der gleichzeitige Verlust von Familie und Heimat erzeugt Frust, der leicht in Rebellion oder Aggression umschlagen kann" (DOSB, 2008a, S. 9).

Integrationsarbeit wird hier gewissermaßen als „Sozialarbeit" verstanden – eine Wahrnehmung, die der damalige DSB-Präsident in seiner inzwischen allerdings mehr als 15 Jahre zurückliegenden Antrittsrede wie folgt erläutert: „Wir müssen gemeinsam der Öffentlichkeit verdeutlichen, dass bei uns alte Menschen ihre Lebenserfüllung finden, dass Ausländer geachtet und integriert werden und dass Behinderte Teil unseres sportlichen Miteinanders sind. ... Wir sind nicht nur Gesundheitsstationen mit unseren Vereinen, wir leisten auch praktische Sozialarbeit" (von Richthofen, 1994, S. 27).

Ergebnis 2:   Potenzialperspektiven

Allerdings findet man in den Dokumenten des DSB/DOSB auch Potenzialperspektiven. Integration wird hier als eine Bereicherung für die Gesellschaft und für den Sport verstanden. „Nationale, ethnische, soziale, religiöse und kulturelle Verschiedenheit" (DOSB, DBK & EKD, 2007, S. 5) seien kein Ausdruck von „Mangel" sondern sie werden als Reichtum wahrgenommen (vgl. z.B. DSB, 2003a; Ridder-Melchers, 2005c) – und das gelte auch für den vereins- und verbandsorganisierten Sport.

In diesem Zusammenhang wird zum einen auf das Argument der „Bestandssicherung" verwiesen. Im Werkheft „Integration im Sportverein" heißt es z.B., dass der „Spielbetrieb bei vielen Sportvereinen ohne ausländische Spieler nur schwer aufrechterhalten werden" könne (DSB, 2003a, S. 9) und vor allem in Kontakt- und Kampfsportarten könnten über eine Integrationsarbeit vielfach Teilnehmer und Übungsleiter mit Migrationshintergrund gewonnen werden (DSB, 2003a).

Zum anderen ginge mit der Integrationsarbeit in den Vereinen ein Zugewinn in „inhaltlicher" Hinsicht einher: Wenn Migranten ihre Erfahrungen und ihre Bewegungskulturen mitbringen, könne der Sport „viel davon profitieren" (Fehres, 2007a, S. 32f.), der Handlungsspielraum der Vereine vergrößere sich und „nicht zuletzt bleibt der Verein durch kulturelle Anstöße innovativ und erfährt einen Imagegewinn durch sein soziales Engagement" (DSB, 2003a, S. 9).

5.5.3 Fazit und Perspektiven

In den Dokumenten des DOSB findet man sowohl Verweise auf Problemlagen als auch auf Potenziale, die mit Integrationsprozessen und Migrationsbewegungen einhergehen. Prinzipiell müssen diese Perspektiven – darauf sei an dieser Stelle noch einmal explizit verwiesen – keineswegs im Widerspruch zueinander stehen. Denn die Betonung von Integrationschancen schließt keineswegs aus, dass auch eventuelle Problemlagen oder Bedarfe bestehen, derer sich der vereins- und verbandsorganisierte Sport annimmt.

Insofern bleibt an dieser Stelle vor allem eine Schlussfolgerung zu erörtern: Womöglich könnte es für eine „sportbezogene Engagementpolitik" gewinnbringend sein, wenn die zum Teil eher knappen Ausführungen über Integrationsprozesse und die damit verbundenen Sichtweisen auf Migration und Integration noch deutlicher herausgearbeitet würden und Eingang in ein Leitbild fänden. Bei der Erarbeitung eines solchen Leitbildes, das über die hier genannten Aspekte hinaus sicherlich noch weitere Facetten eines Integrationsverständnisses aufgreifen sollte, könnten sowohl problematische als auch vielversprechende Ausgangslagen skizziert und Ziele und Aufgaben einer sportbezogenen Engagementpolitik festgehalten werden. Gemeint sind beispielsweise Erläuterungen zu den Fragen, welches Integrationsverständnis der DOSB verfolgt, ob bzw. in welchen Kontexten Migration mit Eingliederungsbedarfen einhergeht, mit welchen Herausforderungen der vereins- und verbandsorganisierte Sport im Einzelnen konfrontiert ist, welche Rolle hierbei die Heterogenität der Bevölkerungsgruppe mit Migrationshintergrund spielt und mit welchen konkreten Chancen welche Integrationsmaßnahmen für die Sportverbände und die -vereine verbunden sind.

6 Das Ehrenamt im Alter(n)sprozess? Engagementpolitische Perspektiven für ein neues Alter(n) im Sport

Doreen Reymann & Sebastian Braun

6.1 Einleitung

Der demografische Wandel ist nicht nur durch eine sinkende Geburtenrate charakterisiert, sondern insbesondere auch durch eine steigende Lebenserwartung und einen damit verbundenen wachsenden Anteil älterer Menschen an der Gesamtbevölkerung.[12] Diese Veränderung der „klassischen Alterspyramide" ist wiederum eng mit einem Strukturwandel des Alter(n)s verbunden: In zeitlicher Hinsicht dehnen sich die Lebensphasen im Alter sukzessive aus, in sachlicher Hinsicht steigt das Wohlstandsniveau im Alter insgesamt kontinuierlich an, in kultureller Hinsicht verfügen ältere Menschen über ein zunehmend höheres „Bildungskapital", in gesundheitlicher Hinsicht ist eine immer längere Phase des „aktiven Alterns" zu erwarten und in politischer Hinsicht werden ältere Menschen zu einer bedeutenderen Wählerschaft und zum Themenanwalt in eigener Sache (vgl. u.a. BMFSFJ, 2005; Denk, 2003; Göckenjahn, 2000; Kohli & Künemund, 2005; Kruse & Schmitt, 2005; Lehr, 2006, 2007; Olk 2010).

Vor diesem Hintergrund überrascht es nicht, dass eine Akzentverschiebung in den Debatten über das Engagement und die Teilhabe älterer Menschen in Deutschland zu beobachten ist: Stand lange Zeit die Sorge um eine mangelnde soziale Integration älterer Menschen im Vordergrund, so richtet sich die Aufmerksamkeit heute verstärkt auf die Leistungspotenziale älterer Menschen, die – so die Annahme – von der Gesellschaft „nachgefragt" und „genutzt" werden könnten (vgl. z.B. BMFSFJ, 2005; Amann & Kolland, 2008). Eine „altersintegrierende Kultur", so der Fünfte Altenbericht der Bundesregierung, sucht demzufolge nach politischen, rechtlichen und gesellschaftlichen Rahmenbedingungen, die es Älteren ermöglichen soll, ihre Potenziale stärker als bisher in die Gesellschaft einzubringen (vgl. BMFSFJ, 2005). Dementsprechend hatte die Sachverständigenkommission des Fünften Altenberichts u.a. den Auftrag, „auf der Basis einer wissenschaftlichen Bestandsaufnahme Potenziale des Alters in Wirtschaft und Gesellschaft aufzuzeigen und politikrelevante Handlungsempfehlungen im Hinblick auf die bessere Nutzung der Potenziale älterer Menschen zu geben" (BMFSFJ, 2005, S. 27).

Vor diesem Hintergrund stellt sich im vorliegenden Untersuchungszusammenhang die Frage, unter welchen spezifischen Perspektiven der DOSB das Thema Alter(n) im Kontext des vereins- und verbandsorganisierten Sports thematisiert.

---

[12] Während der Jugendquotient im Jahr 1960 bei 57,7 lag und der Altenquotient bei 33,2, hat sich das Bild nach 50 Jahren fast umgekehrt. So lagen der Jugendquotient im Jahr 2010 bei 33,1 und der Altenquotient bereits bei 47,3. Bis zum Jahr 2050 soll sich der Altenquotient fast verdoppeln und der Jugendquotient annähernd gleich bleiben (vgl. Bundeszentrale für politische Bildung, 2007).

Nachdem in einem ersten hinführenden Schritt ausgewählte Ergebnisse der sportbezogenen Sonderauswertung der Freiwilligensurveys 1999, 2004 und 2009 skizziert werden, die vor allem den quantitativen Bedeutungszuwachs der Älteren im Handlungsfeld Sport und Bewegung erkennen lassen (Abschnitt 6.2), folgt in den weiteren Schritten die Darstellung der Ergebnisse der Dokumentenanalysen, die zeigen können, dass der DSB bzw. DOSB die demografischen Entwicklungen unter unterschiedlichen Perspektiven aufnimmt und bearbeitet. Das gilt für das „Altersbild" des vereins- und verbandsorganisierten Sports (Abschnitt 6.3), die Befassung mit dem Thema „Seniorensport" (Abschnitt 6.4), das Verständnis von unterschiedlichen „Zielgruppen" (Abschnitt 6.5) und die Auseinandersetzung mit dem „ehrenamtlichen Engagement" von Älteren im Sportverein (Abschnitt 6.6). Darüber hinaus wird auch das Thema „Netzwerke und Kooperationen" speziell für den „Sport der Älteren" zunehmend diskutiert (Abschnitt 6.7).

6.2 Altersstrukturwandel und Beteiligung im Handlungsfeld Sport und Bewegung

6.2.1 Ausgangspunkte

Vor dem Hintergrund der laufenden gesellschaftspolitischen Diskussionen gilt bürgerschaftliches Engagement nicht nur als eine „zeitgemäße Form der Altersaktivität", die das Bild des „verdienten" Ruhestands ergänzt, sondern auch als ein Kernelement „neuer Vergesellschaftungsformen", über das sich die soziale Integration zunehmend individualisierter Gesellschaften konstituieren soll (vgl. z.B. Amann & Kolland, 2008; Kolland & Oberbauer, 2006). Bürgerschaftliches Engagement stellt demzufolge also ein Handlungsfeld dar, dass in zweifacher Hinsicht sozialintegrativ wirken soll: Aus der Perspektive „individueller Bedürfnisse" könnten sich ältere Menschen hierüber individuell verwirklichen und aus der Perspektive „gesellschaftlicher Erfordernisse" könnten sie zugleich gesellschaftlich „nützliche" Aufgaben übernehmen (vgl. z.B. Backes, 2006; Schröter 2006).

6.2.2 Ergebnisse der sportbezogenen Sonderauswertung der Freiwilligensurveys 1999 - 2009[13]

Der demografische Wandel entlässt seine „Kinder" auch in den Raum des Sports

Die angedeuteten Diskussionen über den Strukturwandel des Alters und die Teilhabe älterer Menschen im „öffentlichen Raum" haben in den letzten Jahrzehnten offensichtlich auch den vereinsorganisierten Sport erreicht und sichtbar verändert (vgl. dazu schon Baur, Krüger, Koch, Telschow & Ruge, 1996). Darauf verweisen u.a. ausgewählte Ergebnisse der sportbezogenen Sonderauswertung der Freiwilligensurveys von 1999 bis 2009 (vgl. Braun, 2011a): Zwar war und ist die Beteiligung an sportlichen Aktivitäten speziell auch im Sportverein bis heute vor allem eine Angelegenheit der Jugend und der jungen Erwachsenen (vgl. im Überblick Schmidt, Hartmann-Tews & Brettschneider, 2008; Schmidt, 2008). Über den betrachteten Zehnjahreszeitraum hinweg sind es allerdings die älteren Bevölkerungsgruppen ab 60 Jahre, die die dynamischsten Zuwächse verzeichnen. Während die Beteiligungsquoten der 60- bis 69-Jährigen von 1999 bis 2009 von 28,6% auf 40% gestiegen sind,

---

[13] Dieser Abschnitt ist weitgehend wörtlich übernommen aus der Ergebnisdarstellung der sportbezogenen Sonderauswertung der Freiwilligensurveys 1999 - 2009 (Braun, 2011a, S. 47-51).

konnten die über 70-Jährigen diese Quote von 17,6% auf 33,4% sogar nahezu verdoppeln (vgl. Tabelle 6-1).

Mit dieser Entwicklung hat sich auch die Alterszusammensetzung der sportaktiven Bevölkerung verschoben: Während z.B. die über 70-Jährigen ihren Anteil mehr als verdoppelt haben (von 6,0% auf 13,2%), sind insbesondere Rückgänge bei jenen Gruppen zu erkennen, die sich vielfach in der zeitintensiven beruflichen und familiären Etablierungsphase befinden dürften: bei den 20- bis 29-Jährigen, deren Anteil von 19,1% auf 13,7% gesunken ist, und die 30- bis 39-Jährigen, deren Aktivenquote von 22,7% auf 14,7% abgenommen hat (vgl. Tabelle 6-1). Zugespitzt könnte man formulieren: Der demografische Wandel entlässt seine „Kinder" auch in den Raum des Sports.

Tabelle 6.1: Aktivität im Handlungsfeld Sport und Bewegung im Jahr 1999, 2004 und 2009, differenziert nach Altersgruppen. Prozentwerte kursiv = Anteil der Aktiven gemessen an den im Handlungsfeld Sport und Bewegung Aktiven (1999 N=5.441, 2004 N=5.978, 2009 N=8.356); Prozentwerte nicht kursiv = Anteil der Aktiven gemessen an der jeweiligen Altersgruppe (1999 N = 14.922, 2004 N=15.000, 2009 N=20.005) Sportbezogene Sonderauswertung der Freiwilligensurveys 1999 - 2009 (Braun, 2011a).

	1999	2004	2009
14 bis 19 Jahre	*11,7*	*11,6*	*10,8*
	54,1	59,1	59,8
20 bis 29 Jahre	*19,1*	*14,1*	*13,7*
	46,2	45,7	44,2
30 bis 39 Jahre	*22,7*	*19,2*	*14,7*
	41,2	42,5	44,1
40 bis 49 Jahre	*16,3*	*19,4*	*20,8*
	36,3	43,2	44,7
50 bis 59 Jahre	*14,1*	*13,9*	*13,7*
	34,3	39,9	36,7
60 bis 69 Jahre	*10,1*	*13,7*	*13,1*
	28,6	36,1	40,0
70 Jahre und älter	*6,0*	*8,0*	*13,2*
	17,6	21,6	33,4

Ältere engagieren sich zunehmend

Diese Tendenzen lassen sich ansatzweise auch mit Blick auf das freiwillige und ehrenamtliche Engagement im Handlungsfeld Sport und Bewegung nachzeichnen: Der Anteil der freiwillig und ehrenamtlich Engagierten ist in den älteren Jahrgängen seit Ende der 1990er Jahre konstant angewachsen. Vergleicht man exemplarisch die „Extremgruppen" der über 70-Jährigen und der unter 19-Jährigen, dann erkennt man zwar, dass beide Gruppen im Jahr 2009 mit 8,8% einen identischen Anteil von Engagierten im Handlungsfeld Sport und Bewegung stellten. Bedeutsam sind in diesem Zusammenhang jedoch die Vergleichswerte aus dem Jahr 1999: Damals war der Anteil der Engagierten in der jüngsten Altersgruppe noch fast doppelt so hoch wie in der Alterstruppe „70plus" (vgl. Abbildung 6-1).

Interessant sind in diesem Kontext weitere Detailanalysen zum freiwilligen und ehrenamtlichen Engagement Älterer im Handlungsfeld Sport und Bewegung: Erstens haben offenbar immer „ressourcenstärkere" Gruppen von Älteren freiwillige und ehrenamtliche Engagements aufgenommen. Beispielsweise ist der Anteil der höher Qualifizierten unter den engagierten Älteren deutlich gestiegen, was nicht alleine auf das insgesamt gestiegene Bildungsniveau der heute älteren Generationen zurückzuführen ist. Zweitens engagiert sich im Zeitverlauf ein immer höherer Anteil der Älteren für die Zielgruppe der Älteren, also quasi zugunsten der Sport- und Bewegungsangebote der eigenen Generationen. Und drittens ist ein zunehmender Anteil der Engagierten grundsätzlich bereit, sein Engagement „auszuweiten", sofern sich interessante Aufgaben und Tätigkeiten finden lassen. In diesem Kontext zeigt sich auch, dass die „Engagementbereitschaft" der über 60-Jährigen, die im Sportbereich aktiv waren, sich aber nicht freiwillig engagierten, deutlich zugenommen hat.

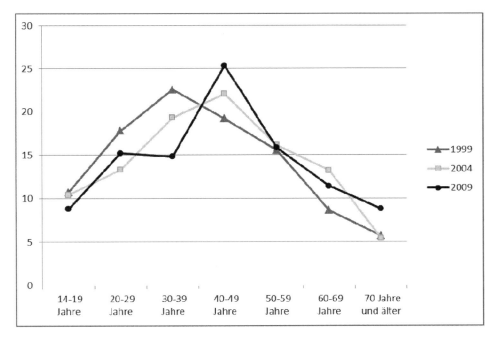

Abbildung 6-1: Anteil der im Handlungsfeld Sport und Bewegung freiwillig und ehrenamtlich Engagierten in der Bevölkerung ab 14 Jahre im Jahr 1999, 2004 und 2009, differenziert nach Altersgruppen. Prozentwerte (1999 N=1.674, 2004 N=1.658, 2009 N=2.026). Sportbezogene Sonderauswertung der Freiwilligensurveys 1999 - 2009 (Braun, 2011a).

Die Engagierten in Vorstands- und Leitungsfunktionen werden zunehmend älter

Die skizzierten Trends zeigen sich auch, wenn man diejenigen Engagierten in den Blick nimmt, die Leitungs- oder Vorstandsfunktionen im Handlungsfeld Sport und Bewegung übernehmen (vgl. Abbildung 6-2). Bezogen auf alle Funktionsträger haben im Zehnjahreszeitraum die über 70-Jährigen ihren Anteil mehr als verdoppelt (von 5,2% auf 11,6%). Bald jeder Zweite (45,7%) der über 70-Jährigen, die sich 2009 freiwillig und ehrenamtlich im Sportbereich engagierten, hatte eine Leitungs- oder Vorstandsfunktion inne – eine Zunahme von fast 10 Prozentpunkten seit 1999. Demgegenüber hat sich der Anteil der 30- bis 39-Jährigen in entsprechenden Funktionen im Zehnjahresvergleich deutlich verkleinert. Hatten 1999 noch fast 40% der freiwillig und ehrenamtlich Engagierten in dieser Altersgruppe eine Leitungs- oder Vorstandsfunktion inne, so lag der entsprechende Anteil im Jahr 2009 nur noch bei 23,9% (vgl. Abbildung 6-2).

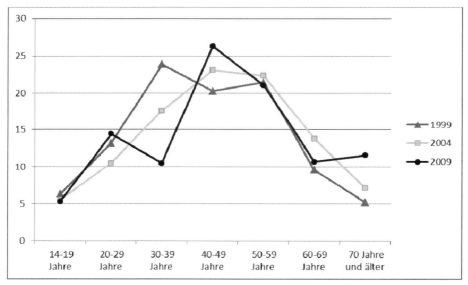

Abbildung 6-2: Anteil der im Handlungsfeld Sport und Bewegung ehrenamtlich und freiwillig Engagierten mit Leitungs- und Vorstandsfunktionen unter den im Handlungsfeld Sport und Bewegung Engagierten ab 14 Jahre im Jahr 1999, 2004 und 2009, differenziert nach Altersgruppen. Prozentwerte (1999 N= 1.378, 2004 N= 1.336, 2009 N= 1.600. Sportbezogene Sonderauswertung der Freiwilligensurveys 1999 - 2009 (Braun, 2011a).

6.2.3 Fazit

Die Auswertungen der Freiwilligensurveys lassen erkennen, dass die älteren Bevölkerungsgruppen ab 60 Jahre die dynamischsten Zuwächse im Hinblick auf die Aktivitätsquote im Handlungsfeld Sport und Bewegung verzeichnen – Ergebnisse, die mit den Bestandserhebungen des DOSB zu den Mitgliedschaftsquoten in den Sportvereinen wie auch mit den Befunden der Sportentwicklungsberichte weitgehend korrespondieren (vgl. Breuer, 2009; Breuer & Wicker, 2010). Damit haben sich auch die Proportionen zwischen denjenigen Gruppen, die sich im Handlungsfeld Sport und Bewegung aktiv beteiligen, zugunsten der älteren Gruppen auffällig verschoben.

Diese Tendenz eines Strukturwandels des Alters im Handlungsfeld Sport und Bewegung lässt sich auch mit Blick auf das freiwillige und ehrenamtliche Engagement nachzeichnen: Der Anteil der freiwillig und ehrenamtlich Engagierten unter den Älteren wuchs seit Ende der 1990er Jahre konstant. Besonders markant werden die altersspezifischen Verschiebungen, wenn man die Funktionsträger in Leitungs- oder Vorstandsfunktionen betrachtet. Dabei konnten vor allem die über 70-Jährigen im Zehnjahreszeitraum ihre prozentualen Anteile unter den Funktionsträgern deutlich erhöhen.

Vor dem Hintergrund dieser auffälligen altersstrukturellen Veränderungen im Handlungsfeld Sport und Bewegung haben auch der DSB bzw. der DOSB das Thema „Ältere" seit den 1990er Jahren immer umfangreicher aufgegriffen. Die folgenden Abschnitte versuchen, diese Entwicklungen auf der Basis der vom DSB bzw. DOSB veröffentlichen Dokumente und Materialien wie auch der unterschiedlichen Hinweise in den Experteninterviews (vgl. Kapitel 4) im Hinblick auf die fünf angesprochenen thematischen Schwerpunkte zusammenzufassen.

6.3 Altersbilder als soziale Konstruktionen

6.3.1 *Ausgangspunkte*

„Du siehst aber noch jung aus für dein Alter!" oder „Du bist aber noch fit für dein Alter!" – derartige Aussagen lassen erkennen wie konkret und bisweilen auch stereotyp die Vorstellungen über das Alter(n) sind. Mit der Einschätzung des Alters verbinden sich Altersbilder, die zunächst von äußerlichen Merkmalen wie z.B. dem körperlichen Erscheinungsbild hergeleitet werden. Auf dieser Grundlage werden dann Rückschlüsse auf das kalendarische Alter wie auch die „Leistungsfähigkeit" insgesamt gezogen (vgl. z.B. Baltes & Baltes, 1992).

Gesellschaftliche Altersbilder sind „soziale Konstruktionen", die sich im Wechselspiel zwischen Individuum und Gesellschaft, zwischen sozialem Handeln und sozialen Strukturen konstituieren (vgl. z.B. Denk, 2003). Als gesellschaftliche Institutionen sind sie relativ überdauernd und beeinflussen Selbstbild und Verhalten älterer Menschen ebenso wie Wahrnehmung und Bewertung von Älteren in der Gesellschaft (vgl. Amrhein & Backes 2007; Backes & Clemens, 2003; Denk, 2003; Lehr, 2007). „Altersbilder sind Bestandteil des kulturellen Wissensschatzes einer Gesellschaft und des individuellen Erfahrungsschatzes der einzelnen Mitglieder einer Gesellschaft. Welches der zur Verfügung stehenden Altersbilder im Vordergrund steht, hängt entscheidend vom jeweiligen Kontext ab; je nach Situation können unterschiedliche Altersbilder aktualisiert werden, sich abwechseln oder nebeneinander stehen" (Sachverständigenkommission Sechster Altenbericht, 2010, S. 36). In diesem Kontext verweisen empirische Untersuchungen auf Unterschiede zwischen „individuellem Selbst" und „gesellschaftlichem Fremdbild" im Alter, wobei Fremdbilder ältere Menschen eher zu „altersgemäßen" Verhaltensweisen bewegen als eigene Wünsche oder etwa das Nachlassen individueller Fähigkeiten (vgl. z.B. Lehr, 2007, 202; Ryan, Hummert & Boich, 1995; Schmitt, 2001).

Vor diesem Hintergrund erscheinen gesellschaftliche Vorstellungen über ein altersgerechtes Verhalten als bedeutsame Einflussgrößen für das Selbstbild und das soziale Handeln älterer Menschen – und das gilt zum Beispiel auch im Hinblick die aktive Beteiligung im „öffentlichen Raum" im Sinne eines bürgerschaftlichen Engagements z.B. im Sport (vgl. z.B. Lehr, 2007). Insofern werden gesellschaftliche Altersbilder auch als eine Determinante zur „Nutzbarmachung" und „Förderung" der Potenziale älterer Menschen thematisiert (vgl. BMFSFJ, 2005; Backes, 2006). Um diese Potenziale und Ressourcen im Sinne eines „aktiven Alter(n)s" fördern und „gesellschaftlich nutzbar" zu machen, wird in fachwissenschaftlichen wie auch politischen Debatten immer wieder auf die Bedeutung differenzierter Altersbilder hingewiesen, die inter- und intraindividuelle wie auch gruppenspezifische Unterschiede aufgreifen.

Exemplarisch dafür stehen der Dritte, Fünfte und insbesondere Sechste Altenbericht der Bundesregierung (vgl. BMFSFJ, 2001, 2005, 2010). Die Berichte betonen übereinstimmend, dass die Chancen zur Nutzung der Ressourcen und Potenziale älterer Menschen in mehrfacher Hinsicht vom jeweiligen Altersbild abhingen: Demnach könnten Erwartungen an den eigenen Altersprozess, die aus negativ akzentuierten Altersbildern abgeleitet werden, dazu beitragen, dass die Engagementbereitschaft z.B. aufgrund des mangelnden Zutrauens in die eigene Leistungsfähigkeit abnehme. Positiv überzeichnete Altersbilder könnten hingegen dazu beitragen, dass Engagementbereitschaften nicht umgesetzt würden, z.B. weil sich Ältere ausgenutzt fühlten.

Vor diesem Hintergrund betont der unlängst vorgelegte Sechste Altenbericht nicht nur, dass die „Zukunft des Alterns [.] in erheblichen Maße durch Altersbilder bestimmt" sei (Sachverständigenkommission Sechster Altenbericht, 2010, S. 23). Speziell die Zivilgesellschaft und bürgerschaftliches Engagement gelten als Institutionen zur „Erprobung neuer Altersbilder" (Sachverständigenkommission Sechster Altenbericht, 2010, S.113ff.). In dieser Perspektive sind ältere Menschen also nicht nur als Empfänger von Hilfe, sondern als aktive und gestaltende Bürger im Gemeinwesen und als eine „helfende" Gruppe zu betrachten, deren Ressourcenpotenziale längst nicht ausgeschöpft seien (vgl. Backes, 2006). Folgt man diesen Argumenten, dann ist das Thema „Engagement und Teilhabe älterer Menschen" – so z.B. Backes und Höltge (2008) – mittlerweile zu einem Konjunkturthema auf der politischen Agenda geworden.

6.3.2 Altersbilder im vereins- und verbandsorganisierten Sport: Was sagen die Dokumente des DSB/DOSB?

Betrachtet man die DSB/DOSB-Dokumente im Hinblick auf das Thema „Altersbilder", dann lassen sich bislang eher vorsichtige Hinweise auf die Relevanz dieses Themas für die Sportentwicklung identifizieren.

> Der DOSB thematisiert Altersbilder vor allem exemplarisch und kursorisch mit besonderem Blick auf sport- und bewegungsbezogene Aktivitäten von Älteren. Die Erörterung von Altersbildern auf einer konzeptionellen Ebene und deren Bedeutung für die Sportentwicklung in Deutschland steht hingegen noch aus. In den vorliegenden beispielhaften Illustrationen wird in den letzten Jahren vor allem ein positives und diffe-

renzierteres Bild von den „Potenzialen" älterer Menschen und deren Sportpartizipation gezeichnet. Ein konkreter Bezug zum bürgerschaftlichem Engagement älterer Menschen im Sportverein oder -verband wird dabei eher seltener hergestellt. Mit Bezug auf die Entwicklung einer „sportbezogenen Engagementpolitik" des DOSB könnte es zweckmäßig sein, einen kollektiv handlungsorientierenden Rahmen im Hinblick auf sportverbandliche Altersbilder zu profilieren, der sich an Partizipation und Engagement von Älteren im vereins- und verbandsorganisierten Sport orientiert.

Ergebnis 1:   Altersbilder als handlungsrelevante kollektive Deutungsmuster

Bislang werden Altersbilder in den Dokumenten und Materialien des DSB und DOSB eher am Rande thematisiert. Ein Beispiel dafür ist die erste und bislang einzige „Sportpolitische Konzeption zum Seniorensport", die der DSB im Jahr 1997 verabschiedet hat. Hierin wird darauf aufmerksam gemacht, dass Altersbilder als soziale Konstruktionen speziell mit Blick auf den demografischen Wandel für den vereins- und verbandsorganisierten Sport durchaus von Bedeutung sein können: „Die zahlenmäßigen Veränderungen der Bevölkerungsstruktur, aber auch der hohe Bildungsstand und die fortschreitende Polarisierung der finanziellen Verhältnisse im Alter bewirken einen Wandel des Altersbildes in der Gesellschaft. Bisher von Defizitvorstellungen geprägt, verändert es sich zu einem realistischen Altersbild, das die vorhandenen Kompetenzen und die individuellen Lebenskonzepte älterer Menschen in den Vordergrund stellt. Wir müssen uns der starken Differenziertheit dieser großen Gruppe der Älteren unter uns bewusst sein" (DSB, 1997a, S. 2).

Altersbilder erscheinen in diesem Kontext eher als eine abstraktere „gesellschaftliche Rahmung" des Alter(n)s, die im Hinblick auf die konkrete Verbands- und Vereinsarbeit vor allem mit Blick auf die „Differenziertheit" bzw. „Heterogenität" der Gruppe der Älteren an Bedeutung gewinnt (vgl. dazu Abschnitt 6.4). Übergeordnete Fragestellungen z.B. danach, welches „organisationale" Altersbild der vereins- und verbandsorganisierte Sport verfolgen sollte, wird in der Sportpolitischen Konzeption zum Seniorensport als der bis heute relevanten Programmatik zum Thema ebenso wie in späteren Publikationen nicht systematisch aufgegriffen.

Ergebnis 2:   Altersbilder in Form von praxisnahen Beispielen

Seit Mitte der 2000er Jahre findet man immer häufiger exemplarische Hinweise, dass für die sportverbandliche Arbeit die Frage nach Altersbildern für die Sportpartizipation Älterer zunehmend wichtiger wird. So hebt der DOSB-Präsident in einem Werkheft zum Projekt „Richtig fit ab 50" einleitend hervor: „Eine wichtige Herausforderung besteht darin, ein neues Altersbild zu prägen und eine differenzierte Angebotsstruktur zu entwickeln, um immer mehr Ältere mit Angeboten in den Sportvereinen zu erreichen" (Bach, 2006, S. 2). In dem Werkheft werden dann unter der Überschrift „ein neues Altersbild" kritisch „traditionelle" Vorstellungen über das Alter(n) im Kontext von Sport und Bewegung diskutiert (vgl. DOSB, 2006d, S. 6 ff.). Allerdings bleiben die Reflexionen über ein „neues Altersbild" eher beispielhaft, was zweifellos auch in der Ausrichtung des Werkheftes als „Wissen für die Praxis" begründet ist (vgl. dazu auch Abschnitt 5.3): „Wie ist das mit dem Alter? Sind die Bezeichnungen ‚Oma' oder ‚Opa' diskriminierend? Gar Schimpfwörter? Die beschwingte Großmutter wird mittlerweile als ‚junge Alte' von der Werbung entdeckt und umworben, schließlich ist das eine Gruppe, die sich finanziell das ein oder andere leisten kann. Wer ist alt, wer ist Senior? Das ist heute eher eine Befindlichkeitsfrage" (DOSB, 2006d, S. 6).

Insgesamt wird in dem Werkheft mit Blick auf die Zielgruppe 50plus ein eher positives bzw. aktives Altersbild entworfen. So wird vom „Lebensalter der gewonnenen Jahre" gesprochen oder Ältere werden als „selbstbewusst, allgemein gut gebildet, kompetent, offen und flexibel" charakterisiert, die Wert auf Ihr Äußeres legen, gerne reisen oder im Internet surfen würden (DOSB, 2006d, S. 6). Zugleich werden aber auch exemplarisch andere Altersbilder in der Gesellschaft angedeutet. So wird z.B. der Bundesvorsitzende der Deutschen Seniorenpresse Arbeitsgemeinschaft e.V. ausführlicher zitiert, der hervorhebt, dass ältere Menschen in der Werbung zwar immer mehr zur Zielgruppe würden, dass jedoch in redaktionellen Beiträgen eher das „Schreckgespenst Alter" thematisiert werde mit Schlagworten wie „Rentnerschwemme, Krieg der Generationen, Überalterung, Bedrohung durch die Alten, Deutschland auf dem Weg zum Greisenland, die Alten werden zur Last, 90-jähriger Geisterfahrer verursacht Unfall, können wir uns so viele Rentner auf Dauer leisten – oder etwas schwächer formuliert: Können wir uns teure Operationen für Alte auf Dauer leisten. Diese und ähnliche Schlagzeilen sind weitaus öfter zu lesen als Beiträge, welche die Chancen des demografischen Wandels oder die Potenziale des Alters preisen" (DOSB, 2006d, S.7).

Derartige kritische Stimmen gegenüber undifferenzierten Altersbildern, Potenziale des Alters und Chancen des demografischen Wandels werden auch in anderen Dokumenten des DOSB hervorgehoben (vgl. z.B. DSB, 2003b, DOSB 2007c, 2007d, 2007e). So wird z.B. in dem Werkheft „Bewegungsangebote 70plus" betont: „Ältere Menschen bleiben heute länger körperlich gesund und auch das psychische Wohlbefinden hat sich erhöht. ... Während bei Menschen im ‚Dritten Lebensalter' eine immer bessere Gesundheit nachzuweisen ist und sie über erhebliche Potenziale verfügen, ist die Hochaltrigkeit im ‚Vierten Lebensalter' eine Lebensphase, in der die körperlichen und geistigen Ressourcen für eine selbstständige Lebensführung oft nicht mehr ausreichen" (DOSB, 2007d, S. 7).

6.3.3 Fazit und Perspektiven

Insgesamt entsteht auf der Basis der analysierten Dokumente und Materialien zwar der Eindruck, dass der DSB bzw. DOSB vor allem seit den 2000er Jahren deutlich „positiv" akzentuierte Altersbilder kommuniziert und ein „erfolgreiches Altern" als Bezugspunkt für die sportverbandspolitische Profilierung von gesellschaftlichen Altersbildern wählt. Allerdings findet man Aussagen zum Altersbild des DSB bzw. DOSB eher andeutungsweise und beispielhaft, wobei dann insbesondere Ältere als interessante „Zielgruppen" thematisiert werden.

Freilich ist in diesem Kontext zu berücksichtigen, dass die Sportpolitische Konzeption des DSB zum Seniorensport von 1997 datiert und dass sich seitdem die gesellschaftspolitischen Debatten über „Ältere und Beteiligung" wie auch über „Altersbilder" deutlich verändert haben. Umso mehr könnte es sich aus einer verbandspolitischen Perspektive des DOSB aber als gewinnbringend erweisen, profilierte Altersbilder für den vereins- und verbandsorganisierten Sport zu konturieren, die unterschiedliche Ebenen solcher sozialen Konstruktionen einbeziehen.

Im Kontext einer „sportbezogenen Engagementpolitik" des DOSB mit Blick auf die Gruppe der Älteren könnte dabei – in Orientierung an den Bericht der Sachverständigenkommission für den Sechsten Altenbericht der Bundesregierung (2010) – ein ordnender und zugleich kollektiv handlungsorientierender Rahmen entwickelt werden, der mindestens vier Ebenen von Altersbildern unterscheidet: Altersbilder als kollektive Deutungsmuster, organisationale Altersbilder, Altersbilder in persönlichen Interaktionen sowie Altersbilder als individuelle Vorstellungen und Überzeugungen.

Auf der Ebene der Altersbilder als kollektive Deutungsmuster wären dabei gesellschaftspolitische Vorstellungen des DOSB im Hinblick auf die Relevanz von Partizipation und Engagement älterer Menschen im vereins- und verbandsorganisierten Sport für den Prozess des „erfolgreichen Alterns" herauszuarbeiten. Auf der Ebene der organisationalen Altersbilder wären die institutionellen Vorstellungen über wünschens- und empfehlenswerte Verhaltensweisen, Aktivitäten und Rollen älterer Menschen mit Bezug auf die aktive Partizipation und ein bürgerschaftliches Engagement im vereins- und verbandsorganisierten Sport zu diskutieren.

Darüber hinaus stünden auf der Ebene der Altersbilder in persönlichen Interaktionen im vereins- und verbandsorganisierten Sport Antworten auf die Frage nach wünschens- und empfehlenswerten Interaktions- und Kommunikationsformen zwischen älteren und jüngeren Personen im Vordergrund. Und auf der Ebene der Altersbilder als individuelle Vorstellungen und Überzeugungen würde sich insbesondere die Aufgabe stellen, Stereotype im Hinblick auf den Körper und dessen Leistungsvermögen im Alternsprozess zu thematisieren, aber auch Fragen der Kompetenzen, Potenziale und Grenzen älterer Mitglieder in „Ehrenämtern" zu diskutieren und kritisch zu reflektieren.

Eine „sportbezogene Engagementpolitik", die diese und weitergehende Fragen zu perspektivischen Altersbildern im vereins- und verbandsorganisierten Sport thematisiert, dürfte u.a. hilfreich sein, um die im Folgenden diskutierten Themenschwerpunkte unter einem „konzeptionellen Dach" eines „Sports der Älteren" zu fassen und weiterzuentwickeln.

6.4 Von der Randgruppe zur Perspektivgruppe – Entwicklung eines Themas

6.4.1 Ausgangspunkte

In den Diskussionen über das Alter(n) im Zuge des demografischen Wandels in Deutschland stehen sich zwei dominierende und konträre Grundpositionen gegenüber, die bereits angedeutet wurden und sich in pointierter Form wie folgt zusammenfassen lassen: Einerseits wird seit längerem ein gesellschaftlicher „Belastungsdiskurs" geführt, der vor allem auf die ökonomischen Dimensionen des Alters abhebt (z.B. im Hinblick auf Gesundheits- und Pflegekosten oder steigende Ausgaben für das Rentensystem). Andererseits – und parallel dazu – gewinnt zunehmend ein gesellschaftlicher „Potenzialdiskurs" an Bedeutung, wonach veränderte demografische und sozialstrukturelle Voraussetzungen bislang ungenutzte Potenziale des Alter(n)s hervorbringen würden (vgl. u.a. Backes, 2006; BMFSFJ, 2005; Hank & Erlinghagen, 2008; Olk 2009, 2010).

Diese beiden Grundpositionen zur Einschätzung und Bedeutung des Alter(n)s in der Gesellschaft wurden bislang eher selten mit einander in Beziehung gesetzt und in ein ausgewogenes Verhältnis zueinander gebracht: Zumeist werden entweder die „Belastungs- und

Kostenperspektive" oder aber die „Ressourcen- und Chancenperspektive" des Alter(n)s für die deutsche Gesellschaft akzentuiert (vgl. z.B. Backes, 2004, 2006, 2008).

In den aktuellen engagementpolitischen Debatten in Deutschland dominiert vor allem die Potenzialperspektive. Hier werden vor allem Ressourcen und Chancen hervorgehoben, die sich mit Blick auf einen „neuen Wohlfahrtsmix" und „gesellschaftliche Teilhabechancen" ergeben könnten (vgl. BMFSFJ, 2005; Amann & Kolland, 2008). Betont werden in diesem Kontext „ermöglichende" Rahmenbedingungen für ein bürgerschaftliches Engagement von und für Ältere einerseits und die soziale Integration älterer Menschen durch bürgerschaftliches Engagement in einer alternden Gesellschaft andererseits.

So heißt es z.B. im Fünften Altenbericht der Sachverständigenkommission der Bundesregierung: „Die Kommission möchte Möglichkeiten zur Verbesserung der Rahmenbedingungen aufzeigen, um mehr ältere und alte Menschen zu einem bürgerschaftlichen Engagement zu motivieren. Sie sieht in der Stärkung des bürgerschaftlichen Engagements und der entsprechenden Teilhabe einen Beitrag, Menschen in der Lebensphase Alter dabei zu unterstützen, ihre Potenziale und Kompetenzen für sich selbst und für die Gesellschaft sinnvoll einzusetzen" (BMFSFJ, 2005, S. 370).

6.4.2 Das Thema Alter(n) im DSB/DOSB als zu entwickelndes Themenfeld: Rekonstruktionsversuche

Vor dem Hintergrund dieser virulenten Debatten über die Bedeutung des „Alter(n)s" in Deutschland lässt sich auf der Basis der Dokumentenanalysen zeigen, dass sich die Thematisierung von „Älteren" und „Altern" auch im DSB bzw. DOSB im Zeitverlauf sukzessive verändert (vgl. z.B. DOSB, 2010d):

Während der DSB in den 1970er Jahren ältere Menschen noch als „Problem"- oder „Randgruppe" betrachtet, entwickelt sich in den 1980er Jahren ein zunehmendes Interesse an der Gruppe der Älteren, das in den 1990er Jahren in einer Zielgruppenperspektive mündet. Diese Zielgruppenperspektive, die u.a. die Potenziale des Alter(n)s für den vereinsorganisierten Sport thematisiert, wird vor allem im Hinblick auf die aktive Sportteilnahme von Älteren und unter dem Aspekt der Gewinnung einer bis dahin stark unterrepräsentierten Mitgliedergruppe in den Sportvereinen aufgegriffen. Gleichwohl betont der DOSB u.a. seine „gesellschaftliche Verantwortungsrolle" und seinen Beitrag zur Gesundheitsförderung im Prozess des „erfolgreichen Alter(n)s" durch die Schaffung geeigneter Sport- und Bewegungsangebote für Ältere. Im jüngsten DOSB-Arbeitsprogramm für den Zeitraum von 2011 bis 2014 werden Ältere explizit als „Perspektivgruppe" des vereins- und verbandsorganisierten Sports bezeichnet; Vorstellungen von Älteren als „Problemgruppe" werden hingegen ausdrücklich zurückgewiesen.

Ergebnis 1: Die „Entdeckung" des Seniorensports ab den 1980er Jahren

Bereits Ende der 1960er gründeten sich eigenständige Seniorensportvereine, deren Fokus auf der Bereitstellung von freizeit- und gesundheitsorientierten Angeboten lag. Ein erweitertes Sportverständnis sollte insbesondere älteren Menschen die Möglichkeit zur Beteiligung an einer sich verändernden Sportkultur bieten. Zwar wurden diese Angebote speziell von Älteren positiv aufgenommen, die sich mit den etablierten Turn- und Sportvereinen nicht identifizierten; und einzelne Mitgliedsorganisationen des DSB bemühten sich auch zunehmend, Angebote für ältere Menschen zu schaffen. Gleichwohl ist in den 1960er Jahren kaum ein spezifischeres Interesse des DSB am Thema „Seniorensport" zu erkennen (vgl. Luh, 2006).

Trotz der Initiative eines „Zweiten Weges" (vgl. hierzu Mevert, 2002) und verschiedenen Einzelmaßnahmen von Mitgliedsorganisationen existierte bis in die 1970er Jahre hinein keine tragfähige seniorensportliche Konzeption des DSB. So wurden z.B. in einer ersten Version einer Resolution des Arbeitskreises „Herausforderung des Sports durch die Randgruppen der Gesellschaft", der 1972 im Rahmen des DSB-Bundestages in Berlin stattfand, „Randgruppen der Gesellschaft" als „psychisch Behinderte, emotional Gestörte, Intelligenzbehinderte, Ausländer, Suchtkranke und Straffällige, auch sozial Benachteiligte wie alte Menschen" definiert. Auf Widerspruch einiger Delegierter wurden „alte Menschen" zwar aus der Formulierung gestrichen und der Resolution wurde stattdessen der Satz hinzugefügt: „Besondere Aufmerksamkeit muss der Betreuung und Hilfe für alte Menschen und Kinder gewidmet werden" (zitiert nach Luh, 2006, S. 43). Allerdings bleiben diese zögerlichen Versuche, ältere Menschen im Kontext des vereins- und verbandsorganisierten Sports zu thematisieren, jenem spezifischen Blickwinkel verpflichtet, der ältere Menschen als eine zu betreuende Gruppe versteht.

In der Folgezeit versuchten einzelne Mitgliedsorganisationen – insbesondere der Deutsche Turner-Bund (DTB) – zunehmend Sportangebote speziell für ältere Mitglieder zu schaffen (vgl. Denk, 2003; DOSB, 2010a; Kolb, 2006; Krüger 2009,). Im Jahr 1976 erklärte beispielsweise der DTB-Vorstand das Themenfeld „Bewegungsaktivitäten für ältere ungeübte Menschen" zu einem DTB-Arbeitsschwerpunkt für die folgenden Jahre (vgl. Luh, 2006, S. 45). Ab den 1980er Jahren wandte sich dann auch der DSB unter dem Eindruck des demografischen Wandels dem Thema „Ältere" zu. Exemplarisch dafür stehen einerseits Werkstatt- und Modellseminare oder Tagungen mit Fachverbänden (vgl. z.B. Bundesvereinigung für Gesundheitserziehung e.V., 1982); andererseits beginnt der DSB im Jahr 1983 die Gruppe der Älteren, die bis dahin in der Großgruppe der „Erwachsenen über 21 Jahre" eingruppiert wurde, in den Bestandserhebungen gesondert auszuweisen (vgl. Luh, 2006, S. 44).

Ergebnis 2:   Thematisierung des Seniorensports durch den DSB

Ab den 1990er Jahren verändert sich die Sichtweise des DSB gegenüber älteren Menschen als Zielgruppe für Sport- und Bewegungsangebote. Einerseits werden Ältere als eine zu „betreuende Gruppe" beschrieben, die mit entsprechenden Angeboten „versorgt" werden müsse; andererseits weisen Formulierungen wie: „Angebote mit und für ältere(n) Menschen" ebenfalls auf potenzial- oder ressourcenorientierte Diskussionszusammenhänge hin. In diesem Kontext ist auch eine immer systematischere Thematisierung des „Seniorensports" im DSB zu erkennen. In den 20 Sitzungen, die der Bundesausschuss Breitensport von 1990 bis 1994 durchführt, rückt die „Zukunftsfestigkeit der Sportvereine" zunehmend in den Mittelpunkt der Debatten (DSB, 1994, S 93 ff). Erstmals seit Veröffentlichung der Präsidiums- und Tätigkeitsberichte spielt dabei auch der „Seniorensport" als thematischer Schwerpunkt eine eigenständige Rolle (DSB, 1994, S. 102).

Exemplarisch für den Bedeutungszuwachs des „Seniorensports" ist z.B. der 1992 veranstaltete DSB-Bundestag „Sport 2000 – Soziale Offensive des Sports". Zum Thema „Sportbedürfnisse besonderer Zielgruppen im Spannungsfeld zwischen sozialem Anspruch und Vereinswirklichkeit" wird dabei u.a. hervorgehoben, dass die sozialen Funktionen des Sports auch denen gegenüber zum Tragen zu bringen seien, die „gesellschaftlich desintegriert" seien (DSB, 1992, S. 293). Insofern müsse es dem vereins- und verbandsorganisierten Sport vor allem um den Abbau bestehender Hürden gehen – allerdings nicht nur aus Mitgliedsinteressen heraus, sondern vor allem aus sozialer Verantwortung für „alle Alters-, Geschlechts-, und Sozialgruppen" (DSB, 1992, S. 294)

Diese eher noch allgemeinen Verlautbarungen konkretisieren sich im Bericht zur Arbeitstagung des Bundesausschusses Breitensport von 1993, die vor dem Hintergrund des gesellschaftlichen Altersstrukturwandels und den damit verbundenen „erheblichen Konsequenzen für den DSB und seine Mitgliedsorganisationen" (DSB 1994, S. 102) das Thema „Initiativen im Seniorensport in den Mitgliedsorganisationen" in den Mittelpunkt stellt. In der Abschlusserklärung heißt es: „Es ist unumgänglich, eine Gesamtkonzeption Seniorensport zu erstellen" und das Ziel zu verfolgen, „langfristig die Seniorinnen- und Seniorenbetreuung im Sport zu sichern und auszubauen" (DSB, 1994, S. 119). Dabei fordern die Mitgliedsorganisationen den DSB explizit auf, sich dem Thema „Ältere" zuzuwenden und „die federführende Koordination seiner Mitgliedsorganisationen und Vereine zu übernehmen" (DSB, 1994, S. 120).

Mit der zunehmenden Hinwendung zum „Seniorensport" thematisiert der DSB zugleich die Übernahme gesellschaftspolitischer Verantwortung und – quasi im „neokorporatistischen Gegenzug" – die Notwendigkeit einer entsprechenden Förderung durch den Staat (vgl. dazu ausführlich Kapitel 2): „Den freiwilligen Vorleistungen und Leistungen des Deutschen Sportbundes, der Landessportbünde, der Spitzenverbände auf Bundes- und Landesebene und der Vereine in der Ausbildung von Fachkräften, in der Informationsarbeit, im Aufbau von Seniorensportprogrammen und -gruppen müssen Leistungen des Bundes, der Länder, der Kommunen gegenüberstehen – ähnlich wie dies in der Jugendarbeit im Sport gelungen ist" (DSB, 1994, S.120). In diesem Kontext fordert der DSB u.a. die „Mitarbeit im altenpolitischen Beirat des Bundesministeriums für Senioren" und „entsprechend der übertragenen gesellschaftlichen Bedeutung der Arbeit mit und für Senioren im Verein ... Unterstützung aus dem Bundesaltersplan" (DSB, 1994, S. 120). In diesem Kontext fordert auch der damalige DSB-Präsident auf dem 1994 durchgeführten Seniorensportkongress „klare politische Entscheidungen des Bundesministeriums für Familie und Senioren und die Bereitstellung von Fördermitteln" zum weiteren Auf- und Ausbau des Seniorensports (DSB, 1994, S. 121).

Die Zitate deuten darauf hin, dass in der Phase der zunehmenden Thematisierung des Seniorensports der DSB offenbar eine ambivalente Sichtweise auf die Zielgruppe der Älteren hat: Auf der einen Seite werden die Älteren als Empfänger von Betreuungs- und Hilfeleistungen betrachtet, denen Angebote unterbreitet werden müssten und die „über eine Einbindung in die Gemeinschaft ... zum regelmäßigen Sporttreiben hinzuführen" sei (DSB, 1994, S. 119), wofür staatliche Unterstützungsleistungen eingefordert werden. Von dieser eher defizitorientierten Sichtweise scheint sich allerdings zunehmend auch eine potenzialorientierte Sichtweise abzugrenzen, wonach in Älteren nicht nur „Leistungsempfänger" seniorensportlicher Angebote gesehen werden. Exemplarisch dafür stehen vorsichtige Formulierungen wie die „Berücksichtigung einer breiten Bedürfnisskala" älterer Menschen, "sowohl was Neigungen und Interessen als auch was die Leistungsbereitschaft und -fähigkeit betrifft" (DSB, 1994, S. 119).

Ergebnis 3: Selbstverpflichtung des DSB zum Seniorensport

Während Präsidiums- und Tätigkeitsberichte des DSB bis in die 1990er Jahre hinein keine seniorensportlichen Beiträge, Materialien oder Rahmenkonzeptionen beinhalten, werden Ende der 1990er Jahre konkrete und perspektivische Empfehlungen und Initiativen des DSB zum Thema „Seniorensport" erkennbar (vgl. Luh, 2006, S. 44). Als wichtige Meilensteine sind die bereits angesprochene Sportpolitische Konzeption des Deutschen Sportbundes zum Seniorensport von 1997 (vgl. DOSB, 1997a) und der Rahmenplan zur Förderung des Seniorensports von 1998 (vgl. DOSB, 1998a, 1998b, S. 36) hervorzuheben (vgl. dazu auch Nitsche-Ziegler, 2003).

Mit der Sportpolitischen Konzeption verpflichten sich alle Mitgliedsorganisationen, „sich an der Erstellung und Umsetzung eines gemeinsamen Seniorensportplanes zu beteiligen, um die in der ‚Sportpolitischen Konzeption' formulierten Ziele und Aufgaben praktisch wirksam" (DSB 1997a, S. 1) und den Seniorensport zum „dauerhaften Bestandteil in den Organisationseinheiten" (DSB, 1997a, S, 4) werden zu lassen. Bestandteile der Konzeption, die als ein Orientierungsrahmen für die Initiativen der Mitgliedsorganisationen im Seniorensport verstanden wird, sind u.a. eine gesellschaftliche Begründung für eine solche Konzeption, eine Bestandsaufnahme der Ist-Situation zur Sportvereinsmitgliedschaft älterer Menschen, Vorschläge zur Entwicklung übergeordneter Fördermaßnahmen sowie Schnittmengen mit anderen Organisationen in der Seniorenarbeit auf Bundes-, Länder- und kommunaler Ebene.

Der nur ein Jahr später vorgelegte Rahmenplan zur Förderung des Seniorensports thematisiert darüber hinaus unterschiedliche Zielgruppen von Älteren und versucht eine Grundlage für künftige Handlungskonzepte u.a. auf Bundes- und Landesebene zu entwickeln (vgl. DSB, 1998a). Hierzu gehört u.a. eine Festlegung von Arbeitsstrukturen, Angeboten und Inhalten, eine Erweiterung der DSB-Rahmenrichtlinien (RRL) um einen eigenständigen Ausbildungsgang „Übungsleiter/-in Seniorensport", die Bereitstellung finanzieller Mittel, die Beteiligung am Internationalen Jahr der Senioren, die Organisation und Umsetzung von Veranstaltungen und Tagungen, Öffentlichkeitsarbeit und Marketing sowie die Hinwendung zu sportpolitischen Aufgaben im Seniorensport durch Vernetzung mit anderen Akteuren aus dem Bereich „Senioren".

Mit diesen beiden Dokumenten schafft der DSB einen Orientierungsrahmen für den „Seniorensport" in Deutschland, der bis heute – zumindest formell – Gültigkeit besitzt, wenngleich in den Experteninterviews darauf hingewiesen wird, dass eine Aktualisierung bzw. Überarbeitung sinnvoll und zeitgemäß sei.

Ergebnis 4: Entwicklung von sport- und bewegungsbezogenen Angebotsstrukturen für Ältere im Sportverein

Vor diesem konzeptionellen Orientierungsrahmen ist ab 2000 eine Weiterentwicklung und Verstetigung des Themenfeldes „Seniorensport" zu beobachten. Während anfänglich noch von „Seniorensport" und „Sport für Ältere" gesprochen wird, geht die Entwicklung hin zu einem „Sport der Älteren", der auf einer zielgruppenspezifischen Betrachtungsweise basiert, die wiederum zur Erhöhung von Sportpartizipationsraten älterer Menschen beitragen soll (vgl. dazu Anschnitt 6.5).

Gleichwohl wird auch in den Folgejahren „Unzufriedenheit innerhalb der Sportorganisationen" thematisiert (DSB, 2006e, S.1), die darauf basiere, dass sich ältere Menschen von den unterbreiteten Angeboten der Sportvereine nicht angesprochen fühlten. Das Positionspapier „Herausforderungen für den Seniorensport", das im Februar 2006 vom Bundesvorstand Breitensport beschlossen wird, zielt vor diesem Hintergrund u.a. auf eine Neubestimmung des Handlungsfeldes „Seniorensport" ab und versucht eine neue Differenzierung der Zielgruppe der Älteren zu profilieren (vgl. DSB, 2006e).

Die Arbeit bleibt allerdings nicht bei einer konzeptionellen Neudefinition der Zielgruppe der Älteren stehen. Mit dem bereits erwähnten Werkheft „Richtig fit ab 50" (DOSB, 2006d) gibt der DOSB seinen Mitgliedsorganisationen einen Leitfaden zur Angebotsgestaltung für die Zielgruppe der so genannten „jungen Alten" an die Hand;[14] und mit dem Werkheft für Vereine „Bewegungsangebote 70plus" aus dem Jahr 2007 rücken erstmals die Älteren ab 70 Jahre, Hochaltrige und ältere Menschen mit Beeinträchtigungen in den Fokus der DOSB-Aktivitäten und vereinspraktischer Angebotsgestaltung (vgl. DOSB, 2007b; 2007c). Im Jahr 2007 veröffentlicht der DOSB darüber hinaus den Materialband „Herausforderungen für die Sportentwicklung. Materialien – Analysen – Positionen", der das Ergebnis der DOSB-Projektgruppe „Demographischer Wandel" (2005-2007) ist und in dem die Auswirkungen des demografischen Wandels auf den Sport erörtert werden (vgl. DOSB, 2007b; 2007c).

In der Broschüre „Richtig fit ab 50" (DOSB, 2006d, S. 22) und der entsprechenden Internetseite wie auch in der Broschüre „Bewegungsangebote 70plus" (DOSB, 2007d, S. 9, 11) wird dem Gesundheitsaspekt von Sport- und Bewegungsaktivitäten im Alter in besonderer Weise Rechnung getragen. Zum einen wird Gesundheit als wesentliches Zugangsmotiv für Ältere zu Sport- und Bewegungsangeboten der Vereine beschrieben; zum anderen wird auf präventiven und rehabilitativen Charakter dieser Angebote verwiesen. Angesprochen wird damit die Vorstellung, dass regelmäßige Sport- und Bewegungsaktivitäten einen Beitrag zum „aktiven" und „erfolgreichen Alter(n)" leisten und damit ältere Menschen in die Lage versetzt werden könnten, sich aktiv im Gemeinwesen zu beteiligen.

6.4.3 Fazit und Perspektiven

Ähnlich wie in den laufenden gesellschaftspolitischen Diskussionen scheinen sich die Positionen und Verlautbarungen des DSB und DOSB im Hinblick auf Ältere im vereins- und verbandsorganisierten Sport zwischen einem „Problem-" und einem „Potenzialdiskurs" zu

---

[14] Das Werkheft ist das Ergebnis eines dreijährigen Modellprojekts (2003-2006) des DSB, das mit Unterstützung des BMFSFJ u.a. mit dem Ziel durchgeführt wurde, Wege zu erproben, wie bei Männern und Frauen im Alter ab 50 Jahre Zugangsbarrieren zu Bewegungsaktivitäten abgebaut werden und ältere Menschen zur Aufnahme eines gesundheitsbewussten und aktiven Lebensstils ermutigt werden könnten. Das Werkheft bietet Hintergrundinformationen zur Zielgruppe der Älteren, zum neuen Altersbild in Deutschland, zu gesundheitlichen Auswirkungen des Sports ab 50 und den Erwartungen der Älteren an die Vereine (vgl. dazu auch Blessing-Kapelke, 2008, S. 1). Darüber hinaus wurde im Rahmen des Projekts die Internetseite www.richtigfit-ab50.de inhaltlich weiterentwickelt. Diese soll auch zukünftig ältere Menschen und Interessierte über die Themenfelder Fitness, Sport und Gesundheit informieren. Diese Seite wird bis heute regelmäßig aktualisiert und bietet Empfehlungen für Sportinteressierte einerseits und Sportvereine andererseits.

bewegen, wobei sich im Zeitverlauf eine sukzessive Verschiebung zugunsten des zuletzt genannten Diskurses abzeichnet:

Einerseits verfolgte der vereins- und verbandsorganisierte Sport seit der „Entdeckung" eines „Seniorensports" eine „Angebotsperspektive" zugunsten einer in den Sportvereinen deutlich unterrepräsentierten „Randgruppe". Für diese Gruppe sollten die Verbände und Vereine Strukturen schaffen, um auch Älteren die Teilnahme an Sportaktivitäten zu ermöglichen und insbesondere auch Zugangsmöglichkeiten zu Sportvereinsmitgliedschaften zu eröffnen.

Andererseits wird diese lange Zeit dominante „Angebotsperspektive" seit der Sportpolitischen Konzeption zum Seniorensport aus dem Jahr 1997 von einer Sichtweise über einen „Sport der Älteren" überlagert, die zunehmend auch die Potenziale älterer Menschen nicht zuletzt zur Weiterentwicklung des vereins- und verbandsorganisierten Sports betont (vgl. z.B. DSB 2003b; DOSB, 2010d). An Stellenwert scheinen dabei rehabilitative und präventive Sport- und Bewegungsangebote zu gewinnen, die als ein Beitrag zum „erfolgreichen Alter(n)" älterer Menschen betrachtet werden können.

In diesem Zusammenhang scheint das unlängst veröffentlichte Arbeitsprogramm des DOSB für die kommenden Jahre 2011 bis 2014 eine eindeutige Richtung vorzugeben. Es knüpft explizit an die gesellschaftliche „Potenzial- und Ressourcendebatten" über ältere Menschen an und grenzt sich deutlich von früheren Sichtweisen auf Ältere im vereins- und verbandsorganisierten Sport ab, wenn es heißt: „Speziell im Sport sind die Älteren unserer Gesellschaft keine Problem-, sondern im Gegenteil eine *Perspektivgruppe*" (DOSB, 2011a, S. 10).

6.5 Heterogenität der Älteren

6.5.1 Ausgangspunkte

Auf verschiedene Lebenslagen im Alter sowie auf unterschiedliche inter- und intraindividuelle Alternsprozesse wird in fachwissenschaftlichen Debatten seit Jahrzehnten hingewiesen (vgl. z.B. Amrhein, 2008; Baltes & Baltes, 1992; Gerok & Brandstädter, 1992). In öffentlichen Diskussionen entwickelte sich ein breiteres Verständnis über die Heterogenität „der" Gruppe der Älteren allerdings erst in den 1990er Jahren, in denen auch der Strukturwandel des Alters immer wieder thematisiert wurde. Exemplarisch dafür stehen Debatten über die „best Ager" mit hohem Bildungsniveau und guter materieller Absicherung auf der einen Seite und „der verarmten Witwe", deren materielle und immaterielle Teilhabechancen an der Gesellschaft massiv eingeschränkt sind, auf der anderen Seite. Mittlerweile hat sich in den öffentlichen Diskussionen ein weiter reichendes Verständnis von Älteren als einer ausgesprochen heterogenen Bevölkerungsgruppe etabliert, auch wenn die Sachverständigenkommission des Sechsten Altenberichts (2010, S. 516) darauf hinweist, dass „‚Alter' in unserer Gesellschaft noch zu sehr mit der Vorstellung eines einheitlichen, fest umrissenen Lebensabschnitts assoziiert" werde.

Diese Diskussionen und empirischen Beobachtungen zur Heterogenität der Älteren sind in den letzten Jahren zunehmend auch in den Diskussionen über bürgerschaftliches Engagement diskutiert und in engagementpolitische Debatten einbezogen worden (vgl. z.B. Enquete-Kommission, 2002; BMFSFJ, 2005; Olk 2010). So wird etwa in der „Nationalen Engagementstrategie" der Bundesregierung in Bezug auf das bürgerschaftliche Engagement älterer Menschen auf die „vielfältigen Möglichkeiten" verwiesen, „sich mit ihrer Lebenserfahrung, ihren Kompetenzen" einzubringen (Bundesregierung, 2010, S. 44). Neben Fragen zielgruppenspezifischer Bedarfe und Angebote rücken dabei zwei Diskussionslinien zunehmend in den Vordergrund: Einerseits werden die z.T. sehr unterschiedlichen Engagementquoten älterer Bevölkerungsgruppen thematisiert; andererseits rückt damit auch die Frage nach sozialen Ungleichheiten im Alter mit Blick auf das Bürgerengagement zunehmend ins fachpolitische und fachwissenschaftliche Interesse (vgl. dazu auch die ausgewählten empirischen Befunde in Abschnitt 6.2).

6.5.2 Zielgruppenorientierung: Heterogenität der Älteren in den Dokumenten des DSB/DOSB

Damit stellt sich die Frage, wie der DSB bzw. DOSB die Heterogenität älterer Menschen im Hinblick auf den vereins- und verbandsorganisierten Sport thematisiert.

Der DSB bzw. DOSB hat insbesondere seit der Sportpolitischen Konzeption zum Seniorensport von 1997 Konzepte und Begriffe für unterschiedliche Gruppen von Älteren entwickelt. Heterogenität innerhalb der hochdifferenzierten Gruppe der Älteren wird dabei primär als eine Frage von „Zielgruppen" thematisiert. Insofern besteht das Ziel der – mit Praxisempfehlungen unterlegten – Zielgruppenkonzeptionen in der Gewinnung bislang unterrepräsentierter Gruppen für eine aktive Sportteilnahme und die Rekrutierung „neuer" Mitgliedergruppen für die Sportvereine. Diese Zielgruppen orientieren sich maßgeblich an individuell unterschiedlichen Lebensaltern, Sportbedürfnissen und -motiven vor dem Hintergrund differenter Sportbiografien, so dass eine zentrale Herausforderung in der Schaffung biografisch „passender" Sportangebote gesehen wird. Demgegenüber werden relevante sozialstrukturelle Differenzierungen, die sich etwa in verschiedenen sozialen Milieuzugehörigkeiten manifestieren und die etwa im Kinder- und Jugendsport seit langem eine wichtige Rolle spielen, in den zielgruppenorientierten Heterogenitätskonzepten bislang eher am Rande thematisiert.

Ergebnis 1:   Anerkennung von Heterogenität und Betonung der Zielgruppenspezifität im Alter

Seit 1997 lassen sich im Großen und Ganzen mindestens drei Etappen ausmachen, in denen sich der DSB bzw. DOSB auf der Basis zielgruppenspezifischer Differenzierungen mit der Heterogenität im Alter auseinandersetzt:

(1) In der Sportpolitischen Konzeption des DSB zum Seniorensport von 1997 wird erstmals eine differenziertere Perspektive auf unterschiedliche Zielgruppen im Alter verfolgt. Dabei wird speziell die – als „äußerst heterogen" beschriebene – 50plus Generation auf der Basis unterschiedlicher Kategorien von „Sportinteressierten" (lebenslang sportlich Aktive, Wiedereinsteiger, Neueinsteiger) ausdifferenziert. Ziel sei es, „erhebliche Defizite in der Angebotsstruktur" zu bearbeiten und die Angebote der Sportorganisationen „mittel- und langfristig der Bedürfnisstruktur der heterogenen Zielgruppe der Älteren ... anzupassen" (DSB, 1997a, S.4).

(2) Mit dem Rahmenplan zur Förderung des Seniorensports im DSB von 1998 wird der Blick auf unterschiedliche Zielgruppen von Älteren differenzierter. Der Rahmenplan stellt nicht mehr nur die individuelle und heterogene Sportbiografie in den Vordergrund, sondern unterscheidet auch nach unterschiedlichen Altersgruppen und Motiven zum Sporttreiben (DSB, 1998a, S.4). Ziel ist „die Schaffung eines möglichst differenzierten Übungsangebotes für die unterschiedlichen Bewegungsbedürfnisse und Leistungsvoraussetzungen älterer Menschen" (DSB 1998a, S.4).

(3) 2006 wird dann im Positionspapier zur Neubewertung des Handlungsfeldes „Seniorensport" hervorgehoben, dass „die ausschließliche Erfassung des biologischen Alters als Kriterium [.] den Erwartungen und Erfordernissen der Gruppe der Älteren nicht gerecht" werde (DOSB, 2006e, S. 1). Insofern wird die strikte Einteilung der Altersgruppen zugunsten so genannter „Personenkreise" mit ähnlichen Lebenssituationen und fließenden Alterseinteilungen aufgehoben.

Unterschieden wird zwischen der „Sandwich-Generation" (mittleres Erwachsenenalter, ca. 40-/45-Jährige bis 65-/70-Jährige) und der „Generation der gewonnenen Jahre" (Ältere, ca. 65-/70-Jährige bis 80-/85-Jährige). Darüber hinaus werden die „Hochaltrigen" (ab ca.80 Jahre) thematisiert, die aufgrund von Mobilitätseinschränkungen allerdings weniger als Zielgruppe des vereinsorganisierten Sports betrachtet werden. Vielmehr sei ein gesundheitsorientiertes Angebot für diese Gruppe eine gesellschaftspolitische Herausforderung, an der sich der vereins- und verbandsorganisierte Sport beteiligen müsse (DOSB, 2006e, S. 3).

Die ersten beiden „Personenkreise" werden neben der Sportbiografie nach Motiven, Erfahrungshintergrund, Erwartungen und Vereinsaffinität unterschieden, so dass die Differenzierung entlang von so genannten „Zielgruppen" weitgehend analog zum „Rahmenplan zur Förderung des Seniorensports" mit etwas anderen Akzenten fortgeführt wird (vgl. DSB, 2006e, S. 3). Zudem wird eine Weiterentwicklung des Themenfeldes 50plus empfohlen, indem die Strukturierung von Angeboten – entgegen der Differenzierung nach Altersgruppen – vor allem nach Motiven, Sinnzuweisungen und nach „Ungeübten" und „Geübten" erfolgen sollte (vgl. DOSB, 2006e, S. 4).

Insgesamt hat der DOSB bzw. DSB mit den verschiedenen Konzeptualisierungen von differenten Gruppen im Alter ein relativ breites Begriffsinventar entwickelt, das versucht, der Heterogenität im Alter speziell mit Blick auf die Sportpartizipation gerecht zu werden.

Ergebnis 2: Abbau von Zugangsbarrieren durch zielgruppenspezifische Angebotsstrukturen

Flankiert wurden diese Konzeptualisierungsbemühungen durch praxisorientierte Modellprojekte (z.B. das dreijährige Modellprojekt „Richtig fit ab 50"), Materialbände (z.B. „Herausforderungen für die Sportentwicklung. Materialien – Analysen – Positionen") und Werkhefte („Richtig fit ab 50", „Bewegungsangebote 70plus"), die insbesondere dazu beitragen sollten, Möglichkeiten für zielgruppenadäquate Zugänge zu einer Sportbeteiligung und speziell zu den Sportvereinen zugunsten unterrepräsentierter Gruppen älterer Menschen zu erschließen (vgl. dazu bereits Abschnitt 6.3 sowie z.B. DOSB, 2006d, 2007c; 2007d; 2007e).

So heißt es beispielsweise: „Vereine erfüllen manchmal nicht das Wunschprogramm älterer Sportler, denen die gängigen Angebote schon mal zu einseitig, über- oder unterfordernd sind. Gerne nehmen Ältere deshalb auch spezielle Angebote kommerzieller Fitness-Studios oder anderer Organisationen (VHS/ Senioreneinrichtungen) an. Obwohl die Mitgliederzahlen der Älteren im Deutschen Olympischen Sportbund stetig steigen ..., ist die Zahl der in Vereinen Sport treibenden Älteren immer noch gering im Verhältnis zur Bevölkerungszahl" (DOSB, 2006d, S. 12), so dass Ältere für die Sportvereine „eine wichtige Gruppe in Bezug auf die künftige Mitgliedsstruktur" seien (DOSB, 2006d, S. 13).

Um diese heterogene Zielgruppe zu gewinnen, werden 12 Aspekte hervorgehoben, die dazu beitragen sollen, Angebote in den Sportvereinen anzupassen. Dazu zählen insbesondere individuelle Motive, Erwartungen und Bedürfnisse von Älteren, aber auch die richtige Ansprache, eine kompetente Betreuung, zeitliche Flexibilität sowie vielfältige und abwechslungsreiche Inhalte (DSB, 2006d, S. 3). „Eine differenzierte Angebotsstruktur muss sich somit an den Bedürfnissen der Menschen orientieren" (DOSB, 2006d, S. 7), um individuelle Zugangsbarrieren für Ältere Menschen zum Vereinssport abzubauen: „Bestehende Barrieren zum Sporttreiben sollen abgebaut und soziale Kontakte und Spaß im Rahmen des gemeinsamen Bewegens in den Vordergrund gestellt werden", erläutert in diesem Kontext der DOSB-Präsident (Bach, 2006d, S. 2).

6.5.3 Fazit und Perspektiven

Spätestens seit Ende der 1990er Jahre hat der DSB ein differenzierteres Verständnis von heterogenen „Zielgruppen" für Ältere entwickelt und sukzessive weiter ausdifferenziert mit dem Ziel, deren Sportpartizipationsraten und Mitgliedschaftsquoten in den Sportvereinen zu erhöhen. In diesem Kontext wird auch der Begriff der „Senioren" in Frage gestellt und ein verändertes Begriffsinventar aufgenommen, um die Heterogenität anhand eingängiger Begriffe kenntlicher zu machen (z.B. 50plus, Sandwich-Generation, Hochaltrige). Damit dürfte der DOSB den Weg konstruktiv begleitet haben, dass in den Sportvereinen differenziertere Sportangebote für unterschiedliche Zielgruppen höheren Lebensalters entwickelt und implementiert wurden und der Anteil der Älteren in den letzten Jahren in den Sportvereinen deutlich zugenommen hat.

Zahlreiche Differenzierungsmerkmale wie z.B. die unterschiedlichen Sportbiografien, Sport- und Bewegungsbedürfnisse oder -motive der individuellen Akteure werden in den Konzeptionen bereits systematisch aufgenommen und tragen zu einem relativ differenzierten Bild eines „Sports der Älteren" bei. Es könnte aber sinnvoll sein, diese Sichtweise um eine sozialstrukturelle Perspektive zu erweitern. Denn anders als im Kinder- und Jugendbereich, in dem seit langem über (sozial-)strukturell bedingte Zugangsbarrieren zu Sportpartizipation und Mitgliedschaften diskutiert und gearbeitet wird, werden soziale Milieuzugehörigkeiten und insofern vertikale Sozialstrukturmerkmale wie Bildung oder Einkommen und horizontale Sozialstrukturmerkmale wie Migrationshintergrund oder Wohnlage zwischen unterschiedlichen Gruppen in höheren Lebensaltern bislang eher am Rande thematisiert. So wird zwar darauf hingewiesen, dass die „prinzipielle Offenheit" der Sportvereine noch nicht ausreiche, um alle Bevölkerungsgruppen gleichermaßen einzubinden, und dass insofern auch „aus dem Motiv der sozialen Verantwortung für alle Alters-, Geschlechts- und Sozialgruppen" (DSB, 1992, S. 294) entsprechende Angebote geschaffen werden sollten. Jenseits dieser eher allgemeinen – und letztlich auch bereits in der „Sport für alle"-Politik verankerten – Formulierungen werden strukturell bedingte soziale Ungleichheiten im Alter aber nicht vertiefend thematisiert.

Da sich soziale Ungleichheitsdimensionen im Alter offenkundig nicht grundlegend verändern, sondern sich ggf. sogar noch verstärken können (vgl. z.B. Amrhein, 2008; Kohli & Künemund, 2005; Voges & Borchert, 2008), erscheint es sinnvoll, die Zielgruppenkonzeptionen weiterzuentwickeln und strukturelle Dimensionen sozialer Milieudifferenzierungen zu berücksichtigen. Die im Kinder- und Jugendbereich geführten Diskussionen über zielgruppenspezifische Zugangsmöglichkeiten zum Sportverein könnten dabei ggf. gewinnbringend genutzt und in modifizierter Form angewendet werden. Dazu gehören neben alternativen Mitgliedschaftsmodellen auch besonders „niederschwellige" Angebotsformen im „Vorhof" des Sportvereins.

6.6 Gewinnung von Älteren als Ehrenamtliche im Sportverein

Parallel zur Schaffung von Sport- und Bewegungsarrangements für Ältere und deren Gewinnung für eine Mitgliedschaft im Sportverein wird in den Dokumenten des DSB bzw. DOSB auch explizit das Thema „ehrenamtliches Engagement von Älteren im Sportverein" aufgegriffen (vgl. z.B. DSB 1997a; 2000a; 2000b; 2002).

6.6.1 Ehrenamtliches Engagement von Älteren in den Dokumenten des DSB/DOSB

Die Auswertungen der Dokumente des DSB und DOSB lassen sich in folgender These zusammenführen:

> Das ehrenamtliche Engagement von Älteren im Sportverein thematisiert der DSB in besonders auffälliger Weise im Zuge des „Internationalen Jahres der Senioren 1999" mit einem besonderen Fokus auf die Gewinnung von Engagierten in höheren Lebensaltern. Die dazu vorliegenden Materialien orientieren sich an den seinerzeit einsetzenden Diskussionen über das bürgerschaftliche Engagement in Deutschland, beinhalten zahlreiche konkrete Vorschläge für ein sportvereinsbezogenes „Freiwilligenmanagement" für Ältere und betonen explizit die „Potenziale" und „Ressourcen" Älterer für eine Mitarbeit im Sportverein. Die teilweise differenzierten Ansätze sind in der Folgezeit nur begrenzt weiterentwickelt worden, so dass sie dem DOSB – neben neueren Konzeptionen – gewinnbringende Anknüpfungspunkte für das aktuelle Arbeitsprogramm 2011-2014 bieten können, in dem „Modelle der Engagementförderung" für Ältere explizit als Zielstellung hervorgehoben werden.

Ergebnis 1:   Ältere als „ehrenamtliche Ressource" für die Vereinsarbeit

Mit dem sukzessiven Bedeutungszuwachs des „Seniorensports" in den frühen 1990er Jahren (vgl. Abschnitt 5.3) wird auf dem DSB-Bundestag 1992 auch darauf hingewiesen, dass die Bedingungen für eine ehrenamtliche Mitarbeit durch eine verstärkte Ansprache bisher unterrepräsentierter Zielgruppen (z.B. der Frauen oder Senioren) zu verbessern seien (DSB, 1992, S. 293).

Allerdings wird erst in der Sportpolitischen Konzeption zum Seniorensport von 1997 explizit darauf aufmerksam gemacht, dass man speziell auch bei seniorensportlichen Angeboten „besonders auf die Kompetenz und Bereitschaft zur Mitarbeit der Älteren zurückzugreifen" sollte (DSB, 1997a, S. 4). Dabei wird nicht nur auf die „Arbeitskraft" Älterer abgehoben, sondern auch auf die persönliche „Sinnhaftigkeit" eines freiwilligen und ehrenamtlichen Engagements; denn „Sportvereine bieten die Möglichkeit eines breiten ehrenamtlichen Betätigungsfeldes zur sinnvollen Lebensgestaltung im Alter" (DSB, 1997a, S. 5).

Ergebnis 2:   Dynamisierungsprozesse im „Internationalen Jahr der Senioren 1999"

Diese eher noch vorsichtigen Hinweise auf ein ehrenamtliches Engagement von Senioren im Sportverein gewinnen im Zuge des „Internationalen Jahres der Senioren 1999" erheblich an Dynamik. In diesem Kontext startet der DSB gemeinsam mit dem BMFSFJ die Initiative „Ehrensache – wir sind dabei!" mit dem Ziel der umfangreicheren Einbindung von Senioren in die Strukturen des Sports. Dabei werden explizit „Erfahrung und Wissen der älteren Generation" als eine „kostbare ‚Ressource' für die Sportvereine" hervorgehoben, die umso wichtiger werde, „je mehr die Anforderungen an das Ehrenamt steigen und die Aufgaben wachsen" (Hansen 2000, S. 4; vgl. auch DSB, 2000b).

Diese Initiative wird in die von 1999 bis 2001 realisierte Ehrenamtskampagne „Danke den Ehrenamtlichen im Sport" des DSB integriert (vgl. DOSB, 2002; Nitsche-Ziegler, 2003, S.247 ff.). Im Rahmen dieser Kampagne entstehen zahlreiche Materialien für Mitgliedsorganisationen, wie z.B. ein „Leitfaden zur Gewinnung von Seniorinnen und Senioren für die ehrenamtliche Tätigkeit im Sportverein" (DSB, 2000b) oder eine Broschüre „Ehrensache – wir sind dabei! Eine Dokumentation über das Sport-Ehrenamt im Alter" (DSB, 2002) mit Praxisbeispielen für Vereine sowie Flyer und Danke-Plakate für Vereine.

Zwar sind die Materialen weder in einen übergeordneten konzeptionellen Rahmen oder in eine mittel- oder gar langfristig angelegte Strategie der „Engagementförderung" von Älteren im vereins- und verbandsorganisierten Sport eingebettet. Gleichwohl erscheinen sie vor dem Hintergrund der einsetzenden Debatten über das bürgerschaftliche Engagement in Deutschland und den seinerzeit schon intensiver diskutierten „Strukturwandel des Ehrenamts" innovativ. Zugleich deuten sie auch Richtungen für ein „modernes Freiwilligenmanagement" im Sportverein mit dem besonderen Blick auf Ältere an. Beispielsweise werden neben Verfahren der Gewinnung und Anerkennung ehrenamtlichen Engagements von älteren Vereinsmitgliedern und auch Nicht-Mitgliedern Voraussetzungen und Rahmenbedingungen für die ehrenamtliche Mitarbeit im Sportverein aufgearbeitet und aufbereitet, so dass ein Portfolio relevanter Dimensionen zur Begründung einer „seniorenspezifischen Ehrenamtsstrategie" im vereins- und verbandsorganisierten Sport entsteht (vgl. DSB, 2000b, 2002).

In diesem Kontext wird auch explizit an die skizzierten „Potenzial-" und „Ressourcendebatten" Älterer angeknüpft und auf die ehrenamtliche Mitarbeit von Älteren im Sportverein bezogen. So heißt es etwa: „Die Senioren als ältere passive Menschen – das stimmt schon lange nicht mehr. Ganz im Gegenteil: Seniorinnen und Senioren sind Personen im Alter ab 50 Jahren, teils noch in den letzten 10 bis 15 Jahren ihres Berufslebens aktiv, teils in der so genannten Nacherwerbsphase, die noch ‚mitten im Leben' stehen. ... Seniorinnen und Senioren sind besonders interessante ‚Kandidaten', wenn es um die Gewinnung von neuen Ehrenamtlichen im Sportverein geht. Denn sie bieten beste Voraussetzungen in der freiwilligen Mitarbeit, wertvolle Lebenserfahrungen, gute finanzielle Lebensbedingungen und berufliche Kenntnisse einzubringen" (DSB, 2000b, S. 5).

Allerdings werden diese grundlegenden Überlegungen zu Bedeutung, Rolle und Perspektiven des ehrenamtlichen Engagements von Älteren im Sportverein nach Beendigung der Kampagne bestenfalls ansatzweise weiterverfolgt. Darauf verweisen nicht nur unsere Experteninterviews, sondern auch die eher bescheidene Materiallage in den folgenden Jahren.

Ergebnis 3: Wiederbelebung des Themas

In den letzten Jahren scheint das Thema freiwilliges und ehrenamtliches Engagement Älterer im vereins- und verbandsorganisierten Sport wieder umfangreicher thematisiert zu werden. Hinweise darauf geben Veröffentlichungen des DOSB (vgl. z.B. Blessing-Kapelke & Klages, 2009), interne Arbeitspapiere (vgl. Blessing-Kapelke, 2009), die bereits angesprochene DOSB-Arbeitstagung für die Mitgliedsorganisationen aus dem Jahr 2010 unter dem Generalthema: „Neue Engagementpolitik – auch für den Sport?!" (vgl. DOSB, 2010e) oder die Erprobung von Modellprojekten in ausgewählten Mitgliedsorganisationen des DOSB (z.B. Seniorenberater, LSB Rheinland Pfalz; Modellprojekt „Ältere für Ältere", DTB, LSB Niedersachsen) (vgl. hierzu auch Blessing-Kapelke, 2009).

Darüber hinaus greift das DOSB-Arbeitsprogramm für die kommenden Jahre (2011-2014) dieses Thema explizit auf und verbindet es mit konkreten Umsetzungsplanungen in Form von „Modellen der Engagementförderung", die allerdings noch nicht weiter spezifiziert werden. In diesem Sinne heißt es in dem Arbeitsprogramm: „Ältere sind aktiv und freiwillig engagiert; sie verfügen über vielfältige Erfahrungen, die sie an die Jüngeren weitergeben können. Darum wollen wir sie in größerer Zahl für ein Engagement im Sport gewinnen, indem wir neue Modelle der Engagementförderung entwickeln" (DOSB, 2011a, S. 10).

6.6.2 Fazit und Perspektiven

Die jüngsten Entwicklungstendenzen im DOSB scheinen Hinweise darauf zu geben, dass sich der DOSB verstärkt um eine bislang noch ausstehende Strategie zur Förderung des bürgerschaftlichen Engagements älterer Menschen im und durch den vereins- und verbandsorganisierten Sport bemüht. Substanzielle Grundlagen dafür sind bereits Ende der 1990er Jahre gelegt worden, in denen sich der DSB intensiver mit der Gewinnung und den Bedarfen und Rahmenbedingungen eines ehrenamtlichen Engagements älterer Menschen im vereins- und verbandsorganisierten Sport beschäftigte. Diese „Vorarbeiten" könnten durchaus gewinnbringend genutzt werden, um eine „sportbezogene Engagementpolitik" mit spezifischen Perspektiven auf die Förderung, aber auch die individuellen und strukturellen Grenzen eines freiwilligen und ehrenamtlichen Engagements von Älteren in Sportvereinen und -verbänden zu entwickeln.

Beispielsweise hat der DOSB in den letzten Jahren ein differenziertes Verständnis von „Zielgruppen" älterer Menschen im Hinblick auf die Sportpartizipation und Sportangebote entwickelt (vgl. Abschnitt 6.4). Diese Arbeit könnte er als Ausgangspunkt nehmen, um ein entsprechendes Verständnis von Zielgruppen und von zielgruppenorientierten Angeboten im Bereich des ehrenamtlichen und freiwilligen Engagements im Sportverein und auch -verband zu erarbeiten. Denn auch in diesem Kontext dürften z.B. über- und unterfordernde Tätigkeiten und Aufgaben für unterschiedliche Zielgruppen dazu beitragen, dass ein Engagement aufgenommen oder eher vermieden wird. So dürfte das so genannte „Engagementpotenzial" älterer Menschen, die grundsätzlich bereit sind, sich freiwillig im Sport(verein) zu engagieren (vgl. Abschnitt 6.2), nur dann zu mobilisieren sein, wenn man unterschiedlichen Gruppen ein differenziertes Angebot mit biografisch „passenden" Aufgaben im Verein oder Verband unterbreitet. Andererseits müssten Konzepte für „soziale Räume" entwickelt werden, in denen Ältere ihre Mitwirkungs- und Gestaltungswünsche spürbar „erfahren" können. Darüber hinaus wären Fragen eines freiwilligen und ehrenamtlichen Engagements im Alter ohne eine vereinsgebundene Sportbeteiligung, die z.B. aus gesundheitlichen Gründen nicht möglich ist, differenzierter zu erörtern.

In diesem Kontext wäre auch zu prüfen, wie der DOSB ein besonderes „Alleinstellungsmerkmal" im Hinblick auf die generelle Ermöglichung eines bürgerschaftlichen Engagements älterer Menschen in der Gesellschaft wesentlich umfangreicher thematisieren könnte. Denn der DOSB dürfte über seine zielgruppenspezifisch angelegten, gesundheitsorientierten Sport- und Bewegungsangebote in den Sportvereinen elementare Voraussetzungen für eine „ressourcenorientierte Gesundheitsprävention" im Alter und auf diese Weise mutmaßlich auch gesundheitliche Voraussetzungen für ein bürgerschaftliches Engagement älterer Menschen schaffen. Auch wenn der DOSB Gesundheit als wesentliches Zugangsmotiv zu Sport- und Bewegungsangeboten älterer Menschen seit langem hervorhebt, wird Gesundheit als wesentliche Voraussetzung für ein bürgerschaftliches Engagement bisher noch nicht thematisiert.

6.7 Netzwerke und Kooperationen

6.7.1 Ausgangspunkte

Die Frage der Förderung des bürgerschaftlichen Engagements im Kontext eines „Sports der Älteren" konzentriert sich nicht nur auf die individuellen Akteure, sondern weitet sich zusehends aus auf Netzwerke und Kooperationen zwischen Sportvereinen und -verbänden einerseits und unterschiedlichen Akteuren aus Staat, Zivilgesellschaft und Markt andererseits. Dabei kann durchaus an relativ prominente Debatten über bürgerschaftliches Engagement in Deutschland angeknüpft werden. So betont z.B. die Enquete-Kommission (2002), dass sich speziell der vereins- und verbandsorganisierte Sport für Fragen der Partizipation und Vernetzung mit anderen bürgerschaftlich organisierten Handlungsfeldern öffnen solle; denn „Netzwerkbildung und die stärkere Integration von Sportvereinen in das lokale Umfeld können dazu beitragen, Kräfte synergetisch zu nutzen, bürgerschaftliches Engagement zu verstärken und soziales Kapital zu bilden" (Enquete-Kommission, 2002, S. 166).

Zwar bleiben diese Empfehlungen und Formulierungen eher vage und unspezifisch; gleichwohl gilt Netzwerkarbeit als eine wichtige Voraussetzung, kooperative Zusammenarbeit zwischen unterschiedlichen Akteuren wie z.B. Verbänden, Vereinen, Unternehmen und staatlichen Akteuren zu fördern, um auf diese Weise Kräfte, Fähigkeiten und Ressourcen der Netzwerkpartner zu bündeln. Insofern sei „eine Öffnung der Organisationen nach außen" und „eine verstärkte Kooperation und Vernetzung mit anderen Akteuren im Gemeinwesen und die Verbesserung der Zugangswege zu einem Engagement" erforderlich (Enquete-Kommission, 2002, S. 19), insbesondere auch zugunsten bislang unterrepräsentierter Gruppen wie z.B. von älteren Menschen. Darüber hinaus sei „eine innerorganisatorische

Öffnung" bedeutsam, um Möglichkeiten der Partizipation zu schaffen oder zu verbessern (Enquete-Kommission, 2002, S. 19).

*6.7.2 Innerverbandliche und außerverbandliche Zusammenarbeit im „Sport der Älteren":
Was lassen die Dokumente des DSB/DOSB
erkennen?*

Netzwerke oder Kooperationen scheinen im „Sport der Älteren" bislang eher weniger ausgeprägt zu sein (vgl. Breuer & Wicker, 2010), wie auch die für dieses Thema zuständige stellvertretende Ressortleiterin im DOSB konstatiert: „Die Vereine waren sich sehr lange selbst genug. Wenn sie vor Ort aber nicht an Bedeutung verlieren wollen, ist eine intensive Zusammenarbeit mit allen gesellschaftlichen Kräften in der Kommune sinnvoll und notwendig" (DOSB, 2010b, S. 10). Vor diesem Hintergrund lässt sich auf der Basis der vorliegenden Dokumente und Materialien folgende These formulieren:

> Der DOSB greift das Thema „Netzwerke und Kooperationen" im Hinblick auf einen „Sport der Älteren" seit den 1990er Jahren und insbesondere seit der Sportpolitischen Konzeption zum Seniorensport auf. Seit Mitte der 2000er Jahre versucht er zunehmend, Netzwerke und Kooperationen inner- wie auch außerverbandlich zu initiieren. Aktuell stellt er dabei den „Sport der Älteren" in den Mittelpunkt. Auf diese Weise sollen Ressourcen gebündelt, neue Zielgruppen erreicht und die Attraktivität eigener Maßnahmen erhöht werden. Das DOSB-Arbeitsprogramm 2011 bis 2014 setzt in diesem Zusammenhang einen deutlichen Akzent zugunsten der Erprobung neuer Modelle der Kooperationsarbeit mit externen Partnern.

Ergebnis 1: Innerverbandliche Zusammenarbeit zum Aufbau seniorensportlicher Angebote

Seit Ende der 1990er Jahre ist die innerverbandliche Zusammenarbeit zur Förderung und zum Ausbau von Seniorensportangeboten wiederholt Thema im DSB. In der Sportpolitischen Konzeption zum Seniorensport heißt es, dass eine innerverbandliche kooperative Zusammenarbeit eine wichtige Voraussetzung zur Förderung des Seniorensports darstelle, weil dadurch „vorhandene Ressourcen" zusammengeführt und „Synergieeffekte" genutzt werden könnten. Vor allem bei der Entwicklung übergeordneter Maßnahmen sei damit eine Steigerung der Effizienz verbunden (DSB, 1997a, S. 6). Dazu gehörten u.a. die Planung und Durchführung von Sensibilisierungskampagnen, Strategien zur Schaffung weiterer Kapazitäten, die Gewinnung und Qualifizierung neuer Mitarbeiter im Seniorensport oder die Entwicklung eines Profils für Beauftragte im Seniorensport.

Konkretisiert wird die innerverbandliche Zusammenarbeit auf Bundes- und Landesebene im Rahmenplan zur Förderung des Seniorensports. Als „vernetzte Handlungsstrategie" soll er die Nutzung von Synergieeffekten zwischen DSB, Landessportbünden und -verbänden sowie Spitzenverbänden ermöglichen und gewährleisten, dass angemessene und angepasste Aufgaben eigenständig bestimmt werden können, ohne dass „der Bezug zum Ganzen des Aktionsplanes verloren geht" (DSB, 1998a, S. 3).

Darüber hinaus empfiehlt der DOSB auch den Sportvereinen, enger zusammenzuarbeiten, um die Angebotsentwicklung im Bereich des Seniorensports zu unterstützen. In dem Werkheft „Richtig fit ab 50" heißt es etwa, dass Kooperationsbeziehungen zwischen Sportvereinen z.B. unter den Aspekten „Erhöhung der Angebotsvielfalt", „Erleichterung der Organisation für Verantwortliche" und „gemeinsame Anschaffung von Geräten oder Erfahrungsaustausch" in Frage kämen (DOSB, 2006d, S. 37).

Ergebnis 2: Kooperationen zum Aufbau und zur Weiterentwicklung zielgruppenspezifischer seniorensportlicher Angebote

Auch die außerverbandliche Kooperation und Vernetzung wird seit den 1990er Jahren in den Schriften des DSB thematisiert. So formuliert der DSB z.B. in der Sportpolitischen Konzeption zum Seniorensport Erwartungen an Organisationen und Institutionen der Seniorenarbeit und verweist auf strukturelle Einbindungsmöglichkeiten seiner Aktivitäten zur Förderung von Seniorensportangeboten in entsprechende Kooperationen (DSB, 1997a, S. 7f.). In diesem Kontext zählt er zahlreiche potenzielle Partnerorganisationen aus Staat (z.B. BMFSFJ, Landesministerien, Gemeinden), Zivilgesellschaft (z.B. Bundesarbeitsgemeinschaft der Senioren-Organisationen, BAGSO) und Markt (z.B. kommerzielle Sportanbieter) wie auch denkbare gemeinsame inhaltliche Bezugspunkte auf (z.B. Angebotsentwicklung, Gesundheitsförderung, Interessenvertretung, Beratung, Forschung).

Diese überwiegend summarische Aufzählung von potenziellen „Netzwerkpartnern" wird im Hinblick auf den Aufbau von Kooperationsbeziehungen zwischen Sportvereinen und Seniorenbüros ansatzweise konkretisiert (vgl. DSB, 2001b). Die Broschüre „Kooperation Sportvereine – Seniorenbüros" stellt einerseits Seniorenbüros als Informations-, Beratungs- und Vermittlungsstellen für „ältere ehrenamtlich und freiwillig Interessierte" vor und präsentiert andererseits Leistungen der Sportvereine, um darauf aufbauend mögliche Handlungsfelder für eine Kooperation darzustellen (z.B. die „Information über Angebote im Seniorensport durch Seniorenbüros" oder die „Beratung von Sportvereinen durch Seniorenbüros").

Während diese Broschüre eher informativen Charakter über zwei unterschiedliche „Organisationswelten" und mögliche „Schnittstellen" hat, findet man eine konkretere Beschreibung zur Ausgestaltung möglicher Kooperationsbeziehungen zwischen Sportvereinen und anderen Akteuren im Werkheft „Richtig fit ab 50" aus dem Jahr 2006. Darin werden exemplarisch mögliche Kooperationspartner und deren Nutzen für die Entwicklung von Alterssportangeboten aufgeführt und mit Beispielen unterlegt (z.B. kommunale Stellen oder Seniorenbüros) (vgl. DOSB, 2006d, S. 37).

Differenzierter werden die Überlegungen zu Kooperationen und Netzwerken im Kontext des Aufbaus eines Bewegungsangebotes für ältere Menschen der Zielgruppe 70plus, da ihr Bewegungsraum einerseits als besonders beschränkt gilt, andererseits aber regelmäßige Bewegungsangebote zur Verbesserung ihrer Gesundheit bedeutsam seien. In diesem Kontext könnten Sportvereine z.B. in Zusammenarbeit mit einem örtlichen Wohlfahrtsverband einen Fahrdienst organisieren oder Bewegungsangebote in Kooperation mit örtlichen Kirchengemeinden oder Pflegediensten organisieren (vgl. DOSB, 2007b, S. 16 f.; DOSB 2007d).

Eine besondere Rolle beim Thema Vernetzung spielt vor allem die Vernetzung von Sportvereinen auf kommunaler Ebene. So stehen z.B. im Rahmen der Leitbildentwicklung des deutschen Sports 2004 auf dem Kongress „Sport gestaltet Zukunft mit den Menschen vor Ort" die Gestaltungsmöglichkeiten des Sports im kommunalen Rahmen im Mittelpunkt. Mit Bezug auf die Fragestellung, was Sport tun müsse, um gesellschaftlichen Herausforderungen zu begegnen, sollten – so eine Forderung – vor allem die Menschen und ihre Bedürfnisse im unmittelbaren kommunalen Lebensraum im Hinblick auf Wohnen, Arbeiten und Freizeit thematisiert werden. In diesem Zusammenhang spielten auch Verhandlungsprozesse mit kommunalen Einrichtungen eine wichtige Rolle. So müsse der vereins- und verbandsorganisierte Sport etwa lernen, wie moderne politische Steuerungselemente eingesetzt, Daten sinnvoll erhoben und kommunale Beteiligungsprozesse strukturiert werden könnten (vgl. DSB, 2005a).

Auch ältere Menschen und Sport werden in diesem Zusammenhang thematisiert. So werden beispielsweise unter dem Titel „Sporträume der Zukunft für den Sport der Zukunft" Probleme der Sportraumentwicklung vor dem Hintergrund des demografischen Wandels diskutiert. Dabei geht es vor der Folie der kommunalen Sportentwicklungsplanung z.B. um das Zukunftsmodell von Turn- und Mehrzweckhallen, das den veränderten Rahmenbedingungen und Zielgruppen von Sportangeboten Rechnung tragen soll, oder um Gesundheit als Leitziel im Zusammenhang mit kommunaler Kooperation (vgl. DSB, 2005a, S. 27ff., S. 94ff., S. 109ff.).

Ergebnis 3: Außerverbandliche Zusammenarbeit zur Etablierung eines konzeptionellen Rahmens zur Entwicklung des Sports der Älteren

Auch auf der verbandlichen Ebene – „oberhalb" unmittelbarer Kooperationen zwischen Sportvereinen und anderen Akteuren in der Kommune – gewinnen Netzwerke und Kooperationen, in die auch das Thema „Sport der Älteren" eingebunden wird, zunehmend an Bedeutung.

Besonders hervorzuheben ist die im Jahr 2008 geschlossene Kooperationsvereinbarung zwischen dem DOSB, dem Deutschen Städtetag sowie dem Deutschen Städte- und Gemeindebund (2008) unter dem Titel „Starker Sport – Starke Städte und Gemeinden". Sie sieht u.a. vor, gemeinsame Veranstaltungen zur kommunalen Sportpolitik zu initiieren sowie abgestimmte Interessen gegenüber Dritten zu vertreten. In diesem Rahmen wird auch die Zusammenarbeit zugunsten älterer Menschen aufgegriffen, insofern als Sportvereine als wichtige „soziale Begegnungsstätten" beschrieben werden, die für alle gesellschaftlichen Gruppen „generationenübergreifend offen" seien und „vielfältige nachhaltige Potenziale der sozialen, kulturellen und alltagspolitischen Integration" böten sowie über „zielgruppenorientierte Programme und Angebote" verfügten (DOSB, DST & DStGB 2008, S. 10).

Des Weiteren heißt es u.a. in den Handlungsempfehlungen der Kooperationsvereinbarung: „Organisierter Sport und Kommunen setzen ihre Bemühungen fort, zielgruppenorientierte Angebote der Vereine und deren Vernetzung, etwa in ‚Bündnisstrukturen' wie z.B. den ‚Lokalen Bündnissen für Familien' mit weiteren kommunalen Akteuren und Politikfeldern zu unterstützen und das Integrationsspektrum der Sportvereine zukünftig noch stärker zu erschließen" (DOSB, DST & DStGB, 2008, S.11).

Ergebnis 4: Intensivierung der Vernetzungsbemühungen

Parallel dazu scheinen sich die Vernetzungsbemühungen des DOSB im Bereich eines „Sports der Älteren" zu intensivieren. Nach einem „Vorprojekt" startet der DOSB im Dezember 2009 gemeinsam mit dem BMFSFJ das Projekt „Bewegungsnetzwerke 50plus", um Sport und Bewegung für die Generation 50plus in den Kommunen zu fördern. In diesem Kontext sollen unterschiedliche Handlungsansätze und -möglichkeiten der Netzwerkarbeit in Zusammenarbeit mit ausgewählten Mitgliedsorganisationen des DOSB modellhaft erarbeitet werden.[15] Eine entscheidende Rolle spielten dabei Kooperationen zwischen Sportvereinen, Kommunen, Gesundheitsorganisationen, sozialen und kirchlichen Einrichtungen. Netzwerke zwischen Sportvereinen und kommunalen Partnern böten zudem die Möglichkeit, Sport- und Bewegungsangebote differenzierter und vielseitiger auf der Grundlage der Bedürfnisse und Lebenspraxis der Generation 50 plus zu gestalten (DOSB, 2009c; 2009d, S. 39; 2011d).

Im Rahmen dieses Projektes wurde 2010 die Broschüre „Netzwerkarbeit im Sport aufgezeigt am Sport der Älteren" veröffentlicht (vgl. DOSB, 2010b). Sie soll den Sportvereinen vor Ort Hilfestellungen zur Gestaltung der eigenen Netzwerkarbeit geben und die Bedeutung der Sportvereine vor Ort stärken. Bei dieser Broschüre handelt es sich um eine differenziertere Aufarbeitung des Themas Kooperation und Netzwerkarbeit durch den DOSB, wobei die Netzwerkarbeit im Sport der Älteren als exemplarische Arbeitsgrundlage dient. Neben den Chancen und Potenzialen der Netzwerkarbeit für den vereins- und verbandsorganisierten Sport werden Begriffe wie „Netzwerk", „Kooperation" und „Vernetzung" erläutert und verschiedene Netzwerktypen vorgestellt, um daran anschließend Antworten auf die Frage zu geben, wie ein Netzwerk aufgebaut werden könnte. In diesem Kontext wird Sportvereinen ein Leitfaden zur Etablierung eigener Kooperations- und Netzwerkbeziehungen zur Verfügung gestellt.

Ein wiederkehrendes Thema im Kontext von Kooperationen von Sportvereinen beim „Sport der Älteren" sind die Seniorenbüros, die zuletzt auch wieder unter dem Titel „Neue Chancen durch Vernetzung" im Zusammenhang mit dem Projekt „Bewegungsnetzwerk 50plus" aufgegriffen werden (vgl. DOSB, 2011e; DOSB & BAS, 2011, S.1). Damit knüpft der DOSB an seine erste Konkretisierung möglicher Kooperationsbeziehungen zwischen Sportvereinen und Seniorenbüros Ende der 1990er Jahre an.

In jüngerer Zeit setzt der DOSB auch deutliche Akzente im Hinblick auf generationenübergreifende Fragestellungen. Dazu zählt auch die Gewinnung von Bewegungsräumen zugunsten neuer Zielgruppen. Dabei werden Ältere auch als „Innovationsmotor für die Vereinsentwicklung" bezeichnet, die mit ihren spezifischen Sport- und Bewegungsbedürf-

---

[15] Hierzu gehören sechs Teilprojekte mit unterschiedlicher Themenstellung: Strukturentwicklung und Netzwerkarbeit zum Ausbau von Sport- und Bewegungsangeboten (LSB Thüringen); Strategieentwicklung zum Ausbau von Sport- und Bewegungsangeboten für Ältere in kommunalen Netzwerken (LSB Niedersachsen); Bewegungs-Starthelfer für Ältere, individuelle Ansprache und Begleitung Älterer im Sportverein (LSB Hessen); Aktiv bis 100 – Strategien und Maßnahmen zur Umsetzung eines Bewegungsprogramms für Hochaltrige im Netzwerk (Deutscher Turner-Bund); Gewinnung neuer Zielgruppen für den Gesundheitssport – Strategien und Maßnahmen zur Einbeziehung älterer Menschen mit Migrationshintergrund in Sport- und Bewegungsangebote (Sportbund Baden Nord); Jung und Alt – gemeinsam sportlich aktiv: Projekte zur Förderung der Generationenbeziehungen im Sport (LSB NRW). Weitere Projektmittel zur Durchführung von Einzelmaßnahmen erhielten die Landessportbünde Sachsen-Anhalt, Bremen und Schleswig-Holstein sowie der Deutsche Behindertensportverband. Die Ergebnisse der genannten Projekte sollen im Herbst 2011 auf einer DOSB-Veranstaltung vorgestellt und 2012 in einer Dokumentation veröffentlicht werden (vgl. DOSB, 2009c, 2011d).

nissen auch die Entstehung alternativer Bewegungsräume forcieren (DOSB, 2007e, S. 102). In diesem Kontext scheint sich sukzessive auch der Fokus auf Vernetzungsbemühungen im Handlungsfeld „Sport der Älteren" zu verschieben und verstärkt als Querschnittsthema Eingang in übergreifende Themen- und Handlungsfelder des DOSB zu finden. Exemplarisch dafür sind Beispiele für generationenübergreifende Zusammenarbeitsformen, in denen es um organisierte Wanderungen von Familien mit der Gelegenheit zum Austausch zwischen Senioren und Kindergartenkindern geht (DOSB,2007e, S. 114; vgl. STB, 2007).

6.7.3 Fazit und Perspektiven

Die vorliegenden Dokumente lassen erkennen, dass das Thema „Netzwerke" und „Kooperationen" zur Förderung eines „Sports der Älteren" seit Ende der 1990er Jahre im DOSB eine zunehmend wichtigere Rolle spielt und in den letzten Jahren intensiviert wurde. In diesem Zusammenhang scheint das DOSB-Arbeitsprogramm für den Zeitraum von 2011 bis 2014 eine eindeutige Richtung vorzugeben: „Mit den Ergebnissen des Projektes ‚Bewegungsnetzwerk 50plus' werden wir über eine Fülle von Modellen für eine erfolgreiche Vernetzung mit externen Partnern für die Gewinnung neuer Zielgruppen für den Sport der Älteren verfügen" (DOSB, 2011a, S. 10).

Bei diesen Vernetzungs- und Kooperationsbestrebungen – und darin dürfte eine zentrale Herausforderung für den DOSB liegen – sind die Organisation und das Management der Kooperationsbeziehungen zwischen den verschiedenen Akteuren von besonderer Bedeutung. Denn die Arbeit in interorganisatorischen Netzwerken setzt voraus, dass Kooperationsbeziehungen zwischen den verschiedenen Akteuren neu entwickelt und dabei eine Kohärenz der Aktivitäten erzielt werden, die sich an längerfristigen Wirkungen und Auswirkungen für die Gesellschaft und weniger an kurzfristigen Outputs für die jeweilige Organisation orientieren.

In diesem Kontext dürfte die Rolle des DOSB als Initiator, Moderator und Förderer entsprechender Kooperationsbeziehungen besonders zum Tragen kommen, um neue Kooperationsbeziehungen und Netzwerkstrukturen zu erproben. Beispielsweise wäre zu prüfen, inwieweit der DOSB Modellprogramme initiiert, bei denen Großunternehmen oder öffentliche Verwaltungen qualifiziertes Personal dabei begleiten, im Vorfeld des Übergangs in den Ruhestand ehrenamtliche Aufgaben in Sportvereinen und -verbänden zu übernehmen, um einerseits die „Statusfalle Ruhestand" frühzeitig „abzufedern" und andererseits qualifizierte Mitarbeiter für die Vereine und Verbände zu gewinnen.

Vor diesem Hintergrund könnte es für den DOSB empfehlenswert sein, durch ein Monitoring Möglichkeiten und Grenzen von Kooperationen und Formen der Netzwerkarbeit vertiefend auszuloten. Dabei könnte er die Evaluation von Good-Practise-Beispielen vertiefen und die Ergebnisse wie auch Lösungsansätze seinen Mitgliedsorganisationen als Arbeitsgrundlage zur Verfügung stellen.

7 Lernen in Bildungslandschaften: Engagementpolitische Perspektiven für die Bildungsarbeit im Sport

Stefan Hansen

7.1 Einleitung

Im Bildungssystem der Bundesrepublik Deutschland lassen sich seit Längerem markante Veränderungsprozesse beobachten. In diesem Kontext wird auch Vereinen und Verbänden eine veränderte bzw. komplementäre Rolle als Akteuren im Bildungssystem zugeschrieben. Daraus resultieren auch für den vereins- und verbandsorganisierten Sport Möglichkeiten, traditionelle (neo-)korporatistische Beziehungsmuster zum Staat weiterzuentwickeln, sich weitreichender als „zivilgesellschaftlicher Bildungsanbieter" zu etablieren und die Förderung des freiwilligen und ehrenamtlichen Engagements im Sportverein durch spezifische Formen des Bildungserwerbs zu ergänzen und zu komplettieren.

7.1.1 Bildung und bürgerschaftliches Engagement – eine neue Rolle von Vereinen und Verbänden im Bildungsmix?

Maßgebliche Veränderungsprozesse im Bildungssystem lassen sich überblicksartig (1) auf der Makroebene staatlich organisierter Bildungspolitik, (2) auf der Mesoebene von Organisationen im Bildungssystem und (3) auf der Mikroebene individueller Akteure im Bildungssystem skizzieren. Zwar interessiert im vorliegenden Kapitel insbesondere die Meso- und die Mikroebene mit Blick auf den vereins- und verbandsorganisierten Sport (vgl. Abschnitte 7.2 bis 7.4); allerdings konturiert die Makroebene staatlich organisierter Bildungspolitik den gesellschaftspolitischen Rahmen, in dem Neuorientierungen in der Bildungsarbeit der Sportverbände und -vereine einzuordnen sind.

(1) Auf dieser *Makroebene* lassen sich u.a. neue Formen der Koordinierung, Regulierung und Steuerung des staatlich organisierten Bildungssystems hin zu einem „Bildungsmix" (Schenkel, 2007) beobachten, in den auch Vereine und Verbände weitreichender einbezogen werden. Dabei geht es nicht nur um eine „Lückenbüßerfunktion" von Nonprofit-Organisationen im Konzert der Bildungsanbieter im Zuge des vieldiskutierten „Rückzug des Staates" aus öffentlichen Aufgaben (vgl. dazu bereits Kapitel 2). Mit dem umfangreicheren Einbezug von Nonprofit-Organisationen wird auch eine Ergänzung und Erweiterung von Bildungsangeboten angestrebt und speziell auch Vereinen und Verbänden eine besondere Funktion als „Bildungsanbieter" zugesprochen (vgl. Braun, 2010g).

(2) Auf der organisationalen *Mesoebene* stellt sich für staatliche Akteure wie Schulen oder Universitäten ebenso wie für Nonprofit-Organisationen wie Vereine und Verbände die Frage, wie die postulierte Öffnung des Bildungssystems für einen neuen „Bildungsmix" konkret ausgestaltet werden kann. In den fachwissenschaftlichen und -politischen Diskussionen wird in diesem Kontext immer häufiger auf Prozesse der „Vernetzung" zu „Bildungs-

landschaften" bzw. „-netzwerken" verwiesen, auf die speziell mit Blick auf die bildungspolitischen Aktivitäten des DOSB in Abschnitt 7.3 differenzierter eingegangen wird.
(3) Der „Bildungsmix" soll letztendlich zu alternativen bzw. zusätzlichen Prozessen des Bildungs- und Kompetenzerwerbs auf der *Mikroebene* des individuellen Akteurs beitragen. Speziell in den engagementpolitischen Diskussionen und der Engagementforschung wird dabei auf Möglichkeiten des „lebenslangen" oder „informellen Lernens" im bürgerschaftlichen Engagement verwiesen. Lernen und Kompetenzerwerb vollziehen sich demnach nicht nur im Rahmen des formellen Bildungssystems, sondern auch in anderen Kontexten wie z.B. einem bürgerschaftlichen Engagement. Neben dem informellen Lernen spielen aber auch Qualifizierungsmaßnahmen als Möglichkeiten des Bildungserwerbs im Engagement eine maßgebliche Rolle. Auf beide Aspekte des Bildungs- und Kompetenzerwerbs wird speziell mit Blick auf den DOSB in den Abschnitten 7.2 und 7.3 differenziert eingegangen.

7.1.2 Ergebnisse der sportbezogenen Sonderauswertung der Freiwilligensurveys 1999 – 2009

Die zunehmende Relevanz des Themas „Bildung und bürgerschaftliches Engagement" spiegelt sich u.a. darin wieder, dass auch in den Freiwilligensurveys der Jahre 2004 und 2009 entsprechende Fragestellungen aufgegriffen wurden. Betrachtet man die Ergebnisse der entsprechenden Auswertungen mit Blick auf die freiwillig und ehrenamtlich Engagierten im Handlungsfeld Sport und Bewegung, dann sind insbesondere zwei Aspekte hervorzuheben, die einerseits das „Engagementmotiv Bildung" und andererseits den „Bildungserwerb im Engagement" thematisieren.

Ergebnis 1:   Engagementmotiv „Bildung": Qualifikationserwerb und Erfahrungserweiterung als zusätzliche Engagementmotive

Rund zwei Drittel der ab 14-Jährigen, die sich im Feld Sport und Bewegung freiwillig und ehrenamtlich engagieren, stimmen der Aussage, dass sie im Rahmen ihres Engagements Qualifikationen erwerben wollen, die sie für wichtig erachten „voll und ganz" oder „teilweise" zu. Andere Gründe, wie das „Zusammenkommen mit anderen Menschen" oder die „Gestaltung der Gesellschaft im Kleinen" sind den im Handlungsfeld Sport Engagierten zwar durchaus wichtiger. Der Erwerb von Qualifikationen stellt jedoch zweifelsohne ein wichtiges zusätzliches „Engagementmotiv" dar (vgl. Abbildung 7-1).

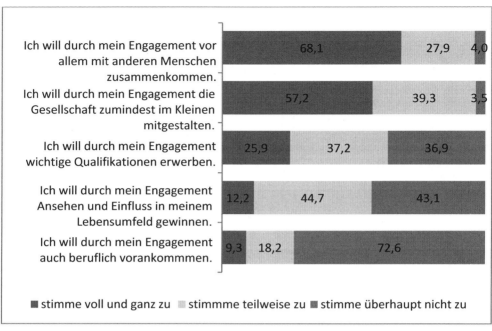

Abbildung 7-1: Gründe für ein Engagement im Handlungsfeld Sport und Bewegung im Jahr 2009. Zustimmungsquoten der freiwillig und ehrenamtlich Engagierten im Handlungsfeld Sport und Bewegung. Prozentwerte (N=2.026). Sportbezogene Sonderauswertung der Freiwilligensurveys 1999 - 2009 (Braun, 2011a).

Ein ähnliches Bild ergibt sich, wenn man neben Motiven, die in dieser Form nur im Jahr 2009 abgefragt wurden, auch die so genannten „Erwartungen an das Engagement" betrachtet, die in den Jahren 1999, 2004 und 2009 erhoben wurden. Die Befragten, die ihre Antworten über eine fünfstufige Skala von (1) für „unwichtig" bis (5) für „außerordentlich wichtig" abstufen konnten, weisen der Erwartung „Kenntnisse und Erfahrungen zu erweitern" eine mittlere bis hohe Bedeutung zu (M = 3.6 bis 3.8). Andere Erwartungen scheinen ihnen zwar wichtiger zu sein. Insgesamt rangiert die Erwartung Kenntnisse und Erfahrungen über ein freiwilliges Engagement zu erweitern jedoch im mittleren Bereich der „Erwartungsrangliste" (vgl. Tabelle 7-1).

Tabelle 7-1: Erwartungen an ein Engagement im Handlungsfeld Sport und Bewegung im Jahr 1999, 2004 und 2009. Zustimmungsquoten der freiwillig und ehrenamtlich Engagierten im Handlungsfeld Sport und Bewegung. Mittelwerte: (1) = unwichtig bis (5) = außerordentlich wichtig (1999 N=1.378, 2004 N=1.338, 2009 N=1.600). Sportbezogene Sonderauswertung der Freiwilligensurveys 1999 - 2009 (Braun, 2011a).

Aussagen über Erwartungen	1999	2004	2009
Dass diese Tätigkeit Spaß macht	4,5	4,5	4,5
Dass man mit sympathischen Menschen zusammenkommt	4,3	4,2	4,1
Dass man etwas für das Gemeinwohl tun kann	4,0	4,0	3,8
Dass man damit anderen Menschen helfen kann	3,9	4,0	4,0
Dass man damit die eigenen Kenntnisse und Erfahrungen erweitern kann	3,8	3,7	3,6
Dass man eigene Verantwortung und Entscheidungsmöglichkeiten hat	3,5	3,5	3,5
Dass man für die Tätigkeit auch Anerkennung findet	3,4	3,4	3,1
Dass man eigene Interessen vertreten kann	2,8	2,8	2,9

Ergebnis 2: Bildungserwerb im Engagement: Engagierte im Feld Sport und Bewegung geben vielfach an, wichtige Kompetenzen erworben und Qualifizierungsmaßnahmen besucht zu haben

Dass Engagierte im Rahmen ihres Engagements zumindest aus subjektiver Perspektive Lernerfahrungen machen können, lassen die Ergebnisse in Abbildung 7-2 erkennen. Während nur 13,3% der im Handlungsfeld Sport und Bewegung Engagierten im Jahr 2009 meinten, dass sie überhaupt keine Fähigkeiten im freiwilligen und ehrenamtlichen Engagement erworben hätten, war der weit überwiegende Anteil der Befragten eher vom Gegenteil überzeugt. Der Aussage, über ein freiwilliges Engagement Fähigkeiten erworben zu haben, stimmten 7,8% der im Bereich Sport Engagierten in einem sehr hohen Umfang, 34,7% in hohem Umfang und weitere 44,8% in gewissem Umfang zu. Vergleicht man in diesem Zusammenhang die Jahre 2004 und 2009, dann ist zu erkennen, dass die Angaben zur Bedeutung des freiwilligen und ehrenamtlichen Engagements als „Lernfeld" weitgehend unverändert bleiben.

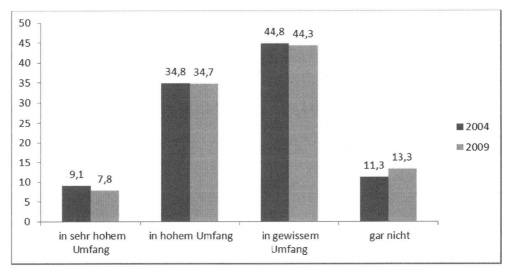

Abbildung 7-2: Fähigkeitserwerb durch freiwillige Tätigkeiten im Handlungsfeld Sport und Bewegung im Jahr 2004 und 2009. Zustimmungsquoten der freiwillig und ehrenamtlich Engagierten im Handlungsfeld Sport und Bewegung. Prozentwerte (2004 N=1.334, 2009 N=1.600). Sportbezogene Sonderauswertung der Freiwilligensurveys 1999 - 2009 (Braun, 2011a).

Als „Lernorte" können in diesem Kontext u.a. Weiterbildungs- und Qualifizierungsangebote für die Engagierten bedeutsam sein, die z.B. in Form von Kursen oder Seminaren angeboten werden. Im Handlungsfeld Sport und Bewegung zeigt sich eine ausgesprochen hohe Teilnahmehäufigkeit an Kursen oder Seminaren, insofern als mehr als zwei Drittel der Engagierten angeben, bereits einmal oder mehrmals an Weiterbildungen teilgenommen zu haben. Damit rangiert das Handlungsfeld „Sport und Bewegung" zwar „nur" im Mittelfeld der abgefragten 13 Bereiche – insgesamt sind die Teilnahmequoten jedoch beachtlich (vgl. Tabelle 7-2).

Tabelle 7-2: Anteil der ehrenamtlich und freiwillig Engagierten ab 14 Jahre, die an Kursen oder Seminaren zur Weiterbildung teilgenommen haben im Jahr 2009, differenziert nach Handlungsfeldern. Prozentwerte (Engagierte mit ihrer zeitaufwendigsten Tätigkeit im jeweiligen Handlungsfeld). Sportbezogene Sonderauswertung der Freiwilligensurveys 1999 - 2009 (Braun, 2011a).

Handlungsfeld	einmal	mehrmals	nein/keine Angebote vorhanden
Unfall-, Rettungsdienst, freiwillige Feuerwehr	8,9	74,8	16,3
Justiz- und Kriminalitätsprobleme	24,2	45,5	30,4
Berufliche Interessenvertretung	8,0	56,0	36,0
Gesundheit	8,5	50,8	40,7
Politik und politische Interessenvertretung	13,2	43,8	43,0
Kirche oder Religion	12,4	40,1	47,5
Jugendarbeit und Erwachsenenbildung	7,3	43,8	48,9
Sport und Bewegung	12,1	36,5	51,4
Soziales	10,7	35,1	54,2
Freizeit und Geselligkeit	7,7	33,5	58,9
Kultur und Musik	12,5	26,8	60,7
Umwelt-, Natur-, Tierschutz	9,7	26,0	64,3
Schule und Kindergarten	9,0	14,0	77,0
Lokales Bürgerengagement	4,4	16,4	79,2

7.1.3 Bildung und bürgerschaftliches Engagement: Dokumentenanalysen

Vor dem Hintergrund der skizzierten Debatten und Daten stellt sich die Frage, auf welche Weise der DOSB „Bildung und bürgerschaftliches Engagement" thematisiert. Zur Beantwortung dieser Frage wurden Dokumentenanalysen zu drei Schwerpunkten durchgeführt:

- zum Thema Qualifizierung bürgerschaftlich Engagierter,
- zum Thema informelles Lernen im bürgerschaftlichen Engagement und

- zu Kooperationen mit anderen Bildungsanbietern im Rahmen von Bildungslandschaften und -netzwerken.

Aussagen darüber, wie sich der DOSB zu diesen Themen in Grundsatzdokumenten äußert – so die leitende Annahme der folgenden Ausführungen –, haben eine besondere Relevanz für eine „sportbezogene Engagementpolitik" des DOSB im Hinblick auf das Thema Bildung und bürgerschaftliches Engagement.

In den folgenden Abschnitten wird jeweils zunächst in knapper Form in die jeweilige Diskussion eingeführt, indem wesentliche Argumente und Erkenntnisse der fachwissenschaftlichen Debatten über bürgerschaftliches Engagement dargestellt werden. Daraufhin werden die Ergebnisse der Dokumentenanalyse dargestellt, wobei die konkreten Dokumente, die in die Analyse einbezogen wurden, genannt und kurz dargestellt werden. Alle drei Abschnitte enden mit einem Fazit und einem Blick auf mögliche Perspektiven für eine „sportbezogene Engagementpolitik" des vereins- und verbandsorganisierten Sports.

7.2 Qualifizierung als Teil einer Anerkennungskultur im vereins- und verbandsorganisierten Sport

7.2.1 Ausgangspunkte

In fachwissenschaftlichen Debatten zum bürgerschaftlichen Engagement werden Qualifizierungsangebote[16] für Engagierte unter zwei sich wechselseitig ergänzenden Perspektiven diskutiert:

In einer *ersten* Perspektive gelten Qualifizierungsmaßnahmen als Möglichkeiten, freiwillig Engagierte für ihre Aufgaben und Tätigkeiten zu professionalisieren. Der Begriff der *Professionalisierung* bezieht sich dabei weniger – wie häufig vermutet – auf eine „Verberuflichung" der Tätigkeiten im Sinne einer Erhöhung des Anteils hauptamtlicher Mitarbeiter, sondern auf eine Differenz zwischen Laientätigkeiten, die auf wenig spezialisiertem Alltagwissen beruhen, und professionellen Tätigkeiten, die auf spezialisiertem Expertenwissen basieren. Hiermit ist gemeint, dass Sportverbände und -vereine sowohl auf Spezialisten zurückgreifen können, um spezialisierte Aufgaben zu übernehmen (z.B. ein Sportlehrer übernimmt eine Trainingsgruppe im Sportverein) als auch, ihr freiwillig engagiertes Personal systematisch ausbilden, schulen und qualifizieren können (Baur & Braun, 2000).

In einer *zweiten* Perspektive, die in den letzten Jahren zunehmend an Bedeutung gewinnt, werden Bildungs- und Qualifizierungsangebote für bürgerschaftlich Engagierte als eine Strategie zur *Gewinnung, Bindung und Anerkennung von Engagierten* verstanden. Während in der Professionalisierungsperspektive vor allem die Qualität der durch freiwillige Tätigkeiten erbrachten Leistung im Vordergrund steht, wird Qualifizierung in dieser Perspektive als eine Möglichkeit verstanden, mit der ein „knappes Gut" – die Bereitschaft sich freiwillig zu engagieren – gefördert und unterstützt werden kann.

---

[16] Unter Qualifizierungsangeboten für Engagierte sollen im Folgenden alle Weiterbildungsangebote wie z.B. Seminare, Kurse, Workshops, Studiengänge usw. verstanden werden, die für bürgerschaftlich Engagierte gedacht sind und in denen man eine formale Qualifikation z.B. in Form einer Lizenz, eines Zertifikats, eines Zeugnisses oder ähnlichem erhalten kann.

Hintergrund dieser Annahmen sind empirische Ergebnisse zur Motivation von freiwillig Engagierten (vgl. hierzu auch Abschnitt 7.1), die zeigen, dass es für viele Menschen wichtig ist, sich in einem Feld zu engagieren, in dem sie sich kompetent, anerkannt und selbstwirksam fühlen. Qualifizierungs- und Ausbildungsangebote können helfen, ein solches Kompetenzgefühl aufzubauen. Darüber hinaus empfinden es viele Engagierte als eine Anerkennung ihrer Tätigkeit, wenn sie die Möglichkeit haben, Weiterbildungen und Qualifizierungsmaßnahmen zu besuchen (vgl. z.B. Jakob, 2006). Dies gilt insbesondere dann, wenn die erworbenen Kompetenzen auch außerhalb des Engagements beispielsweise in der Berufswelt angewendet werden können (vgl. Hansen, 2008b).

Beide hier nur knapp skizzierten Perspektiven schließen sich nicht aus, sondern ergänzen sich. Qualifikationsangebote können dazu beitragen, dass Menschen sich entschließen, ein Engagement zu übernehmen, sie stellen sicher, dass Engagierte in der Lage sind, vielfältige und anspruchsvolle Aufgaben zu lösen und sie sind eine Anerkennungsmöglichkeit für erbrachte Leistungen jenseits der üblichen Ehrungen wie Blumensträuße, Urkunden usw. (vgl. z.B. Reifenhäuser, Hoffmann & Kegel, 2009).

Eine verbandliche Bildungsarbeit, die beide komplementären Perspektiven verfolgt, erschöpft sich insofern nicht in der oft üblichen Praxis, allein den Professionalisierungsaspekt zu fokussieren. Vielmehr können sich Nonprofit-Organisationen wie auch die Engagementforschung damit beschäftigen, auf welche Weise Qualifizierungs- und Ausbildungsmaßnahmen so gestaltet werden können, dass die Gewinnung, Bindung und Anerkennung freiwillig Engagierter genauso erfüllt wird, wie deren Professionalisierung. Auffällig ist, so lässt sich resümierend feststellen, dass sich auch die sozialwissenschaftliche Forschung bisher nur wenig mit der Frage befasst hat, wie eine Gewinnung, Bindung und Anerkennung freiwilligen Engagements durch Qualifizierungsangebote konkret aussehen könnte (vgl. hierzu bereits Enquete Kommission, 2002, S. 280).

7.2.2 Zur Funktion des Qualifizierungssystems in den Dokumenten des DSB/DOSB

Vor dem Hintergrund der dargestellten doppelten Perspektive auf Qualifizierungsprozesse stellt sich die Frage, inwieweit der DOSB das Qualifizierungssystem im vereins- und verbandsorganisierten Sport sowohl als Möglichkeit der Professionalisierung wie auch als Strategie zur Gewinnung, Bindung und Anerkennung freiwilligen Engagements bislang erkannt und genutzt hat. Die Dokumentenanalyse hierzu führt zu folgender These:

> (1) Das Qualifizierungssystem des DSB/DOSB wurde vor allem mit dem Ziel aufgebaut, die freiwillig und ehrenamtlich engagierten Mitarbeiter für ihre Tätigkeiten zu professionalisieren. (2) In den Rahmenrichtlinien für Qualifizierung im Bereich des DSB aus dem Jahr 2005 werden erstmals auch Vorstellungen vom Qualifizierungssystem als Instrument zur Gewinnung, Bindung und Anerkennung des freiwilligen und ehrenamtlichen Engagements entwickelt. (3) Wenngleich sich erste Maßnahmen zur Umsetzung dieser Vorstellungen erkennen lassen, sind diese bisher noch nicht zu einer zentralen Strategie der Bildungsarbeit des DOSB entwickelt worden.

Ergebnis 1:   Professionalisierung als Hauptaufgabe

Analysiert man die Rahmenrichtlinien für Qualifizierung aus den Jahren 1978 1989, 1991, 1997, 1999 und 2005[17], fällt auf, dass der DSB/DOSB Professionalisierung traditionell als die Hauptaufgabe seines Qualifizierungssystems ausweist. Die Rahmenrichtlinien bilden das zentrale Dokument, mit dem Einheitlichkeit und Vergleichbarkeit der Qualifizierungen im vereins- und verbandsorganisierten Sport hergestellt werden soll. Deutlich wird, dass die Zielstellung der angebotenen Ausbildungen vorrangig darin besteht, die Teilnehmer von Qualifizierungsmodulen auf veränderte Rahmenbedingungen im und außerhalb des Sports vorzubereiten. So heißt es z.B. in den Rahmenrichtlinien des Jahres 1997: „Den vielfältigen Veränderungen und Sinnerweiterungen des Sports soll mit der Fortschreibung der Rahmenrichtlinien entsprochen werden" (DSB, 1997b, S. 7f.).

Auch in den aktuell gültigen Rahmenrichtlinien aus dem Jahr 2005 spielt die Professionalisierung der Mitarbeiter eine herausragende Rolle: „Mit vielfältigen und zielgruppenorientierten Angeboten im Breiten-, Fitness- und Gesundheitssport und einer nachhaltigen Elitenförderung im Leistungssport entwickelt der organisierte Sport eine Angebotspalette, die sich an den unterschiedlichen Erwartungen und Ansprüchen der sporttreibenden Menschen orientiert. Die in den vorliegenden DSB-Rahmenrichtlinien entwickelten Qualifizierungskonzepte tragen diesen zukunftsorientierten Anforderungen Rechnung und sollen eine Hilfestellung sein, die an der Basis tätigen Übungsleiterinnen und Übungsleiter, Trainerinnen und Trainer, Jugendleiterinnen und Jugendleiter, Vereinsmanagerinnen und Vereinsmanager für ihre wichtige Arbeit zeitgemäß zu qualifizieren" (DSB, 2005b, S. 8).

Ergebnis 2:   Gewinnung, Bindung und Anerkennung des Engagements durch Qualifizierung – die Rahmenrichtlinien des Jahres 2005

Festzuhalten ist somit zunächst, dass der Hauptzweck des Qualifizierungssystems im DSB/DOSB darin besteht, die freiwillig engagierten Mitarbeiter in den Sportvereinen und -verbänden auf ihre vielfältigen Aufgaben vorzubereiten, was in einem so großen und beinahe ausschließlich auf freiwilligem Engagement beruhenden Verband wie dem DOSB auch sicherlich die Hauptaufgabe von Qualifizierung sein sollte.

In den aktuell gültigen Rahmenrichtlinien des Jahres 2005 werden aber zugleich auch erste Gedanken zur Gewinnung, Bindung und Anerkennung Engagierter durch Qualifizierung entwickelt. Zum ersten Mal wird darauf hingewiesen, dass Bildungsarbeit zur „Zukunftssicherung des deutschen Sports" mehr bedeuten kann als die reine Vermittlung von Wissen, das für eine moderne Sportwelt von Bedeutung ist. Vielmehr – so die Richtlinien – könnten Qualifizierungen auch einen Beitrag zur „Personalentwicklung" im organisierten Sport leisten, denn sie trügen dazu bei, freiwillig engagierte Mitarbeiter für die Sportvereine und -verbände zu gewinnen, sie langfristig an die Sportorganisationen zu binden und ihre Arbeit adäquat anzuerkennen. So heißt es an einer Stelle der Rahmenrichtlinien: „Im Mittelpunkt der Personalentwicklung im organisierten Sport steht die Gewinnung, Qualifizierung, Bindung und Betreuung von überwiegend ehrenamtlich engagierten Mitarbeiterinnen und Mitarbeitern" (DSB, 2005b, S. 79). Eine qualifizierte Ausbildung könne, so die Richtlinien weiter, dazu beitragen, den hohen Bedarf an qualifizierten und motivierten

---

[17] Es existieren Vorläufer für die Rahmenrichtlinien aus den Jahren 1966 und 1974, auf die im vorliegenden Zusammenhang nicht eingegangen wird.

Mitarbeitern im Sport zu decken sowie förderliche Rahmenbedingungen für das Engagement zu schaffen (DSB, 2005b, S. 79).

In den Rahmenrichtlinien des Jahres 2005 wird Qualifizierung also nicht mehr ausschließlich als eine Möglichkeit der Professionalisierung von ehrenamtlich und freiwillig engagierten Mitarbeitern verstanden. Vielmehr gelten diese Maßnahmen nun auch als ein Instrument der Personalentwicklung, das Freiwillige zum Engagement motivieren, sie langfristig an den vereins- und verbandsorganisierten Sport binden und ihre Tätigkeiten anerkennen kann.

Ergebnis 3:   Umsetzung und Konkretisierung von Qualifizierung als Strategie zur Gewinnung, Bindung und Anerkennung von Engagement

Die Aufnahme dieses neuen Gedankens in die Rahmenrichtlinien erscheint insofern bedeutsam, als dieses programmatische Papier eine wichtige Orientierungsfunktion für die unterschiedlichen, Qualifizierungen anbietenden Organisationen im vereins- und verbandsorganisierten Sport bietet. Allerdings bedürfen solche Anstöße systematischer Konkretisierungen und im Rahmen spezifischer Maßnahmen weiterer Ausformulierungen. Die umfangreichen Maßnahmen, die der DOSB zur Umsetzung der Rahmenrichtlinien aus dem Jahr 2005 ergriffen hat, lassen erkennen, dass der Gedanke einer Gewinnung, Bindung und Anerkennung von Engagierten in einer Reihe von Einzelprojekten (auch durch die Mitgliedsorganisationen) aufgenommen wird. Eine zentrale Strategie, in der die Bildungsarbeit des DOSB unter diesem engagementbezogenen Blickwinkel systematisch neu gedacht wird, steht bisher jedoch noch aus.

Das zur Umsetzung der Rahmenrichtlinien 2005 zuständige Ressort „Bildung/ Olympische Erziehung" in der Geschäftsstelle des DOSB beschäftigte sich ab 2005 zunächst hauptsächlich mit der Umsetzung des in den Rahmenrichtlinien festgeschriebenen „Kooperationsmodells" zwischen den Ausbildungsträgern und dem DSB/ DOSB (vgl. DSB, 2005b, S 84). Hiernach sollen alle von den Sportorganisationen ausgearbeiteten Ausbildungskonzeptionen auf die Einhaltung von Qualitätsstandards geprüft werden. Bis 2007 wurde ein entsprechendes Prüfverfahren entwickelt (vgl. Fabinski, 2009, S. 3 ff.), auf dessen Grundlage insgesamt 620 Ausbildungskonzeptionen, die von den Mitgliedsorganisationen eingereicht worden waren, geprüft und bearbeitet wurden (Doll-Tepper, 2009, S. 45).

Seit Mitte des Jahres 2009 ist die Umsetzung der Rahmenrichtlinien in eine neue Phase eingetreten. Es wurden bzw. werden Maßnahmen initiiert, die mehr oder weniger direkt mit der Umsetzung der Rahmenrichtlinien für Qualifizierung in Verbindung stehen. Hierzu gehören die DOSB-Innovationsfonds 2008/2009 (DOSB, 2010g), die Arbeitstagungen Bildung in den Jahren 2008 und 2009 (DOSB, 2008c, 2009f), ein Arbeitsschwerpunkt neue Medien (Fabinski, 2009) sowie der Aufbau einer Bildungsberichterstattung im Sport (DOSB, 2010f).

Gemeinsam ist allen genannten Maßnahmen zur Umsetzung der Rahmenrichtlinien zwar, dass einzelne Aspekte zu Fragen des bürgerschaftlichen Engagements angesprochen werden. Beispielsweise finden sich in den Dokumentationen der Bildungskonferenzen 2008 und 2009 zahlreiche Einzelaspekte, die das Engagement sowohl von Teilnehmern an Qualifizierungsmaßnahmen als auch von Lehrkräften selbst betreffen. Darüber hinaus kommen die Maßnahmen gerade den freiwillig und ehrenamtlich engagierten Mitarbeitern im Sport – Trainern, Übungsleitern, Vereinsmanagern usw. – zu Gute. Allerdings stellt eine Bündelung dieser Maßnahmen zu einer zentralen Strategie der Gewinnung, Bindung und Anerkennung des Engagements durch Qualifizierung noch eine Herausforderung für den DOSB dar.

7.2.3 Fazit und Perspektiven

Das Qualifizierungssystem des vereins- und verbandsorganisierten Sports in Deutschland hat eine hohe Attraktivität für freiwillig und ehrenamtlich Engagierte. Dies zeigt sich u.a. an den Teilnehmerquoten und der Anzahl der ausgegebenen Lizenzen, die der DOSB im Rahmen seiner Bildungsberichterstattung seit einigen Jahren dokumentiert (DOSB, 2010f). Gerade weil das Qualifizierungssystem des vereins- und verbandsorganisierten Sports als insgesamt sehr erfolgreich zu bezeichnen ist, bietet es sich an, sein Potenzial im Hinblick auf aktuelle Herausforderungen, denen Sportvereine und -verbände gegenüberstehen, auszubauen und weiterzuentwickeln. Hierzu gehört es auch, Qualifizierungs- und Ausbildungsangebote zu nutzen, um das freiwillige und ehrenamtliche Engagement im Sport zu stärken. Dies kann z.B. geschehen, in dem das Qualifizierungssystem konsequent in Bezug auf die Teilnehmer an Aus- und Fortbildungsmaßnahmen weiterentwickelt wird, um die Attraktivität der angebotenen Ausbildungsmaßnahmen für die Engagierten zu erhöhen.

Zu einer solchen Erhöhung der Attraktivität kann gehören, Bildungsangebote als Teil einer *Anerkennungskultur* zu begreifen. Bildungsangebote können demonstrieren, dass das Engagement ernst genommen wird und dass es wertvoll für die „Gemeinschaft" ist. Attraktive und herausfordernde Weiterbildungen, die darüber hinaus auch in anderen Kontexten wie z.B. der Berufswelt anerkannt werden, sind dazu geeignet, die Verbundenheit der Teilnehmer mit dem vereins- und verbandsorganisierten Sport zu erhöhen. Der DOSB sollte seine Mitgliedsorganisationen dazu ermuntern, Bildungsangebote konsequent als Teil einer „Anerkennungskultur" zu verwenden.

Eine besondere Aufmerksamkeit sollte hierbei der *Übertragbarkeit und Anerkennung* von Qualifikationen in andere Kontexte außerhalb des vereins- und verbandsorganisierten Sports gelten. Die Ausbildungsangebote könnten insofern daraufhin überprüft werden, inwieweit die dort erworbenen Kompetenzen auch in anderen Lebensbereichen z.B. in Schule und Beruf anwendbar sind. Ein solcher „doppelter Nutzen" der erworbenen Zertifikate und Qualifikationen erhöht die Attraktivität des Ausbildungssystems für Engagierte. Ein besonderes Interesse an der doppelten Nutzbarkeit von Qualifizierungsmaßnahmen könnten dabei solche Bevölkerungsgruppen haben, die im Engagement bisher unterrepräsentiert sind (z.B. Frauen, Migranten, sozial Benachteiligte), da diese oftmals auch im Bildungssystem benachteiligt sind. Der DOSB könnte in diesem Kontext spezifische Bildungsangebote schaffen, die dazu beitragen, dass Engagement gerade für diese Bevölkerungsgruppen von besonderem Interesse ist.

Zu einer Erhöhung der Attraktivität sollte schließlich auch gehören, die Sichtbarkeit des DOSB als „zivilgesellschaftlichem Bildungsanbieter" zu erhöhen. Mit seiner Bildungsberichterstattung hat der DOSB hierzu erste relevante Schritte getan. Das Arbeitsprogramm des Präsidiums für 2011-2014 sieht weitere Aktivitäten in diesem Bereich vor (DOSB, 2011a). In diesem Zusammenhang könnte – auch über den vereins- und verbandsorganisierten Sport hinaus – deutlich gemacht werden, dass die im Bereich des DOSB erworbenen Qualifikationen und Kompetenzen qualitativ hochwertig und vielfältig sind, dass sie ein wichtiges Angebot zum lebenslangen Lernen unterschiedlicher Bevölkerungsgruppen darstellen und dass durch sie nicht nur Kompetenzen erworben werden können, die dem vereins- und verbandsorganisierten Sport zu Gute kommen, sondern darüber hinaus auch in anderen Lebensbereichen Anwendung finden.

7.3 Informelle Lernprozesse im bürgerschaftlichen Engagement – zur Perspektive des DOSB auf eine neue Form des Bildungserwerbs

7.3.1 Ausgangspunkte

Die aktuellen Debatten über Bildung und bürgerschaftliches Engagement werden insbesondere durch die Diskussion um informelle Bildungsprozesse bestimmt. Seit Langem besteht Einigkeit darüber, dass Bildung nicht allein in dafür vorgesehenen formalen Institutionen des ersten Bildungssystems (Schule, Universität, berufliche Ausbildung) sondern darüber hinaus lebenslang und „überall" erworben wird, (vgl. z.B. Dietsche & Meyer, 2004). Für Bildungsprozesse, die außerhalb formaler Kontexte stattfinden, hat sich in den letzten Jahren der Begriff des „informellen Lernens" durchgesetzt. Als informelles Lernen gelten laut Kinder- und Jugendbericht der Bundesregierung „… alle bewussten oder unbewussten Formen des praktizierten Lernens außerhalb formalisierter Bildungsinstitutionen und Lernveranstaltungen. Es setzt sich vom formalen Lernen insbesondere dadurch ab, dass es in aller Regel von den individuellen Interessen der Akteure aus gesteuert ist. Es ist meist ungeplant, beiläufig, implizit, unbeabsichtigt, jedenfalls nicht institutionell organisiert, d.h. ein (freiwilliges) Selbstlernen in unmittelbaren Zusammenhängen des Lebens und Handelns" (Bundesministerium für Familie, 2005b, S. 127; unter Verweis auf Dohmen, 2001; Otto & Rauschenbach, 2008).

Vereine und Verbände sowie das bürgerschaftliche Engagement in diesen Organisationen werden in den Diskussionen um das informelle Lernen als so genannte „non-formale Bildungssettings" betrachtet, in denen informelle Lernprozesse auf besondere Weise gefördert werden (vgl. Enquete-Kommission, 2002; Hartnuß, 2008). Dieser Zusammenhang ist in den letzten Jahren in einer Reihe von empirischen Studien untersucht worden. Es lassen sich Studien zum Kompetenzerwerb Jugendlicher (vgl. z.B. Düx, Prein, Sass & Tully, 2008) und Erwachsener im bürgerschaftlichen Engagement (Hansen, 2008a) sowie zum Kompetenzerwerb in Sportvereinen (Braun & Hansen, 2010; Hansen, 2008b; Neuber, 2010) finden. In einigen Studien werden darüber hinaus auch solche Kompetenzerwerbsprozesse untersucht, die für Kontexte der Erwerbsarbeit von Relevanz sind (vgl. z.B. Gensicke, Olk, Reim, Schmithals & Dienel, 2009; Mutz & Söker, 2003; Schumacher, 2003).

Die Ergebnisse dieser Studien zeigen übereinstimmend, dass der Kompetenzerwerb im bürgerschaftlichen Engagement tatsächlich überwiegend auf informellen Lernprozessen (learning by doing, Lernen durch Verantwortungsübernahme, selbstorganisierte und inzidentelle Lernprozesse) beruht und dass in freiwilligen Tätigkeiten insbesondere so genannte personelle, soziale und fachliche Kompetenzen erworben werden können, denen in anderen sozialen Kontexten (z.B. der Schule oder im Beruf) eine ganz besondere Bedeutung zugeschrieben wird. Offen bleibt hierbei jedoch oft die Frage, ob und inwieweit die erworbenen Kompetenzen tatsächlich in andere Kontexte außerhalb des bürgerschaftlichen Engagements transferiert werden können (vgl. Braun, Hansen & Ritter, 2007).

Von Bedeutung für die Praxis der Vereins- und Verbandswesens ist, dass informelle Lernprozesse oftmals nicht bewusst sind. In den letzten Jahren sind daher erste praxisbezogene Instrumente entwickelt worden, mit denen der informelle Kompetenzerwerb im bürgerschaftlichen Engagement gefördert werden soll bzw. mit denen informell erworbene Kompetenzen bewusst und darüber hinaus auch zertifizierbar gemacht werden sollen. Eine große Bedeutung haben hierbei z.B. sogenannte „Kompetenzbilanzierungsverfahren" oder „Kompetenzbiographien" (BBE, 2009c). Solche Bemühungen, informell erworbene Kompetenzen sicht- bzw. zertifizierbar zu machen, stehen jedoch gleichzeitig in der Kritik, den Charakter des bürgerschaftlichen Engagements im Sinne einer „Monetarisierung" der freiwilligen Tätigkeit zu „verfälschen" (vgl. hierzu z.B. Jakob, 2006).

7.3.2 Informelle Lernprozesse im bürgerschaftlichen Engagement in den Dokumenten des DSB/DOSB

Vor dem Hintergrund der aktuellen Debatten um informelle Lernprozesse im bürgerschaftlichen Engagement stellt sich die Frage, auf welche Weise der DOSB diese Form des Bildungserwerbs aufnimmt und in seine Bildungskonzeption integriert. Die Auswertung von Dokumenten des DOSB führt hierbei zu folgender These:

> (1) Die aktuelle Diskussion um die informellen Bildungspotenziale im bürgerschaftlichen Engagement wird im DOSB derzeit schwerpunktmäßig durch die DSJ bearbeitet. (2) Die Jugendorganisation hat eine Konzeption zu den „Bildungspotenzialen von Kinder- und Jugendarbeit im Sport" entwickelt, in der insbesondere den Partizipations- und Mitgestaltungsmöglichkeiten im Sportverein ein besonderes Bildungspotenzial zugesprochen wird. (3) Diese Potenziale versucht die DSJ durch konkrete Handlungsempfehlungen und durch übertragbare Konzepte für die Mitgliedsorganisationen zu fördern. Ein besonders praxisbezogenes Beispiel stellt hierbei das Bildungskonzept dar, das die DSJ für Vereine entwickelt hat, die Einsatzstellen für ein Freiwilliges Soziales Jahr anbieten.

Ergebnis 1:   Informelle Lernprozesse – ein Thema der DSJ

Die Ergebnisse der Dokumentenanalyse zeigen, dass das Thema informelles Lernen in den letzten Jahren insbesondere durch die Deutsche Sportjugend bearbeitet wurde. Die Jugendorganisation im DOSB hat das Thema informelle Bildung im und durch Sport aufgenommen und in einer Reihe von Grundsatzdokumenten ihre Positionen, Aktivitäten und Konzeptionen dargelegt (vgl. auch Ergebnis 2 und 3). Zu diesen Grundsatzdokumenten zählen insbesondere der Orientierungsrahmen „Sport bildet: Bildungspotenziale der Kinder- und Jugendarbeit im Sport" (DSJ, 2009c) sowie das praxisorientierte Handbuch für Träger und Einsatzstellen „Freiwilliges Soziales Jahr im Sport" (DSJ, 2009a). Dagegen lassen sich im DOSB – beispielsweise in den Präsidiumsberichten der Vizepräsidentin für Bildung und Olympische Erziehung (Doll-Tepper, 2009, 2010) oder in den Berichten der Arbeitstagungen zum Thema Bildung der letzten Jahre (DOSB, 2008c, 2009f) – nur sehr wenig Bezüge auf die aktuellen Diskussionen um informelle Lernprozesse erkennen. Hintergrund hierfür – dies legen auch die Experteninterviews nahe, die wir mit Vertretern des DOSB geführt haben – ist eine „Arbeitsteilung" zwischen DSJ und DOSB, bei der informelles Lernen derzeit schwerpunktmäßig durch die DSJ bearbeitet wird.

Ergebnis 2:   Bürgerschaftliches Engagement im Sportverein als Setting für informelle Lernprozesse – das aktuelle Bildungsverständnis der DSJ

In ihrem Orientierungsrahmen „Bildung" aus dem Jahr 2009 entwirft die DSJ eine Bildungskonzeption, die explizit die Potenziale des informellen Lernens im bürgerschaftlichen Engagement aufnimmt. Die Argumentation lässt sich wie folgt zusammenfassen:

(1) Die DSJ definiert ein Bildungsverständnis, in dem die „erfahrungsorientierte Selbstgestaltungsfähigkeit" eine bedeutende Rolle bei der bildungsbezogenen Kinder- und Jugendarbeit spielt: In einer zunehmend „differenzierten Gesellschaft", in der „viele junge Menschen ... im Vergleich zu früheren Jahrzehnten nicht mehr in tradierten Bindungen leben, die durch die traditionelle Kleinfamilie und sozial-integrative Milieus" gekennzeichnet sind, sei die „Selbstgestaltungsfähigkeit ... eine wichtige Zielperspektive ..., damit junge Menschen ihre Gegenwart und Zukunft bewältigen und weiterentwickeln können. Sie umfasst den Menschen sowohl in seiner körperlichen als auch in seiner sozialen Dimension. In diesem Zusammenhang ist danach zu fragen, wie Kinder und Jugendliche im Sportverein lernen können, ihre Rahmenbedingungen mitzugestalten und aktiv dafür zu sorgen, dass ihre Bedürfnisse berücksichtigt werden" (DSJ, 2009c, S. 8).

(2) Der Sportverein wird im Verständnis der DSJ als „nonformales Bildungssetting" verstanden, in dem (nicht nur dort, aber eben auch) im Rahmen von Mitgestaltungsmöglichkeiten, wie sie bürgerschaftliches Engagement bieten kann, informelle Bildungsprozesse ablaufen können: „Für die Beschreibung des Sportvereins als Bildungssetting für Kinder und Jugendliche, das auf erfahrungsorientierter Selbstgestaltungsfähigkeit abzielt, ist damit nicht nur die Selbstorganisation als zentrales Strukturmerkmal entscheidend, sondern vor allem auch die Einbindung junger Menschen in Entscheidungen und der Freiheitsgrad für selbstorganisierte Prozesse" (DSJ, 2009c, S. 10).

Das freiwillige und ehrenamtliche Engagement junger Sportvereinsmitglieder spielt also in der aktuellen Bildungskonzeption der DSJ eine wesentliche Rolle. Durch die selbstorganisierte Mitarbeit in Kontexten des Sportvereins – z.B. bei der Anleitung einer Trainingsgruppe, bei der Organisation von Veranstaltungen oder bei der Mitarbeit als Jugendreferent im Vereinsvorstand – könnten jugendliche Mitglieder auf informelle Weise wesentliche Kompetenzen erwerben, die nicht nur innerhalb des Sportvereins, sondern auch in anderen Kontexten wie z.B. in Schule und Beruf anwendbar seien. Diese Erkenntnis hat die DSJ durch wissenschaftliche Studien, die sie selbst in Auftrag gegeben hat und die im Orientierungsrahmen präsentiert werden, empirisch untersuchen lassen (DSJ, 2009c, S. 11f.; Neuber, Breuer & Wienkamp, 2009).

Ergebnis 3:   Förderung von informellen Lernprozessen im freiwilligen und ehrenamtlichen Engagement – Orientierung für Vereine und Verbände

Die DSJ betont nicht nur das Potenzial bürgerschaftlichen Engagements als Kontext für informelle Lernprozesse, sondern legt darüber hinaus auch Ideen und Konzepte zur Förderung solcher Lernprozesse in Sportvereinen vor. Dies geschieht einerseits wiederum im Orientierungsrahmen Bildung aus dem Jahr 2009 (DSJ, 2009c) und andererseits praxisorientiert im „Handbuch für Träger und Einsatzstellen Freiwilliges Soziales Jahr im Sport", das durch die DSJ herausgegeben wurde (DSJ, 2009a).

(1) Im Orientierungsrahmen Bildung werden vor dem Hintergrund der dargestellten Potenziale des Sportvereins als non-formalem Bildungssetting Handlungsempfehlungen formuliert, die die zukünftige Bildungsarbeit der Jugendorganisationen im DOSB leiten sollen. Zwar können informelle Lernprozesse „laut Definition kaum pädagogisch angeleitet werden. Gleichwohl können Rahmenbedingungen im Sportverein so gestaltet werden, dass sie sowohl formelle als auch informelle Bildungsprozesse fördern" (DSJ, 2009c). Handlungsempfehlungen zur Entwicklung der Rahmenbedingungen für Bildungsprozesse im Sportverein beziehen sich dabei auf die

- Ermöglichung des freiwilligen und ehrenamtlichen Engagements („strukturelle Rahmenbedingungen schaffen", „vertrauensvolles Klima fördern"),
- Entwicklung und Schulung der Vereinsmitarbeiter („Trainer/-innen und Übungsleiter/-innen als Lernbegleiter/-innen begreifen", „Qualifizierung von Vereinsmitarbeitern fördern"),
- Besonderheiten informeller Lernprozesse („Reflexionsfähigkeit entwickeln", „Aufmerksamkeit auf informelle Lernprozesse lenken").

(2) Noch konkreter und praxisbezogener werden die Konzepte zur Förderung informeller Lernprozesse im freiwilligen und ehrenamtlichen Engagement im „Handbuch für Träger und Einsatzstellen, Freiwilliges Soziales Jahr im Sport" (DSJ, 2009a), das die DSJ entwickelt hat. Auch hier wird informellen Lernprozessen eine besondere Bedeutung zugeschrieben. Die in der Tätigkeit im Sportverein gemachten Lernerfahrungen sollen systematisch durch eine pädagogische Begleitung sowie durch Seminarveranstaltungen gefördert werden: „Erst durch die Verbindung von praktischer Arbeit in den Einsatzstellen mit der Reflexion dieser Arbeit in einem Gruppenprozess während der Seminarwochen wird der Anspruch des ‚sozialen Bildungsjahres' eingelöst" (DSJ, 2009a). Um den Reflexionsprozess über die informellen Lernerfahrungen anzustoßen, hat die DSJ ein Seminarkonzept entwickelt, das aus einem Einführungs-, einem Zwischen- und einem Abschlussseminar besteht. Das im Handbuch dargestellte Konzept enthält sowohl Zielkompetenzen, die entwickelt werden sollen (Selbstkompetenz, soziale Kompetenz, Mitverantwortung für das Gemeinwohl, sportliche und überfachliche Fachkompetenz), als auch exemplarische Musterprogramme, die Sportvereinen und -verbänden bei der Organisation und Durchführung der Seminare Hilfestellung geben sollen.

7.3.3 Fazit und Perspektiven

Das informelle Lernen ist im DOSB insbesondere durch die DSJ sehr systematisch aufgenommen und bearbeitet worden. Die Position der DSJ zeichnet sich dabei in besonderer Weise dadurch aus, dass eine Bildungskonzeption entworfen wird, in der sowohl auf einer konzeptionellen als auch auf der Ebene der Übertragung von Konzeptionen in die Praxis der Vereine und Verbände systematische Orientierungen gegeben werden. Bildungserwerb – so die Konzeption der DSJ – könne in Sportvereinen und -verbänden durch informelle Lernprozesse ermöglicht werden, die insbesondere durch Erfahrungen, wie sie im freiwilligen und ehrenamtlichen Engagement gemacht werden, ausgelöst werden könnten. Indem ein solches Engagement ermöglicht wird, leistet der vereins- und verbandsorganisierte Sport Bildungsarbeit, die durch eine systematische Begleitung und Reflexion noch weiter gefördert werden könne. Wie eine solche Förderung durch Begleitung und Reflexion aussehen kann, hat die DSJ für Teilnehmer an einem Freiwilligen Sozialen Jahr praxisorientiert dargestellt. Die dort gemachten Vorschläge und Anstöße sollten dahingehend hinterfragt werden, inwieweit sie allen Engagierten, auch außerhalb des Freiwilligen Sozialen Jahres, zugänglich gemacht werden können.

Außerhalb der Jugendorganisation wurden informelle Lernprozesse im DOSB bisher eher selten thematisiert. Dabei bietet dieses Thema auch für Erwachsene, die sich nicht mehr in den klassischen, bildungsnahen Lebensphasen (Kindheit, Jugend, junges Erwachsenenalter) befinden und die der Reichweite der derzeit vielfach kritisierten ersten Bildungseinrichtungen (Schule, Hochschule usw.) „entwachsen" sind, besondere Perspektiven, denen sich der vereins- und verbandsorganisierte Sport annehmen sollte, sofern er sich als „zivilgesellschaftlicher Bildungsanbieter" etablieren und ein attraktives Angebot zur Sicherung des freiwilligen und ehrenamtlichen Engagements bereitstellen möchte. Dabei könnte auf die Vorüberlegungen und -arbeiten der DSJ zurückgegriffen werden; denn auch freiwillig und ehrenamtlich Engagierte im Erwachsenenalter können dazu angehalten werden zu hinterfragen, inwieweit sie in ihren Tätigkeiten als Trainer, Übungsleiter, Vorsitzender usw. Kompetenzen erworben oder erweitert haben. Bestandteil einer solchen Weiterentwicklung vorliegender Konzepte könnte es einerseits sein, durch öffentlichkeitswirksame Maßnahmen auf das Potenzial informeller Lernprozesse aufmerksam zu machen und andererseits durch strukturierte Maßnahmen, wie z.B. durch so genannte Kompetenzbiographien, die Lernerfolge zu dokumentieren helfen, oder durch Mitarbeitergespräche, die zur Reflexion anregen, informelle Lernprozesse weiter zu fördern.

7.4 Lernen in Bildungslandschaften: Perspektiven des DOSB auf Vernetzungen mit lokalen Bildungsakteuren

7.4.1 Ausgangspunkte

Die aktuellen bildungswissenschaftlichen und -politischen Debatten sind u.a. geprägt von der Diskussion um Bildungslandschaften und -netzwerke. Mit diesen Begriffen werden Zusammenschlüsse bezeichnet, die dazu dienen sollen, alle am Prozess des Bildungserwerbs beteiligten Akteure eines Sozialraumes im Rahmen einer gemeinsamen Strategie miteinander zu koordinieren (vgl. Baumheier & Warsewa, 2009; Bleckmann, 2009; Luthe, 2009; Solzbacher & Minderop, 2007). Hierzu gehören – und dies macht die Bedeutung der Diskussion für den vereins- und verbandsorganisierten Sport aus – nicht zuletzt auch Vereine und Verbände.

Bildungsnetzwerke gelten als ein Instrument, vermeintlichen oder realen Fehlentwicklungen des staatlich gesteuerten Bildungssystems entgegenzuwirken, die sich beispielsweise in negativen Ergebnissen vergleichender Bildungstests wie z.B. den Pisa-Studien (Prenzel, 2005) sowie wachsenden sozialen Ungleichheiten im Bildungssystem (vgl. Allmendinger & Nikolai, 2006) zeigten. Darüber hinaus sollen Bildungsnetzwerke dazu beitragen, Bildungserwerb nicht allein auf dafür vorgesehene Organisationen und Zusammenhänge zu beschränken, sondern als einen umfassenden Prozess zu begreifen, der zu einem bedeutenden Teil auch auf informelle Weise zu Stande komme (vgl. hierzu auch Abschnitt 7.3).

Ein besonderer Schwerpunkt in der Diskussion um Bildungsnetzwerke liegt oftmals auf Kooperationen zwischen Schulen, die sich einer Ganztagsbildung verschrieben haben, und anderen Bildungsakteuren aus den Bereichen Staat, Markt und Nonprofit-Sektor. Sportvereinen und -verbänden wird dabei als Kooperationspartner für Ganztagsschulen eine besondere Bedeutung zugesprochen:

(1) Zunächst wird von der Annahme ausgegangen, dass Sportvereine und -verbände Lern- und Bildungserfahrungen bieten könnten, die die schulische Ausbildung sinnvoll komplettierten. So böten sie aufgrund ihrer Strukturmerkmale (Freiwilligkeit der Mitgliedschaft, freiwilliges Engagement, demokratische Entscheidungsstrukturen, Unabhängigkeit vom Staat) günstige Voraussetzungen für ganzheitliche Bildungsprozesse in Abgrenzung zur Kompetenzzentriertheit schulischer Ausbildung (vgl. z.B. Hansen, 2008a; Neuber & Wienkamp, 2010; Riekmann & Bracker, 2008) sowie für emanzipatorische Bildungsprozesse außerhalb des Zugriffs staatlicher Stellen (vgl. z.B. Riekmann & Bracker, 2008).

(2) Empirische Untersuchungen zu Bildungsnetzwerken unter Einbezug von Schulen zeigen, dass Sportvereine sich als zweit häufigster Kooperationspartner – nach den Organisationen der Jugendhilfe – einer besonders großen Beliebtheit erfreuen (vgl Laging, 2008). Allerdings wird auch konstatiert, dass Kooperationen mit Sportvereinen bisher insbesondere als additiv-duale Kooperationen verstanden werden (vgl. Laging, 2008, S. 260). Solche additiven Angebote, bei denen das vormittägliche Unterrichtsangebot erhalten bleibt und durch nachmittägliche freiwillige Angebote ergänzt wird, zeichnen sich zumeist durch eine eher geringe Abstimmung zwischen Schule und außerschulischem Bildungsanbieter aus und existieren – im Gegensatz zu Konzepten der gebundenen Ganztagsbildung – eher unter dem Aspekt der „Betreuung" als dem der „Bildung" (vgl. Prüß, 2008, S. 629).

(3) Aus der Perspektive von Nonprofit-Organisationen werden die Kooperationsmöglichkeiten in Bildungsnetzwerken nicht immer nur als Chance wahrgenommen. Vielmehr wird vielfach argumentiert, dass durch die Ausweitung des schulischen Freizeitangebots dem vereins- und verbandsorganisierten Sport der Nachwuchs „entzogen" würde. Durch die wachsende Einbindung in die schulische Ganztagsbildung fehle den Kindern und Jugendlichen die freie Zeit, im Musik- oder Sportverein aktiv zu sein (vgl. Riekmann & Bracker, 2008, S. 464). Diese Entwicklung stelle insbesondere für solche Organisationen ein Problem dar, die ihre Angebote nicht so einfach mit dem Bildungspartner Schule verbinden können oder wollen. Dies beträfe z.B. kleinere Vereine, die spezifische Sportarten in wettkampfbezogener Perspektive anbieten bzw. den Leistungssport fördern und somit „Spezialisierungs- und Selektionsabsichten" (Laging, 2008, S. 254) verfolgen, die mit dem Auftrag der Schule nur bedingt vereinbar seien.

(4) Bisher kaum bearbeitet wird in der fachwissenschaftlichen Diskussion die Frage, welche Möglichkeiten, aber auch Herausforderungen der Einsatz von bürgerschaftlich Engagierten in Bildungsnetzwerken mit sich bringt (vgl. Riekmann, 2008). Zu vermuten ist, dass Qualität und Professionalität des bürgerschaftlichen Engagements in der Zusammenarbeit mit Partnern in bildungsbezogenen Kontexten ein wesentlicher Aspekt sein wird, mit dem sich sowohl die praxisbezogene Forschung zu Bildungsnetzwerken als auch Vereine und Verbände in Zukunft auseinanderzusetzen haben.

Insgesamt zeigt sich, dass dem vereins- und verbandsorganisierten Sport in der aktuellen Diskussion um Bildungslandschaften und -netzwerke eine besondere Bedeutung als

Kooperationspartner zukommt. Dabei konzentrieren sich die Erwartungen vor allem auf den aktuellen Trend zur schulischen Ganztagsbildung. Aus der Perspektive der Vereine und Verbände verbinden sich mit dieser Entwicklung sowohl Chancen als auch Risiken: So ergeben sich einerseits neue Betätigungsfelder und Kooperationspartner; andererseits wird vielfach befürchtet, dass Kindern und Jugendlichen durch die längere Bindung in der Ganztagsschule immer weniger Zeit für ein vereinsorganisiertes Sporttreiben bleibt.

7.4.2 Vernetzung im Bildungsbereich: Was sagen die Dokumente des DSB/DOSB?

Vor dem Hintergrund der skizzierten Herausforderungen, mit denen auch der vereins- und verbandsorganisierte Sport durch die Entwicklung zu Ganztagsschulen und Bildungslandschaften und -netzwerken konfrontiert wird, stellt sich die Frage, inwieweit sich der DOSB bisher mit diesen Themen befasst hat. Unsere Dokumentenanalyse erlaubt in diesem Zusammenhang folgende These:

> (1) Der DSB/ DOSB verfügt über eine lange Tradition der Auseinandersetzung mit der Schule als lokalem Bildungspartner. (2) In neueren Papieren nehmen DSJ und DOSB die aktuellen Diskussionen um Bildungslandschaften und um Ganztagsbildung auf und formulieren eigene Stellungnahmen und Positionen dazu. (3) Wenngleich somit eine Anschlussfähigkeit an die aktuellen Diskussionen besteht, ist zu konstatieren, dass umsetzbare Konzepte und Handlungsperspektiven, die eine Übertragung der Stellungnahmen und Positionen in die Praxis der Sportvereine und -verbände thematisieren, bisher noch ausstehen. Dies betrifft auch und gerade die Frage, auf welche Weise freiwillig und ehrenamtlich Engagierte in die Kooperationen und Netzwerke mit lokalen Bildungspartnern integriert werden könnten.

Ergebnis 1: Traditionen in der Auseinandersetzung mit dem Schulsport

Der Schulsport stellt ein wichtiges Handlungsfeld dar, indem sich der DSB/ DOSB bereits seit seiner Gründung engagiert. Dabei spielt die Frage, wie Schulen und vereins- und verbandsorganisierter Sport kooperieren können, eine wesentliche Rolle. Dies dokumentiert eine Reihe von Veröffentlichungen, die der DSB/ DOSB zwischen 1955 und 2009 – meist gemeinsam mit anderen Akteuren, die sich im Bereich der Bildung engagieren – veröffentlicht hat (DOSB, 2009g; DSB, 1955, 1956, 1972, 1985):

(1) Bereits in den 1950er Jahren erscheinen eine „Denkschrift über die Leibeserziehung an den Schulen und Hochschulen" (DSB, 1955) sowie gemeinsam mit den Kultusministern der Länder und den kommunalen Spitzenverbänden veröffentlichte „Empfehlungen zur Leibeserziehung an den Schulen" (DSB, 1956). Insbesondere im zweiten Dokument entwickelt die noch junge Dachorganisation des deutschen Sports einen Blick auf die Kooperation von Schulen und Sportvereinen, die bis heute nicht an Aktualität verloren hat: „Der Leibeserziehung in der Schule fällt vor allem die Grundausbildung der Jugendlichen in den Leibesübungen zu. Sie wird mit fortschreitendem Alter insbesondere durch die Arbeit der Sportvereine und der Jugendverbände ergänzt. Damit fällt dem Vereinssport eine sich laufend verstärkende Verantwortung für die körperliche Erziehung der Jugend zu. Diese Jugendarbeit, die in ihren Absichten in mancher Hinsicht den Zielen und Grundsät-

zen in der Schule ähnelt, wird daher in stärkerem Maße nach pädagogischen Gesichtspunkten zu vollziehen sein. Deshalb soll Leibeserziehung in der Schule und im Verein zusammenwirken und einander ergänzen" (DSB, 1956, S. 2).

(2) Die anfängliche Thematisierung einer Kooperation von Schule und Sportverein setzt sich in folgenden programmatischen Dokumenten, die als Anschluss bzw. Weiterentwicklung der Dokumente von 1955 und 1956 zu verstehen sind, nur bedingt fort. Im Jahr 1972 veröffentlicht der DSB das „Aktionsprogramm für den Schulsport" (DSB, 1972) und 1985 das „Zweite Aktionsprogramm für den Schulsport" (DSB, 1985). Zwar wird in diesen Dokumenten auch das Verhältnis des vereins- und verbandsorganisierten Sports zum Schulsport thematisiert. Jedoch wird den Sportvereinen, anders als in den Vorgängerdokumenten, eher eine Rolle als „Nutznießer" oder „Abnehmer" einer durch die Schule zum lebenslangen Sporttreiben motivierten Jugend zugeschrieben (DSB, 1972, 1985). Eine Kooperation beider Institutionen mit dem Ziel der Ausbildung eines sportbezogenen Lebensstils und einer pädagogisch orientierten Jugendarbeit wird in beiden Dokumenten eher am Rande thematisiert.

(3) Das „Memorandum für den Schulsport" (DOSB, 2009g) ist das jüngste programmatische Papier des DOSB zum Thema. Das Dokument wurde im September 2009 durch den DOSB, den Deutschen Sportlehrer Verband (DSLV) und die Deutschen Vereinigung für Sportwissenschaft (DVS) verabschiedet. Im Memorandum werden verschiedene, den Schulsport betreffende Themen behandelt. Hierzu gehört auch das Thema Ganztagsbildung. Wenngleich eine systematische Auseinandersetzung mit dem Thema Kooperation von Schulen und Sportvereinen im Rahmen der Ganztagsbildung in diesem Dokument nicht stattfindet, so findet sich doch eine Verpflichtung zum weiteren Ausbau solcher Kooperationen: „Die positiven Erfahrungen mit den an vielen Schulen bestehenden Kooperationsformen zwischen ‚Schulen und Sportvereinen' sollten stärker genutzt werden" (DOSB, 2009g, S. 9). Weiterhin reagiert der DOSB auf vielfach geäußerte Bedenken: „Die Zunahme von Ganztagsschulen darf nicht dazu führen, dass nachschulische Freizeitangebote, insbesondere im Sportverein gefährdet werden" (DOSB, 2009g, S. 16).

Ergebnis 2: Chancen und Herausforderungen – warum sich der vereins- und verbandsorganisierte Sport der Diskussion um Bildungsnetzwerke öffnen sollte

In zwei aktuellen Dokumenten aus den Jahren 2008 und 2009 nimmt die DSJ im DOSB die aktuelle Diskussion um Ganztagsbildung bzw. um Bildungslandschaften im Sozialraum explizit auf (wie bereits im Themenfeld „informelles Lernen" haben unsere Experteninterviews ergeben, dass DOSB und DSJ auch hier ein arbeitsteiliges Vorgehen abgestimmt haben, bei dem die DSJ aktuell die schwerpunktmäßige Bearbeitung des Themas übernimmt) (DOSB und DSJ, 2008; DSJ, 2009b). In beiden Dokumenten wird herausgearbeitet, warum sich der vereins- und verbandsorganisierte Sport in Bildungsnetzwerken bzw. im Rahmen der Ganztagsbildung engagieren sollte und welche Ziele hiermit verbunden sein könnten:

(1) Eine besonders herausragende Stellung nimmt in diesem Zusammenhang das 2008 veröffentlichte „Grundsatzpapier zum Thema Ganztagsförderung im Schulsport" von DSJ und DOSB ein (DOSB und DSJ, 2008). In diesem Papier findet sich die Argumentation, dass Kooperation und Vernetzung mit Schulen im Rahmen von Ganztagsbildungseinrich-

tungen keine Wahl seien, sondern dass es für den „gemeinnützigen Sport kaum eine Alternative zur Kooperation mit Ganztagsschulen" gäbe (DOSB und DSJ, 2008, S. 7). Durch die Entwicklung zur Ganztagserziehung würden Kinder am Nachmittag länger durch schulische Angebote „gebunden", Sportstätten seien länger besetzt und es würde Personal benötigt, dass ggf. aus den Reihen qualifizierter Übungsleiterinnen und Übungsleiter des vereins- und verbandsorganisierten Sports rekrutiert würde (DOSB und DSJ, 2008, S. 7).

Diesen „Herausforderungen" durch die Entwicklung zu Ganztagsschulen sei zu begegnen, in dem der vereins- und verbandsorganisierte Sport „eigene Motive und Ziele der Zusammenarbeit mit Ganztagsschulen" formuliere. Solche Ziele könnten z.B. sein:

- „Zukunftssicherung im kommunalen Kinder- und Jugendsport,
- Ausbau der Kooperation Schule – Sportverein,
- örtliche Vernetzung von Schule – Jugendhilfe – Sport,
- Kinder an den Sportverein binden,
- neue Angebotsformen schaffen,
- Mitarbeiterinnen und Mitarbeiter gewinnen,
- Stärkung der pädagogischen Arbeit im Sport,
- zusätzliche Breitensportangebote für Kinder und Jugendliche,
- individuelle Förderung und Talentsichtung,
- finanzielle Ressourcen für den Verein erschließen,
- Verbesserung der Sportstättensituation und deren Ausstattung,
- Imagegewinn durch Beteiligung an gesamtgesellschaftlichen Aufgaben" (DOSB und DSJ, 2008, S. 8)

(2) Das im November 2009 von der DSJ veröffentlichte Positionspapier zu „Bildungslandschaften im Sozialraum – gemeinsam für eine bewegte Zukunft" ist das zweite aktuelle Dokument, in dem die beschriebene aktuelle Diskussion durch die Jugendorganisation des DOSB aufgenommen werden. In dem zweiseitigen Papier werden – allgemeiner als im vorher dargestellten Grundsatzpapier von DSJ und DOSB – Positionen für eine Vernetzung des Kinder- und Jugendsports mit den im Sozialraum tätigen Bildungsakteuren bezogen: „Ausgangspunkt und Ziel der Beteiligung des organisierten Kinder- und Jugendsports an Bildungslandschaften ist es, die Bildungspotenziale von Bewegung, Spiel und Sport in Zukunft noch systematischer und intensiver in die Bildungslandschaften des Sozialraums einzubringen" (DSJ, 2009b, S. 1). Welche Eigeninteressen mit der Beteiligung an Bildungslandschaften verbunden sind, wird in dem mit zwei Seiten recht knappen Dokument nicht differenzierter erörtert. Offenbar wird es als „selbstverständlich" für die sozialräumlich agierenden Sportverbände und -vereine erachtet, Bildungslandschaften mitzugestalten.

Ergebnis 3: Umsetzung von Kooperationsbeziehungen in Bildungsnetzwerken – Schärfung der Orientierung für Vereine und Verbände

Vor dem Hintergrund der Chancen und Herausforderungen, die die Entwicklung zu Bildungsnetzwerken sowie der Trend zur Ganztagsbildung mit sich bringen, stellt sich die Frage, wie Kooperationen zwischen dem vereins- und verbandsorganisierten Sport und anderen Bildungsanbietern aufgebaut, gesteuert und professionell betreut werden können. Diese Frage wird in den bereits erwähnten Grundsatzpapieren der DSJ und des DOSB zwar aufgenommen, jedoch werden Konzepte und Handlungsperspektiven für Vereine und Verbände eher ansatzweise angedeutet.

Im Grundsatzpapier zum Thema Ganztagsförderung im Schulsport wird festgestellt, dass Kooperation zwischen Ganztagsschulen und Sportvereinen dann an Qualität gewinnen, wenn nicht nur eine reine Addition der schulischen und vereinsbezogenen Angebote verfolgt würde, sondern wenn die bildungsbezogenen Zielstellungen beider Institutionen sinnvoll miteinander verknüpft würden (DOSB und DSJ, 2008, S. 8f.). Vor diesem Hintergrund werden die Sportvereine und deren Partner in Bildungskooperationen zur Verbesserung struktureller Rahmenbedingungen (Ausstattung mit Ressourcen, Qualitätsentwicklungsprozesse, Hilfen, Fördermaßnahmen etc.) zur quantitativen und qualitativen Verbesserung der Bewegungs-, Spiel- und Sportangebote im Ganztag sowie zur Bildung und Unterstützung kommunaler Netzwerke aufgerufen (DOSB und DSJ, 2008, S. 13f.). Was genau jedoch hierunter zu verstehen ist und wie solche Maßnahmen umgesetzt werden können, bleibt noch konkretisierungsbedürftig.

Ein ähnliches Ergebnis ergibt sich bei der Analyse der vorliegenden Dokumente in Bezug auf das Personal, das mit der Umsetzung von Kooperationen zwischen Schulen und Sportvereinen betraut werden soll. Zwar wird ein besonderes Augenmerk auf die Professionalität der Bildungsarbeit gelegt, die durch „qualifizierte Sportlehrerinnen und Sportlehrer (Sportunterricht) und weitere qualifizierte Personen wie Sportvereinsmitarbeiterinnen und Sportvereinsmitarbeiter (außerunterrichtliche Sportangebote)" gewährleistet werden soll (DOSB und DSJ, 2008, S. 5). Auch wird die Einrichtung hauptamtlicher Positionen gefordert: „Da Bildungslandschaften aufgrund ihrer Größe und Aufgabenstellung zu sehr komplexen Netzwerken werden können, ist eine hauptberufliche Steuerung und Begleitung notwendig" (DSJ, 2009b, S. 2). Allerdings bleibt auch hier noch konkretisierungsbedürftig, wie man sich Rekrutierung, Finanzierung und personalrechtliche Anbindung (Arbeitgeberschaft) solcher hauptberuflicher Steuerungspositionen vorzustellen hat.

Auf die besondere Stärke, die der vereins- und verbandsorganisierte Sport im Bereich des Personals hat, wird dabei nur wenig eingegangen, wenngleich festgestellt wird: „Die Aktivierung und Rekrutierung von Fachkräften, die Angebote im Kontext von Bildungslandschaften gestalten, muss große Bedeutung erhalten. Dabei stellt insbesondere die Mobilisierung von ehrenamtlichen Engagierten ein erhebliches Potenzial dar" (DSJ, 2009b, S. 2).

7.4.3 Fazit und Perspektiven

Die Auswertungen der Schriften des DSB/ DOSB zeigen, dass der vereins- und verbandsorganisierte Sport eine lange Tradition der Reflektion über Kooperationsbeziehungen mit Bildungseinrichtungen hat. Im Mittelpunkt dieser Tradition steht insbesondere die Institution Schule. Bereits in den 1950er Jahren formuliert der DSB konkrete Perspektiven auf Kooperationsbeziehungen, die zwar in den nachfolgenden programmatischen Dokumenten etwas in den Hintergrund rücken, aber im Kontext der aktuellen Diskussionen um Ganztagsbildung und Bildungsnetzwerke scheinbar wieder an Aktualität gewinnen.

Gemeinsam von DSJ und DOSB veröffentlichte Grundsatzpapiere lassen deutlich erkennen, dass der Trend zur Ganztagsbildung nicht nur Chancen und Möglichkeiten bietet, sondern dass sich Sportvereine und -verbände dieser Entwicklung nicht mehr verschließen können, wenn Sie das Ziel verfolgen, (jugendliche) Mitglieder in Zukunft gewinnen und binden zu wollen. Konkrete Handlungsperspektiven und -konzepte, die eine Übertragung der Ideen von Bildungskooperationen in die Praxis der Sportvereine und -verbände thematisieren, stehen allerdings noch aus. Aus der Perspektive des bürgerschaftlichen Engagements betrifft dies insbesondere die Frage, wie der vereins- und verbandsorganisierte Sport seine personalbezogene Stärke – die vielen freiwilligen und ehrenamtlichen Mitarbeiter – in die Kooperationen mit Bildungsanbietern einbringen kann.

Um diese Fragen zukunftsorientiert zu lösen, ist zu empfehlen, noch differenzierter herauszuarbeiten, welche Chancen und Möglichkeiten die Kooperationen mit Bildungsinstitutionen für Sportvereine bieten. Dies sollte nicht nur vor dem Hintergrund der Gewinnung und Bindung neuer jugendlicher Mitglieder erfolgen, die aufgrund von Ganztagsangeboten weniger Zeit für eine Sportvereinsmitgliedschaft haben dürften. Es wäre insbesondere auch zu präzisieren, was Sportverbände oder -vereine, die sich dem Wettkampf- bzw. Leistungssport verschrieben haben, oder solche Vereine, die spezifische Zielgruppen erreichen möchten (z.B. weibliche Mitglieder, Migranten, Arbeitslose etc.), von einer Kooperation und Vernetzung mit Schulen oder anderen Bildungsanbietern haben.

Eine weitere Zukunftsaufgabe des DOSB könnte darin bestehen, konkrete Konzepte zu entwickeln, die darauf eingehen, wie Kooperationen in Bildungsnetzwerken aufgebaut und gesteuert werden können. Dabei wäre es hilfreich, Erfahrungen, Konzepte und Beispiele, die eine konkrete Orientierungshilfe für die Mitgliedsorganisationen sein könnten, zu sammeln, zu entwickeln und zugänglich zu machen. Als Vorlage hierfür könnten sowohl Konzepte von Mitgliedsorganisationen, aber auch von anderen Nonprofit-Organisationen dienen. Die von der DSJ neu ins Leben gerufene Steuerungsgruppe „Bildungsnetzwerke Sportvereine-Schule-Kindertagesstätten" könnte einen Beitrag hierzu leisten (vgl. DSJ, 2011). Besondere Aufmerksamkeit sollte der Qualifizierung der freiwillig und ehrenamtlich Engagierten für die Arbeit in Bildungsnetzwerken zukommen. Im Rahmen der Umsetzung des Memorandums für den Schulsport haben die DVS, der DSV und der DOSB erste gemeinsame Aktivitäten initiiert, in deren Mittelpunkt die Qualifizierung sowohl von Sportlehrkräften als auch von Übungsleitern in Sportvereinen und -verbänden steht (vgl. DVS, 2010). Diese Bemühungen sollten insbesondere mit Bezug auf Qualifizierungsmaßnahmen für die bürgerschaftlich engagierten Übungsleiter und Übungsleiterinnen ausgebaut werden.

8 Profit und Gemeinwohl? Engagement-Partnerschaften zwischen Wirtschaft und Sport

Sebastian Braun

8.1 Einleitung

Das Thema „bürgerschaftliches Engagement von Unternehmen" im Sinne der angloamerikanisch inspirierten Diskussionen über „Corporate Citizenship" (CC) ist im deutschen Diskussionszusammenhang erst in den letzten Jahren intensiver aufgegriffen worden (vgl. Braun & Backhaus-Maul, 2010; Enquete-Kommission, 2002). Insofern überrascht es nicht, dass eine systematische Auseinandersetzung des DOSB mit dem engagementpolitisch relevanten Thema des „unternehmerischen Bürgerengagements" noch weitgehend aussteht, wie auch in unseren Experteninterviews betont wird.

Deshalb ist das vorliegende Kapitel auch anders aufgebaut als die vorangegangenen drei Kapitel. Im Zentrum steht insbesondere die verbandspolitische Schärfung des Blicks für dieses Thema vor dem Hintergrund des historisch ambivalenten Verhältnisses von Wirtschaft und Sport wie auch des seit den 1980er Jahren vollzogenen Aufstiegs des medial inszenierten (Spitzen-)Sports zum privilegierten Sponsoring-Partner der Wirtschaft. Dabei wird insbesondere auf einschlägige Forschungsarbeiten zum Thema CC zurückgegriffen, die in den letzten Jahren im Forschungszentrum für Bürgerschaftliches Engagement an der Humboldt-Universität zu Berlin durchgeführt und publiziert wurden (vgl. z.B. Backhaus-Maul & Braun, 2007, 2010; Braun, 2008, 2009a, 2009b, 2010a, 2010b; Braun & Backhaus-Maul, 2010). Darüber hinaus hat Böttcher (2010) im Rahmen des Forschungsprojekts, dessen Ergebnisse hier vorgestellt werden, auf der Basis von Internetrecherchen aktuelle Kooperationsprojekte zwischen Unternehmen und dem DOSB gebündelt, „die sich nicht auf einen Tausch von Geld, Sachmitteln oder Dienstleistungen gegen die Gewährung von kommunikativen Nutzungsrechten im Sinne eines Sponsorings beschränken" (S. 25). Die Projekte sind in Abschnitt 8.6.2 tabellarisch aufgelistet und kommentiert.

Die leitende These dieses Kapitels lautet:

> Unterhalb der Oberfläche des allfälligen (Spitzen-)Sportsponsorings zeichnet sich auf der operativen Projektebene ein zunehmend breiteres Unternehmensengagement im freizeit-, breiten- oder gesundheitsorientierten Vereinssport ab, das die Züge eines am Sponsoring orientierten CC-Engagements aufweist. Dieses Unternehmensengagement nimmt bei seiner inhaltlichen Ausrichtung auf ausgewählte „gesellschaftliche Funktionen" des vereins- und verbandsorganisierten Sports Bezug und versucht, in Kooperationsprojekten mit dem DOSB unternehmerische Nutzenperspektiven mit gesellschaftlichen Bedarfen auf der Basis sport- und bewegungsbezogener Projekte zu verbinden. Betrachtet man diese Projekte aus der Perspektive des DOSB, dann scheinen sie derzeit eher noch nebeneinander zu stehen und nicht in einen konzeptionellen Rahmen im

Hinblick auf den DOSB als „strategischem Kooperationspartner" von nachhaltigen CC-Projekten eingebettet zu sein. Vor diesem Hintergrund erscheint es sinnvoll und zweckmäßig, im Rahmen einer „sportbezogenen Engagementpolitik" ein Konzept der „partnerschaftlichen Zusammenarbeit mit Unternehmensbürgern" („Corporate Citizens") zu entwickeln. In dieser Konzeption sollte der DOSB seine besonderen „gesellschaftlichen Funktionen" unternehmensadäquat entfalten, um auf diese Weise die gesellschaftspolitischen Handlungsoptionen von Unternehmen für CC-Programme im vereins- und verbandsorganisierten Sport zu profilieren.

Vor dem Hintergrund dieser leitenden These wird im Folgenden zunächst ein Problemhorizont skizziert, der die zunehmende Relevanz des bürgerschaftlichen Engagements von Unternehmen als „Corporate Citizens" im vereins- und verbandsorganisierten Sport umreißt; denn im vorliegenden Kontext engagieren sich nicht mehr Individuen als „Ehrenamtliche", sondern Unternehmen als komplexe Organisationen (Abschnitt 8.2). Darauf aufbauend wird in Abschnitt 8.3 das Begriffsverständnis von CC geschärft, um auf dieser Grundlage die Praxis des unternehmerischen Bürgerengagements in Deutschland anhand einschlägiger empirischer Befunde thesenförmig zu bilanzieren (Abschnitt 8.4). Anschließend wird in Abschnitt 8.5 das ambivalente Verhältnis von Sport und Wirtschaft resümiert und das innerverbandlich kontrovers diskutierte Vordringen des Sponsorings in den vereins- und verbandsorganisierten Sport aufgegriffen. Im letzten Schritt werden dann erste empirische Hinweise auf Kooperationsprojekte zwischen dem DOSB und Unternehmen summiert, die die leitende These dieses Kapitels plausibilisieren können (Abschnitt 8.6).

8.2 „Tue Gutes und profitiere davon" – Suchbewegungen im Feld des bürgerschaftlichen Engagements von Unternehmen

Wie die international vergleichende Nonprofit-Forschung herausgearbeitet hat, ist der Nonprofit-Sektor in Deutschland im Hinblick auf seine Finanzierung bislang ausgesprochen stark von der subsidiären staatlichen Förderung abhängig (vgl. z.B. Anheier, Priller, Seibel & Zimmer, 2007). Allerdings ist – so wurde bereits einleitend hervorgehoben (vgl. Kapitel 2) – das korporatistische Raster zwischen Staat und Nonprofit-Sektor im Zuge der veränderten gesellschaftspolitischen Rahmenbedingungen grundlegenden Veränderungen unterworfen. Zunehmend weniger Aufgaben, die in Deutschland bisher als staatliche gelten, werden aufgrund immer engerer finanzieller Spielräume und eines sich verändernden Verständnisses von Staatsaufgaben von der öffentlichen Hand wahrgenommen.

Vor dem Hintergrund dieser Herausforderungen stellen sich Nonprofit-Organisationen vielfach die Frage, auf welche Weise und unter welchen Bedingungen es gelingen kann, andere Akteure für eine nachhaltige materielle, sachliche und personelle Unterstützung ihrer Aktivitäten zu gewinnen. Diese Frage stellen sich nicht nur Nonprofit-Organisationen in den „staatsnah" organisierten Bereichen wie z.B. im Bereich der sozialen Dienste oder im Gesundheitswesen, bei denen das Subsidiaritätsprinzip mit der gesetzlich verankerten Förderverpflichtung der öffentlichen Hand verbunden ist. Auch Nonprofit-Organisationen in vergleichsweise „staatsferner" organisierten Bereichen wie z.B. im vereins- und verbandsorganisierten Sport, bei denen das Subsidiaritätsprinzip lediglich eine Aufforderung zur öffentlichen Förderung impliziert, sehen sich zusehends mit dieser Frage konfrontiert.

Eine Antwort auf diese Fragestellung wird in letzter Zeit immer häufiger mit Hilfe praxisnaher Ansätze gegeben, die insbesondere im anglo-amerikanischen Raum entwickelt wurden: „Corporate Social Responsibility" (CSR) – im Sinne einer „gesellschaftlichen Verantwortung von Unternehmen" – oder „Corporate Citizenship" (CC) – im Sinne eines „bürgerschaftlichen Engagements von Unternehmen" – lauten entsprechende Schlagworte, die in den letzten Jahren auch hierzulande in öffentlichen und unternehmensbezogenen Diskussionen wie auch in der unternehmerischen Praxis erheblich an Bedeutung gewonnen haben (vgl. Aßländer & Löhr, 2010; Backhaus-Maul, Biedermann, Nährlich & Polterauer, 2009; Braun, 2010a, 2010b; Braun & Backhaus-Maul, 2010). „Tue Gutes und profitiere davon" lautet ein maßgebliches Stichwort, vor dessen Hintergrund die fachpolitischen Diskussionen über das unternehmerische Bürgerengagement in Deutschland maßgeblich geführt werden (vgl. Braun, 2010b). Unternehmen stehen demzufolge vor der Herausforderung, Strategien zu konzipieren, bei denen ein nachhaltiger gesellschaftlicher Nutzen ihres bürgerschaftlichen Engagements mit dem unternehmerischen Nutzen verbunden wird.

Aus einer CC-Perspektive kann der vereins- und verbandsorganisierte Sport unter dem Dach des DOSB als eine Nonprofit-Organisation in Erscheinung treten, die mit ihren spezifischen gesellschaftspolitischen Themen im Feld Sport und Bewegung als Kooperationspartner von Unternehmen fungiert, die für CC-Projekte Geld, Zeit und Unternehmenskompetenzen bereit stellen. Dem DOSB kommt aus einer CC-Perspektive also insbesondere die Rolle eines feldspezifischen „Experten" zu, der mit Hilfe des Mediums Sport und Bewegung zahlreiche gesellschaftspolitische Themen z.B. im Bereich der Integrationsarbeit, Bildungsförderung, Jugendarbeit, Gesundheits- und Ehrenamtsförderung bearbeitet, die für Unternehmen im Rahmen von CC-Aktivitäten interessant sein können.

Diese „Expertenrolle" ist dem DOSB durchaus vertraut, insofern als sie auf die eingangs diskutierte Kooperation mit staatlichen Akteuren im Rahmen des Konzepts der „partnerschaftlichen Zusammenarbeit" verweist (vgl. Teil A). Anders als bei diesem sportpolitisch institutionalisierten Raster von Leistung und Gegenleistung lassen sich im Hinblick auf das CC-Thema bislang allerdings nur ansatzweise systematischere Projektansätze finden, in denen sich der DOSB als ein entsprechender strategischer Kooperationspartner für Unternehmen positioniert und platziert. Eher findet man vereinzelte Hinweise, dass sich der DOSB als ein attraktiver Kooperationspartner für engagierte und engagementbereite Unternehmen betrachtet.

So heißt es z.B. in der Rede des DOSB-Präsidenten anlässlich der 4. DOSB-Mitgliederversammlung Ende 2008 mit Blick auf die seinerzeit virulente Finanz- und Wirtschaftskrise: „Wir stehen mitten in der Gesellschaft und werden deshalb von dieser Krise unmittelbar und mittelbar betroffen werden. Wirtschaftliche Schwierigkeiten bei Unternehmen führen erfahrungsgemäß zu einer Kürzung der Kommunikations- und Marketingbudgets. Viele Vorsitzende unserer 91.000 Vereine werden möglicherweise die Erfahrung machen müssen, dass an diesem Jahresende die ansonsten übliche Spende des Handwerksmeisters oder des Einzelhändlers ausbleibt. Wir haben im Sport gute Argumente, solchen Überlegungen zu beggnen. Der verantwortungsbewusste Unternehmer wird nämlich in einer derartigen, durch externe Umstände ausgelösten Krise, sein Unternehmen in eine verbesserte Wettbewerbsposition zum Zeitpunkt des Endes der Krise zu steuern versuchen. Dazu gehört es gerade in schwierigen Krisenzeiten, Kommunikation zu pflegen und corporate social responsibility wahrzunehmen. Für beides eignet sich der Sport in besonderer

Weise. Stellen wir uns also dieser Krise mit dem Selbstbewusstsein, dass wir im Sport nicht Teil des Problems, sondern Teil der Lösung sind" (Bach, 2008, S. 5).

Angesichts der noch vergleichsweise jungen gesellschaftspolitischen Debatten über „Corporate Citizenship" und „Corporate Social Responsibility" kann es zwar nicht sonderlich überraschen, dass sich der DOSB bislang eher in Form von vorsichtigen „Suchbewegungen" an „neue Verantwortungsrollen" von Unternehmen herantastet und sich zu diesem engagementpolitisch bedeutsamen Thema zu positionieren versucht. Allerdings lässt die Dynamik in den gesellschaftspolitischen Diskussionen und in der konkreten unternehmerischen Praxis aus einer verbandspolitischen Perspektive geboten erscheinen, dass sich auch der DOSB verstärkt diesem Thema zuwendet; denn „Corporate Citizenship bietet sowohl indirekt als auch direkt Chancen zur Erhöhung der Vermarktungseinnahmen, insbesondere für Vereine, die Unternehmen keine große mediale Präsenz bieten können", wie Heine (2009, S. 138) unlängst in einer der wenigen sportbezogenen Arbeiten über CC bilanzierte.

In diesem Kontext betont Heine (2009, S. 143), dass unternehmerische CC-Aktivitäten den Vereinen besondere Möglichkeiten böten, „Sponsoren zu gewinnen, die bisher nicht im Sportsponsoring, sondern lediglich im Sozial- und Bildungssponsoring engagiert sind. Darüber hinaus bindet die Kombination der Sponsoringarten, Unternehmen, die ansonsten ihr Sponsoringengagement auf Sozial- und Bildungssponsoring umgeschichtet hätten, weiterhin an den Verein." Hervorgehoben wird in diesem Zusammenhang allerdings auch die Notwendigkeit eines „Umdenkens" bei Sportvereinen und -verbänden, insofern als „diese ihre passive Haltung ablegen und kreative Corporate Citizenship Projekte entwickeln und gepaart mit attraktiven Werbeleistungen aktiv auf potentielle Sponsoren zugehen" müssten (Heine, 2009, S. 143).

Aber warum sollten Sportverbände und -vereine „umdenken", um an CC-Projekte von Unternehmen „anschlussfähiger" zu werden? Was impliziert eigentlich dieses neue Begriffsvokabular? Gibt es nicht bereits ein traditionsreiches bürgerschaftliches Engagement von Unternehmen in Deutschland, das sich speziell auch im vereinsorganisierten Sport in Form von Spenden und anderweitigen mäzenischen und philanthropischen Beiträgen manifestiert? Und ist der Sport in bestimmten Segmenten nicht längst der wichtigste Sponsoring-Partner der Unternehmen in Deutschland? Und schließlich: Welche aktuellen Entwicklungen scheinen sich im DOSB bereits abzuzeichnen, die für eine „sportbezogene Engagementpolitik" im Hinblick auf das bürgerschaftliche Engagement von Unternehmen bedeutsam sein könnten? In den folgenden Abschnitten wird versucht, thesenartig Antworten auf diese Fragen zu formulieren.

8.3 Konzeptionelle Schärfungen: CC und CSR als modernisierte Varianten des gesellschaftlichen Engagements von Unternehmen

Bislang mangelt es an einem inhaltlichen oder gar definitorischen Konsens darüber, was unter den anglo-amerikanisch inspirierten und „modernisierten" Varianten eines gesellschaftlichen Engagements von Unternehmen zu verstehen ist. Zentrale Differenzierungsmerkmale haben wir bereits in verschiedenen Untersuchungen herausgearbeitet, die sich wie folgt zusammenfassen lassen (vgl. Backhaus-Maul & Braun, 2007, 2010; Braun, 2008, 2010a, 2010b; Braun & Backhaus-Maul, 2010):

> Nicht nur Individuen, sondern auch Organisationen können sich in der Gesellschaft freiwillig engagieren. In diesem Kontext beschreibt der Begriff Corporate Social Responsibility (CSR) die freiwillige Selbstverpflichtung von Unternehmen zu einer nachhaltigen Entwicklung, die über gesetzliche Forderungen hinausgeht und auf eine ökologisch und sozial verantwortliche Produktionsweise im unternehmerischen Geschäftsbetrieb abhebt. Während sich der CSR-Begriff vor allem auf die (betriebs-)wirtschaftliche Binnenwelt eines Unternehmens konzentriert, kommt die gesellschaftliche Einbettung und die Außenwelt von Unternehmen in den Diskussionen über „Corporate Citizenship" (CC) wesentlich deutlicher zum Ausdruck. Im CC-Konzept engagieren sich Unternehmen in der Regel gemeinsam mit Nonprofit-Organisationen wie z.B. Sportverbänden und -vereinen und/oder staatlichen Akteuren, um gesellschaftliche Aufgaben und Herausforderungen nachhaltig zu bearbeiten und sich auf diese Weise produktiv mit dem Gemeinwesen zu verknüpfen. CC eröffnet Unternehmen gesellschaftliche Beteiligungsmöglichkeiten in selbst gewählten Engagementfeldern und -projekten wie dem vereins- und verbandsorganisierten Sport. Anders als beim mäzenischen und philanthropischen Engagement geht es beim CC-Engagement aber um das gemeinnützig und kontinuierlich erbrachte unternehmerische Bürgerengagement, das über den engen Unternehmenszweck hinausgeht und das in engem Bezug zur Kernkompetenz des Unternehmens steht.

Ergebnis 1:   CSR beschreibt eine Form des Risiko-Managements von Unternehmen im Interesse einer nachhaltigen Unternehmensführung.

Der CSR-Begriff beschreibt im Kern die freiwillige Selbstverpflichtung von Unternehmen zu einer nachhaltigen Entwicklung, die über gesetzliche Forderungen hinausgeht (Compliance). CSR steht für verantwortliches unternehmerisches Handeln in der eigentlichen Geschäftstätigkeit (Markt), gegenüber der natürlichen und sozialen Umwelt, im Hinblick auf die Beschäftigten und den Austausch mit relevanten Anspruchs- bzw. Interessengruppen (Stakeholdern) (vgl. z.B. Backhaus-Maul & Braun, 2007, 2010; Heidbrink & Hirsch, 2008; Europäische Kommission 2001).

Beim CSR-Begriff geht es also um die unternehmerische Selbstverpflichtung zu einer ökologisch und sozial verantwortlichen Produktionsweise im unternehmerischen Geschäftsbetrieb. Dabei geht es insbesondere um die Verantwortung, die Unternehmen von „der" Gesellschaft oder – präziser – von unterschiedlichen Interessengruppen in der Gesellschaft zugeschrieben wird. Die entsprechenden CSR-Aktivitäten von Unternehmen dokumentieren sich z.B. in der transparenten, die Menschenrechte beachtenden Ausgestaltung betrieblicher Prozesse und Strukturen entlang der Wertschöpfungskette (vgl. z.B. Aßländer & Löhr, 2010; Braun & Backhaus-Maul, 2010).

Den maßgeblichen Bezugspunkt bilden beim CSR-Begriff insofern innerbetriebliche Abläufe, die sich auf die Entwicklung und Einhaltung von Standards – z.B. Arbeits-, Sozial- und Umweltstandards – mit Blick auf gesellschaftliche Herausforderungen beziehen (vgl. z.B. Backhaus-Maul et al., 2009). CSR ist in dieser Perspektive eine Form unternehmerischen Risiko-Managements (Risk Management) im Interesse einer nachhaltigen Unternehmensführung: Gesellschaftliche Veränderungen und daraus erwachsene Ansprüche unterschiedlicher Stakeholder werden als Risikofaktoren für das Unternehmen identifiziert, woraufhin Optionen verantwortlichen Handelns geprüft werden (vgl. aus unterschiedlichen Perspektiven Braun, 2010a; Schöffmann, 2010).

Ergebnis 2: Corporate Citizenship beschreibt das bürgerschaftliche Engagement von Unternehmen in der Gesellschaft auf der Basis betriebswirtschaftlich rationalisierter Entscheidungen.

Während sich der CSR-Begriff vor allem auf die (betriebs-)wirtschaftliche Binnenwelt eines Unternehmens konzentriert, kommt die gesellschaftliche Einbettung von Unternehmen in den Diskussionen über CC wesentlich deutlicher zum Ausdruck. Zwar ist auch der CC-Begriff bisher nicht eindeutig definiert; er bildet aber ein eigenständiges Konzept, das ohne die CSR-Gesamtperspektive auf betriebliche Verantwortungsbereiche auskommt (vgl. z.B. Maaß, 2009).

Beim CC-Begriff wird die gesellschaftliche Beteiligung von Unternehmen vor allem aus der gesellschaftlichen Außenwelt betrachtet. Dabei gilt CC als der Versuch, ein Unternehmen auf möglichst vielfältige Weise positiv mit dem Gemeinwesen zu verknüpfen, in dem es tätig ist. Unternehmen engagieren sich in der Regel gemeinsam mit Nonprofit-Organisationen wie z.B. Sportverbänden und -vereinen, Bildungs-, Sozial- oder Kultureinrichtungen, um gesellschaftliche Herausforderungen zu bearbeiten, „also eine Art Pfadfinderfunktion auszuüben" (Habisch, 2003, S. 1).

In diesem Kontext wird auch der antiquiert klingende Begriff der „Bürgertugend" revitalisiert und mit dem Terminus der „freiwilligen Selbstverpflichtung" in ein moderneres Staats- und Gesellschaftsverständnis übersetzt. Vor diesem Hintergrund werden Wirtschaftsunternehmen metaphorisch als „Unternehmensbürger" („Corporate Citizen") bezeichnet, die sich zwar primär, aber nicht nur ausschließlich an Gewinnmaximierung orientieren sollten, sondern auch am „Gemeinwohl" im Sinne eines Interesses an der Mehrung öffentlicher Güter und an der Bereitschaft, sich durch bürgerschaftliches Engagement als gesellschaftspolitischer Akteur im Gemeinwesen aktiv gestaltend zu beteiligen (vgl. z.B. Braun, 2010a).

In diesem Sinne bildet CC aus der Perspektive der Unternehmen eine Form des Identitäts-managements (Identity Management) (vgl. Schöffmann, 2010). Es eröffnet ihnen gesellschaftliche Beteiligungsmöglichkeiten in selbst gewählten Engagementfeldern und -projekten – sei es in den Bereichen Soziales und Ökologie, Bildung und Erziehung, Kultur oder aber Sport. Anders als beim mäzenischen und philanthropischen Engagement geht es beim CC-Engagement aber um das gemeinnützig und kontinuierlich erbrachte unternehmerische Bürgerengagement, das über den engen Unternehmenszweck hinausgeht und das – und dieser Aspekt ist besonders wichtig – in engem Bezug zur Kernkompetenz des Unternehmens steht (vgl. Polterauer, 2008, 2010).

Ergebnis 3: CC weist einen engen Bezug zur unternehmerischen Kernkompetenz auf.

Der Bezug zur Kernkompetenz ist in der CC-Konzeption mindestens aus drei Gründen wichtig: der Kosteneffizienz, des Humankapitals und der Kommunikation. So macht es einen Unterschied, ob Beschäftigte einer IT-Firma den PC-Pool einer Berufsschule oder mit dem gleichen Zeitaufwand das Mini-Fußballfeld auf dem Schulhof zu verbessern suchen. Zugleich dürften die Beschäftigten bei der technischen Optimierung des PC-Pools beruflich verwertbarere Erfahrungen sammeln als bei der Sanierung des Fußballfeldes. Schließlich erleichtert die Arbeit am PC-Pool der Schule auch die externe Kommunikation über das Bürgerengagement, da es exemplarisch für das Kerngeschäft steht (vgl. z.B. Braun, 2010b).

Kurzum: Der Bezug zur Kernkompetenz ist unter unternehmensstrategischen Gesichtspunkten bedeutsam, weil auf diese Weise – so lautet eine zentrale Argumentationsfigur in der CC-Debatte – eine Win-Win-Situation für die Gesellschaft, das Unternehmen und die kooperierenden Organisationen erzielt werde (vgl. z.B. Habisch, 2003; Nährlich, 2008; Polterauer, 2010).

Ergebnis 4:   CC soll den gesellschaftlichen Nutzen mit dem unternehmerischen Nutzen des bürgerschaftlichen Engagements verbinden.

Der mittel- und langfristige unternehmerische Nutzen steht in der CC-Konzeption also gleichberechtigt neben dem gesellschaftlichen Nutzen mit dem übergeordneten Ziel, zur gesellschaftlichen Problemlösung mit Hilfe unterschiedlicher Unternehmensressourcen beizutragen. Zu diesen Unternehmensressourcen gehören neben materiellen Aufwendungen im Sinne der Bereitstellung von Geld oder Sachmitteln („Corporate Giving") ebenso der aktive Einbezug von Beschäftigten im Sinne eines Transfers von Zeit und Wissen („Corporate Volunteering").

Damit unterscheidet sich CC auch vom typischen Sponsoring; denn es geht nicht um den Tausch von Geld- und Sachmitteln oder Dienstleistungen gegen kommunikative Nutzungsrechte (vgl. Backhaus-Maul et al., 2009). „Corporate Citizenship ist dann erreicht, wenn ‚business case' und ‚social case' im Gleichgewicht sind. Der häufig zitierte, aber ebenso häufig missverstandene Terminus ‚Win-Win'-Situation meint eben nicht, dass jede Art von unternehmerischem Bürgerengagement automatisch zu beiderseitigen Vorteilen führt. Der Terminus ‚Win-Win'-Situation bezeichnet einen Zustand, bei dem man von Corporate Citizenship spricht, während bei Sponsoring oder Mäzenatentum … der Vorteil im Wesentlichen auf der einen oder anderen Seite liegt und dementsprechend eben kein Corporate Citizenship ist" (Nährlich, 2008, S. 27; vgl. Abbildung 8-1).

Corporate Citizenship	business case	=	social case
Mäzenatentum / Philanthropie	business case	<	social case
Sponsoring	business case	>	social case

Abbildung 8-1:   Verhältnis von business case (unternehmerischem Nutzen) und social case (gesellschaftlichem Nutzen) (vgl. Nährlich, 2008, S. 27).

Welche Nutzenhöhe zwischen dem unternehmerischen und gesellschaftlichen Nutzen erzielt wird, ist maßgeblich von der zeitlichen Perspektive des Engagements und der strategischen Verankerung im Unternehmen abhängig. Diese beiden Dimensionen betonen den Prozesscharakter der unternehmensinternen Ausgestaltung eines strategischen Ansatzes von bürgerschaftlichem Engagement – ein Prozess, der sich idealtypisch in drei Stufen vollzieht (vgl. Abbildung 8-2): von gelegentlichen, kurzfristigen Aktivitäten (erste Stufe) über strategisch ausgerichtete Maßnahmen, bei denen Unternehmens- und Personalinteressen mit gesellschaftlichen Bedarfen verbunden werden (zweite Stufe), bis hin zu Programmen, bei denen langfristige und nachhaltige Partnerschaften mit Akteuren im gesellschaftlichen Umfeld fest in der Unternehmensstrategie und -kultur verankert sind (dritte Stufe).

Abbildung 8-2: Stufen des bürgerschaftlichen Engagements von Unternehmen (vgl. Googins, 2002, S. 90).

8.4 Zwischen Tradition und Neuorientierung: Bürgerschaftliches Engagement von Unternehmen in Deutschland

8.4.1 Ausgangspunkte

In Abgrenzung gegenüber dem Mäzenatentum auf der einen und dem Sponsoring auf der anderen Seite geht es in den aktuellen Debatten über das bürgerschaftliche Engagement von Unternehmen in Deutschland um den unternehmensstrategisch verankerten Nexus von „business" und „social case", um zur Lösung gesellschaftlicher Probleme beizutragen.

Wie die empirische Forschung der letzten Jahre zu erkennen gibt, lässt sich das bürgerschaftliche Engagement von Unternehmen in Deutschland allerdings erst dann angemessen verstehen, wenn man die im Kontext der sozialen Marktwirtschaft entwickelten Formen der unternehmerischen Beteiligung in der Gesellschaft als grundlegend betrachtet, um die Entstehung und Ausdifferenzierung neuer Formen eines am CC-Ansatzes orientierten Unternehmensengagements einzuordnen (vgl. z.B. Braun, 2008).

8.4.2 Bürgerschaftliches Engagement von Unternehmen: Was lassen die empirischen Ergebnisse erkennen?

Zentrale empirische Befunde vorliegender Unternehmensbefragungen lassen sich in der folgenden These bündeln (vgl. dazu bereits Braun, 2008, 2010c; ausführlich Braun & Backhaus-Maul, 2010):

> Vielfach gehört ein bürgerschaftliches Engagement von Unternehmen zu den traditionsreichen Selbstverständlichkeiten betrieblicher Wirklichkeit in Deutschland. Die Erscheinungsformen dieses Engagements sind vielfältig – etwa im Hinblick auf Themen und Bereiche, Kooperationsformen, eingebrachte Ressourcen oder sozial-räumliche Bezüge. Meistens handelt es sich dabei nicht um „große Gesellschaftsprojekte", die vielfach die mediale Aufmerksamkeit auf sich ziehen. Das bürgerschaftliche Engagement von Unternehmen zeichnet sich vielmehr durch eine Vielfalt überschaubarer und kleinerer Gemeinwesenprojekte häufig in Zusammenarbeit mit der assoziativen Lebenswelt der Bürgergesellschaft aus. So engagiert sich in Deutschland ein sehr hoher Anteil der Unternehmen quer durch die Branchen und Größenklassen, indem vor allem die lokale Bürgergesellschaft und insbesondere das Vereinswesen in den Betriebsstandorten materiell unterstützt werden. Typisch dafür ist die Unterstützung von Projekten in Sport, aber auch Freizeit, Kultur und Kunst. Allerdings gewinnt das bürgerschaftliche Engagement von Unternehmen in den letzten Jahren zunehmend die Züge eines CC-Engagements, insbesondere bei den Großkonzernen und sukzessive auch bei den mittelgroßen Unternehmen.

Ergebnis 1:   Persistenz des unternehmerischen Bürgerengagements in Deutschland

Die vorliegenden empirischen Befunde verweisen auf die Einbettung des unternehmerischen Bürgerengagements in spezifische soziokulturelle und sozialstaatliche Traditionen in Deutschland. Diese These wird einerseits dadurch gestützt, dass sich ein sehr hoher Anteil der Unternehmen bürgerschaftlich engagiert: Legt man ein weites Begriffsverständnis von unternehmerischem Bürgerengagement zugrunde und fragt nach all jenen Maßnahmen und Aktivitäten, mit denen Unternehmen das gesellschaftliche Umfeld freiwillig unterstützen, dann sind vier von fünf Wirtschaftsunternehmen bürgerschaftlich engagiert (vgl. Braun, 2008; CCCD, 2007; forsa, 2005).

Andererseits trägt dieses weit verbreitete Engagement die Züge einer in der Unternehmenskultur verankerten „beiläufigen Selbstverständlichkeit", die sich vor allem auf die materielle Unterstützung der lokalen Zivilgesellschaft in den Betriebsstandorten konzentriert. Im Zentrum dieser Unterstützungsleistungen steht dabei das Vereinswesen mit einer deutlichen Schwerpunktbildung in den Bereichen Sport und Freizeit. Das Spektrum der Unterstützungsleistungen reicht dabei von der Spende für Vereinsfeste über die Bereitstellung von Trikotsätzen für Vereinsmannschaften bis zur kontinuierlichen Unterstützung von Trainingslagern und Auslandsfahrten von Wettkampfmannschaften.

Bei der Auswahl der Engagementfelder, -formen und -orte orientieren sich die engagierten Unternehmen also offenbar an gesellschaftspolitisch akzeptierten und eher positiv konnotierten Themen wie dem Freizeit- und Breitensport in der Region und beschränken sich überwiegend auf das Bereitstellen von Geld- und Sachleistungen vor Ort. Dabei wählen die Unternehmen offenbar bevorzugt solche Handlungsfelder aus, die eher zu den „Randbereichen" staatlichen Handelns zählen und die ihnen insofern ein vergleichsweise wenig reglementiertes, frei gewähltes und selbstbestimmtes Handeln eröffnen dürften. Exemplarisch dafür stehen die quantitativ eindeutig dominierenden Bereiche Sport und Freizeit, die einerseits als vermeintlich „unpolitische" Handlungsfelder gelten und relativ „staatsfern" organisiert sind, die andererseits aber auch in der Öffentlichkeit positiv konnotiert sind und die insofern Imagegewinne zu versprechen scheinen.

Ergebnis 2:   Ambivalenzen im bürgerschaftlichen Engagement von Unternehmen

Die vorliegenden empirischen Befunde deuten darauf hin, dass das bürgerschaftliche Engagement von Unternehmen vielfach nur ansatzweise der unternehmerischen Verwertungslogik von Rentabilität und Gewinnmaximierung untergeordnet wird. Diese Befunde verweisen ebenfalls auf das Fortwirken spezifischer Engagementtraditionen in Deutschland, insofern als sie die mäzenische Akzentsetzung des frei gewählten unternehmerischen Engagements in der Gesellschaft betonen: Es geht den Unternehmen bei ihrem Bürgerengagement vergleichsweise selten um strategische und an Effizienz und Effektivität orientierte Investitionen in das Gemeinwesen, mit der mittel- oder langfristige Ziele der Optimierung des Unternehmenserfolgs verbunden werden (vgl. Braun & Backhaus-Maul, 2010).

Insofern kann man beim unternehmerischen Bürgerengagement auch nur eine eher lockere Verbindung mit der Wirtschaft im Allgemeinen und dem jeweiligen Unternehmen im Besonderen beobachten (vgl. Backhaus-Maul & Braun, 2007). Diese lockere Verbindung zeigt sich darin, dass das Bürgerengagement als Aufgabe im Unternehmen in der Regel nicht oder nur rudimentär organisatorisch verankert ist. Das Engagement hat vielfach eher einen spontanen, tendenziell unkoordinierten Charakter und ist im Unternehmen eher personalisiert als standardisiert. Darüber hinaus zeichnet es sich insbesondere durch eine bedarfswirtschaftliche Orientierung vor dem Hintergrund von Anfragen aus der gesellschaftlichen Umwelt aus (vgl. z.B. Braun, 2008).

Diese Offenheit gegenüber der gesellschaftlichen Umwelt und speziell den Anliegen und Bedarfen von Nonprofit-Organisationen wie z.B. Sportverbänden und -vereinen zeigt sich z.B. in einer laufenden Untersuchung über das bürgerschaftliche Engagement von Unternehmen im Nachwuchsleistungssport. Dabei lassen die empirischen Befunde exemplarisch erkennen, dass Unternehmen vielfach dann Unterstützungsleistungen bereit stellen, wenn Sportvereine vor Ort mit konkreten Bedarfen über „etablierte" persönliche Netzwerke an Unternehmensvertreter herantreten und um Unterstützung bitten (vgl. Braun & Pillath, 2011).

*Ergebnis 3:   Dualistische Differenzierungen im bürgerschaftlichen Engagement von
                Unternehmen*

Schließlich weisen empirische Untersuchungen über das unternehmerische Bürgerengagement in Deutschland darauf hin, dass dieses eher als „traditionell" zu charakterisierende unternehmerische Bürgerengagement in bestimmten Segmenten des privatgewerblichen Sektors offenbar durch eine veränderte Sichtweise überlagert wird, die von den internationalen CC-Debatten beeinflusst ist.

Darauf verweisen insbesondere die empirisch mehrfach dokumentierten Unterschiede zwischen proaktiven Großunternehmen auf der einen und mittelständischen und Kleinunternehmen auf der anderen Seite. So rezipieren Großunternehmen im Hinblick auf ihr Selbstverständnis von unternehmerischem Bürgerengagement zunehmend Ideen und Metaphern der internationalen CC-Debatten. Demgegenüber folgen Mittel- und insbesondere Kleinunternehmen eher dem Pfad des skizzierten Verständnisses eines mäzenischen und philanthropischen Engagements (vgl. Bertelsmann Stiftung, 2005; Braun & Backhaus-Maul, 2010; Seitz, 2002). Gleichwohl weisen erste Befunde darauf hin, dass auch bei mittelgroßen Unternehmen die CC-Debatte mit ihren Kernthesen sukzessive ihre Wirkung entfaltet (vgl. Maaß, 2009, 2010).

Insofern ist in den nächsten Jahren mit Ambivalenzen und Dissonanzen im heterogenen Feld von Klein-, Mittel- und Großunternehmen im Hinblick auf das unternehmerische Bürgerengagement zu rechnen. Dabei werden insbesondere die Groß-, aber auch die mittelgroßen Unternehmen zunehmend Elemente des CC-Ansatzes auf ihr bürgerschaftliches Engagement beziehen und dieses Engagement als ein gesellschaftliches Experimentierfeld begreifen, indem sie z.B. neue Formen von Engagements und auch von Kooperationen mit Nonprofit-Organisationen und staatlichen Akteuren erproben (vgl. Backhaus-Maul & Braun, 2010).

8.4.3 Fazit und Perspektiven

Vor dem skizzierten, empirisch begründeten Hintergrund zeichnen sich im Unternehmenssektor in Deutschland weitreichende „Suchbewegungen" ab, bei denen Unternehmen – vielfach in Orientierung an ihren Sponsoring-Projekten – „passförmige" Initiativen und Projekte für ihr bürgerschaftliches Engagement sondieren und potenzielle Partnerorganisationen aus dem staatlichen Sektor (z.B. Schulen, Kindergärten) und insbesondere aus dem Nonprofit-Sektor (z.B. Vereine, Verbände) „entdecken". Diese Suchbewegungen können für die Unternehmen mit irritierenden Erfahrungen in „fremden Welten" sozialer, kultureller oder auch sportbezogener Handlungsfelder verbunden sein, in denen vor allem Verbände, Vereine und Initiativen ihre Kernkompetenzen haben (Braun & Backhaus-Maul, 2010). Letztere werden sich wiederum als Kooperationspartner – quasi im Rahmen ihrer „fachlichen Zuständigkeit" für diese Handlungsfelder – neu orientieren und zugleich profilieren müssen.

Nährlich (2008, S. 28) argumentiert in diesem Zusammenhang sogar: „Unternehmen in Deutschland sind durchaus aufgeschlossen dafür, sich mit ihrem bürgerschaftlichen Engagement auf den Weg zu gesellschaftlichen Spitzenleistungen zu machen. Ob der Weg zum Erfolg führt, wird nicht unwesentlich davon abhängen, wie sich das Verhältnis von Unternehmen zu Nonprofit-Organisationen entwickeln wird und inwieweit es möglich ist und gelingen kann, von der traditionell eher einseitigen finanziellen Förderung eines gemeinnützigen Zweckes durch ein Unternehmen zur professionellen und lösungsorientierten Zusammenarbeit zwischen Unternehmen und Nonprofit-Organisationen zu gelangen."

8.5 Zwischen „anti-kommerzieller Gegenwelt" und „Sponsoring-König" – ambivalente Traditionen zwischen Sport und Wirtschaft

8.5.1 Kernargumente zum Verhältnis von „Sport" und „Wirtschaft"

Die Zusammenarbeit zwischen Unternehmen und dem vereins- und verbandsorganisierten Sport hat in der Geschichte des DSB bzw. DOSB spezifische Ausprägungen erfahren, die man – stark vereinfacht – zwischen den Polen einer historisch bedingten Vorstellung von einer „anti-kommerziellen Gegenwelt des Sports" auf der einen Seite und dem Aufstieg des Sports zum „Sponsoring-König" auf der anderen Seite fassen kann.

> Der vereins- und verbandsorganisierte Sport in Deutschland mit seinen lange Zeit charakteristischen und bis heute bedeutsamen Idealen des „Amateurismus", der „Ehrenamtlichkeit", „Solidarität" oder mitgliederfinanzierten „Autonomie" hat seine Wurzeln in einem bewussten Gegenentwurf zur „Welt des Ökonomischen". Dieser Gegenentwurf prägte auch noch die ersten Jahrzehnte des DSB, der erst nach spannungsvollen innerverbandlichen Auseinandersetzungen in den 1970er Jahren zum privilegierten Sponsoring-Partner von Unternehmen und damit zu einem medial allgegenwärtigen Transporteur von Unternehmensmarken und -produkten aufstieg. Die damit verbundene sukzessive „ökonomische Überformung" ausgewählter Sportverbände und -vereine vollzog sich speziell im Segment des Spitzensports und bei telegenen Sportarten. Seit Jahrzehnten dominiert das Sport-Sponsoring zwar alle anderen Sponsoring-Felder; gleichwohl scheint sich eine anders akzentuierte Profilierung unternehmerischer Sponsoring-Intentionen abzuzeichnen, bei denen zunehmend auch Themen wie die „gesellschaftliche Verantwortung von Unternehmen" breiteren Raum einnehmen.

Ergebnis 1:   Anti-ökonomische Grundpositionen prägten lange Zeit das Verhältnis der Sportverbände und -vereine gegenüber Unternehmen.

In seiner breit rezipierten „Einführung in die Ökonomie des Sports" bilanzierte Heinemann (1995, S. 245) Mitte der 1990er Jahre pointiert: „Sport mit seiner Organisation in Sportvereinen verstand sich lange Zeit als Gegenwelt zu Beruf, Markt und Gelderwerb; ökonomische Rationalität, Gesetze des Marktes und der Vermarktung des Sports als Ware lagen außerhalb seines Selbstverständnisses; Solidarität, nicht individuelle Eigeninteressen, Ehrenamt, nicht Beruf, Vergemeinschaftung, nicht Vergesellschaftung waren seine bestimmenden Leitbilder. Ehrenamtlichkeit, Idealismus, Mitgliederfinanzierung und hohe öffentliche Subventionierung machten die Leistungen von Sportvereinen und -verbänden ‚nebenher' beschaffbar. Amateurideale und restriktive Werbeleitlinien der Sportorganisationen begrenzten die ökonomische Verwertbarkeit des Sports".

Diese „Distanzierung" (Heinemann, 1995, S. 247) des verbandsorganisierten Sports gegenüber der Wirtschaft, die in der komplexen historischen Entwicklung des modernen Sports mitbegründet ist (vgl. z.B. Bourdieu, 1986; Eisenberg, 1999; Heinemann, 1995), hatte u.a. zur Folge, dass sich im vereins- und verbandsorganisierten Sport eine quasi „anti-ökonomische" und „anti-kommerzielle Gegenwelt" mit dem Versuch des Zurückdrängens ökonomischer Rationalität und Marktgesetzlichkeiten entfaltete. Das Verhältnis zwischen

Sport und Wirtschaft trug insofern lange Zeit eher die Züge eines „wohltätigen Gebens und Nehmens" in Form „wohltätiger" unternehmerischer Spenden zugunsten des „gemeinwohlorientierten" Organisationszwecks eines Sportvereins, ohne dafür explizite Gegenleistungen einzufordern (vgl. Böttcher, 2010).

Ergebnis 2:   Wechselhafte Entwicklungen zwischen „Kolonialisierung" und „Distanzierung" charakterisieren das Vordringen ökonomischer Rationalität in den vereins- und verbandsorganisierten Sport.

Mit der Expansion und Pluralisierung der Sportkultur in Westdeutschland seit den 1970er Jahren fanden nicht nur immer breitere Bevölkerungsgruppen den Weg zum aktiven Sporttreiben, sondern expandierte auch die Sportrezeption in den Massenmedien, die – begleitet durch technische Innovationen – sportliche Ereignisse einem immer breiteren Publikum zugänglich machten. Sport wurde damit zu einem immer beliebteren Unterhaltungsmedium und vor diesem Hintergrund auch zu einem interessanteren unternehmerischen Handlungsfeld (vgl. z.B. Digel & Burk, 1999), bei dem Athleten einen immer relevanteren, medial konstruierten gesellschaftlichen „Prominentenstatus" erlangen (vgl. dazu Peters, 1996).

Heinemann (1995, S. 247) hat diese Entwicklung unter dem Stichwort eines Wechselspiels von „Kolonialisierung und Distanzierung" gefasst: „Auf der einen Seite erfolgte eine Kolonialisierung, d.h. eine Ausdehnung des Wirtschaftshorizonts in den Sport, das Vordringen der in einer Marktwirtschaft vorherrschenden ökonomischen Rationalität, so daß die Wirtschaft des Sports zunehmend nach Strukturen gestaltet wurde, die für die Wirtschaft unserer Gesellschaft insgesamt typisch sind – etwa also Markt, bürokratische Verwaltung und Beruf. Auf der anderen Seite hielt man sich gerade davon distanziert; es wurde hinhaltende Gegenwehr geleistet, man blieb lange bemüht, in der Organisation des Sports Amateurideal, Freiwilligkeit, demokratische Entscheidungsstrukturen und Ehrenamtlichkeit gegen die Kräfte des Marktes aufrechtzuerhalten."

Vor diesem Hintergrund reagierten die Vertreter des vereins- und verbandsorganisierten Sports ambivalent auf die zunehmenden Vermarktungsinteressen der Wirtschaft. Während die Befürworter insbesondere auf potenzielle neue Finanzquellen verwiesen, betonten die Gegner mögliche negative Implikationen auf die Sportentwicklung. Angeführt wurde dabei z.B., dass durch den Einfluss von Unternehmen die Vereine und Verbände ihren Gemeinnützigkeitsstatus in Gefahr bringen würden. Zudem unterstellten die „Wirtschaftskritiker" den privaten Förderern ein Interesse an Gegenleistungen für die erbrachte finanzielle Unterstützung (vgl. Winkler & Karhausen, 1985, S. 198 f.; zusammenfassend Böttcher, 2010).

Besonders sichtbar wurden die opponierenden Grundpositionen bei der Anfang der 1970er Jahre einsetzenden Auseinandersetzungen um die Regelung der Werbetätigkeit im Sport, die von Winkler und Karhausen (1985) differenziert rekonstruiert und auf dieser Grundlage von Böttcher (2010) bilanziert wurden: Während z.B. die Deutsche Sporthilfe (DSH) und das NOK in der einsetzenden Werbung eine schleichende Kommerzialisierung des Sports sahen, waren insbesondere Verbandsvertreter populärer und telegener Sportarten (u.a. Fußball, Handball, Leichtathletik) an den Einnahmemöglichkeiten durch privatgewerbliche Sponsoren interessiert. Um einen Kompromiss zwischen den restriktiven Forderungen der DSH und des NOK einerseits und den Liberalisierungsbestrebungen einzelner Spitzenverbände andererseits zu finden, richtete der DSB im Jahr 1974 die Kommission

„Sport und Werbung" ein; und noch im gleichen Jahr verabschiedete der DSB Leitlinien, die Werbung in begrenztem Maße zuließen.

Dennoch kam es zu weiteren Konflikten mit einzelnen Spitzenverbänden, die sich nicht an die Empfehlungen des DSB gebunden sahen. Insbesondere die Auseinandersetzung mit dem Deutschen Fußball-Bund (DFB), der schon vor der Verabschiedung der Leitlinien Trikotwerbung zugelassen hatte, spitzte sich zu. „Da der DFB weder über den DSB vergebene BMI-Mittel erhält, noch seine Spitzensportler von der Sporthilfe gefördert werden, und ein Konflikt mit dem NOK hinsichtlich einer Olympia-Teilnahme seiner Amateurmannschaft unwahrscheinlich war, konnte er sich in der Werbedebatte weitgehend zurückhalten und die kurze Zeit später verabschiedeten DSB-Leitlinien in der Folgezeit weitgehend ignorieren" (Winkler & Karhausen, 1985, S. 210).

Die scheinbar unversöhnlichen Positionen stellten den DSB als „integrative Instanz" des vereins- und verbandsorganisierten Sports zunehmend in Frage. Schließlich delegierte der DSB-Hauptausschuss die Entscheidungsrechte Ende 1983 an die Fachverbände und gab damit die „Werbung im Sport" bzw. das Sportsponsoring frei (vgl. Böttcher, 2010; Winkler & Karhausen, 1985).

Ergebnis 3:   Der Sport expandierte zum größten Sponsoring-Partner der Wirtschaft.

Sportsponsoring etablierte sich in den Folgejahren zu einem wichtigen Instrument der Markenkommunikation für Unternehmen und zu einem relevanten Finanzierungsinstrument für ausgewählte Sportvereine und -verbände. So wuchsen die unternehmensbezogenen Investitionen in das Sportsponsoring seit den 1980er Jahren außerordentlich; und im Vergleich zu allen anderen Bereichen des Sponsorings (z.B. Sozio-, Medien-, Öko- oder Kultursponsoring) werden auch die deutlich höchsten Sponsoringausgaben im Sport getätigt (vgl. Babin, 1995; Bruhn, 1998; Hermanns, 2006; Polterauer, 2007; Preuß 2005). Heine (2009, S. 37) verweist auf ein geschätztes Volumen von 4 Mrd. Euro, das der Sponsoringmarkt im Jahr 2007 aufwies; davon entfiel rund die Hälfte auf Sportsponsoring, während 12% für Soziosponsoring, knapp 10% für Bildungs- und Wissenschaftssponsoring und 2,4% für Ökosponsoring eingesetzt wurden. Am gesamten Sponsoringbudget der großen deutschen Unternehmen fällt dem Sportsponsoring seit Mitte der 1980er Jahre relativ konstant der größte Anteil zu (zwischen 45% und 60%).[18]

Für sponsoringbezogene Geschäftsbeziehungen sind in der Regel allerdings nur medial erfolgreich inszenierbare Akteure und Sportarten im (Hoch-)Leistungssport interessant, die im Rahmen des „magischen Dreiecks" (Bruhn, 1998) von Wirtschaft, Medien und Sport eine „Win-Situation" für die Unternehmen versprechen (vgl. z.B. Cachay et. al., 2005; Gebauer, Braun, Suaud & Faure, 1999; Hübenthal & Mieth, 2001). Je nach Medienattraktivität steht insofern ein gewinnträchtiger Bereich des (professionell betriebenen) Spitzen- und Hochleistungssports einem für unternehmerische Sponsoring-Maßnahmen wesentlich uninteressanteren Bereich des vereinsorganisierten Freizeit-, Breiten- und Wettkampfsports gegenüber, der nur sehr begrenzt auf entsprechende Ressourcenzuflüsse zurückgreifen kann (vgl. z.B. Cachay & Thiel, 1995; Digel, 2001, 2005; Hackfort, Emrich & Papathanassiou, 1997).

---

[18] Die jährlichen Untersuchungen „Sponsoring-Trends", die von der Universität München und dem Beratungsunternehmen PLEON durchgeführt werden, dokumentieren die Entwicklung des Sponsoring der in Deutschland ansässigen 2.500 umsatzstärksten Unternehmen (vgl. z.B. Pleon, 2006; zusammenfassend Polterauer, 2007).

In dieser Perspektive „profitieren von dieser Entwicklung nur wenige Sportarten und auch nur wenige Vereine. Zugleich aber entsteht für den Sport eine wachsende Konkurrenz mit anderen Sponsoringfeldern … . Unternehmen engagieren sich zunehmend auch in den Bereichen Kultur, Umwelt, soziale Dienste, so daß der Sport relativ, u. a. auch absolut langfristig mit eher sinkenden Sponsoringeinnahmen rechnen muß" (Heinemann, 1995, S. 211). In diesem Sinne zeigen auch Sponsoring-Studien, dass insbesondere das Soziosponsoring und das Bildungs- und Wissenschaftssponsoring am deutlichsten wachsen werden, während andere Studien darauf aufmerksam machen, dass die „gesellschaftliche Verantwortung" unter den Sponsoringzielen einen erheblichen Bedeutungsgewinn verzeichnen dürfte (vgl. Heine, 2009, S. 37). Das „klassische" Sportsponsoring steht also offenkundig in zunehmender Konkurrenz zu Alternativen, die mit ihren Handlungsfeldern und Projekten einer „gesellschaftlichen Verantwortung" von Unternehmen besonderen Ausdruck verleihen können.

8.5.2 Fazit und Perspektiven

Die vielfältigen Sponsoring-Aktivitäten im Sport können als eine „Vorform" des bürgerschaftlichen Engagements von Unternehmen betrachtet werden, die ggf. einen „Vorbereitungscharakter" haben können, um nachhaltige Projekte zur Lösung gesellschaftlicher Aufgaben zu entwickeln und dann als CC-Projekte mit einem gesellschaftspolitischen Gehalt implementiert zu werden (vgl. Habisch, 2003). Gleichwohl ist dabei – so Herrmanns und Marwitz (2008, S. 74) – zu berücksichtigen, dass speziell das Sponsoring mit professionellen Spitzensportlern … oder Spitzenmannschaften … ausschließlich und allein von ökonomischen Gesichtspunkten bestimmt wird, der Fördergedanke spielt hier keine Rolle. Dieser Tatsache sollte sich jeder Sponsor bewusst sein, will er den Sport auch fördern, so muss er eine entsprechende Auswahl treffen."

CC-Projekte im vereins- und verbandsorganisierten Sport, die jenseits des Spitzensports implementiert werden, können in diesem Zusammenhang einen „Mittelweg" zwischen einer expliziten unternehmerischen Nutzenperspektive und einer explizit mäzenisch orientierten Gesellschaftsperspektive darstellen. Das steigende Interesse von Unternehmen, die ihre Sponsoring-Aktivitäten zunehmend als eine Form der „gesellschaftlichen Verantwortungsübernahme" zu kommunizieren suchen, dürfte für den vereins- und verbandsorganisierten Sport interessante inhaltliche Anschlussofferten bieten.

8.6 Kooperationsprojekte zwischen dem DOSB und Großunternehmen

8.6.1 Ausgangspunkte

Vor dem skizzierten Hintergrund könnte z.B. die wachsende Bedeutung des Sozio-Sponsorings die Möglichkeit eröffnen, dass der DOSB verstärkt die „gesellschaftlichen Funktionen" des vereins- und verbandsorganisierten Sports in „innovative Konzepte" einbetten kann, „die Unternehmen ermöglichen, ihr Engagement als Good Corporate Citizen zu demonstrieren. Dadurch können sich Vereine im Wettbewerb mit anderen Fußballclubs, aber auch Vereinen anderer Sportarten, einen Vorteil im Wettlauf um Sponsorengelder sichern", wie Heine (2009, S. 141 f) hervorhebt. Zwar handelt es sich bei diesen Argumenten primär um Empfehlungen mit Plausibilitätsanspruch, die in der Praxis zu erproben und zu prüfen bleiben. Gleichwohl lohnt es sich, die Perspektive noch expliziter auf den DOSB zu richten und erste Eindrücke zusammenzutragen, die sich im Hinblick auf Kooperationsprojekte mit Unternehmen abzuzeichnen scheinen.

8.6.2 Kooperationsprojekte: Was lassen die Dokumentenanalysen erkennen?

Diese Eindrücke lassen sich in der folgenden These bündeln:

> Für den vereins- und verbandsorganisierten Sport könnten sich mit dem Bedeutungsgewinn von CC anders akzentuierte Perspektiven der Zusammenarbeit „jenseits" des medial attraktiven Spitzen- und Hochleistungssports in ausgewählten Sportarten ergeben. In diesem Sinne scheint sich bereits in den letzten Jahren ein Segment für unternehmerische Sponsoring-Maßnahmen weiterzuentwickeln und auszudifferenzieren, das Züge eines unternehmerischen Bürgerengagements im Sinne eines CC-Engagements trägt. Diese unternehmerischen Maßnahmen, die in Kooperation mit dem DOSB durchgeführt werden, nehmen einerseits explizit Bezug auf die „gesellschaftlichen Funktionen" des Mediums Sport und speziell der Sportvereine. Andererseits scheinen die unternehmerischen Nutzenperspektiven eines Sponsorings in freizeit-, breiten- oder gesundheitssportbezogenen Settings vielfach mit gesellschaftspolitischen und gemeinwohlorientierten „Verantwortungsrollen" der Unternehmen verbunden zu werden. In diesem Kontext signalisiert speziell die Deutsche Sport-Marketing GmbH (DSM) mit ihrer Aufgabe als Vermarktungsagentur des DOSB ein zunehmendes Interesse, mit Unternehmen CC-Projekte im Sport zu initiieren und zu erproben.

Ergebnis 1: Der DOSB realisiert zunehmend gesellschaftspolitisch inspirierte Projekte mit Wirtschaftsunternehmen.

Insbesondere in den letzten Jahren sind – z.T. auch öffentlichkeitswirksam inszenierte – Projekte initiiert und implementiert worden, bei denen umsatzstarke Großunternehmen gemeinsam mit dem DOSB gesellschaftspolitische Themen mit Hilfe des Mediums Sport und Bewegung zu bearbeiten versuchen. Die folgende Tabelle 8-1 gibt einen Überblick über relevante Projekte, die im Rahmen des Forschungsprojekts auf der Basis von Internetrecherchen und Hinweisen in den Experteninterviews ermittelt wurden und keinen Vollständigkeitsanspruch erheben (vgl. dazu Böttcher, 2010).

Tabelle 8-1: Ausgewählte „breitensportlich" akzentuierte Kooperationsprojekte zwischen Wirtschaftsunternehmen und dem DOSB (modifiziert und überarbeitet nach Böttcher, 2010).

Initiative	Unternehmen	Zeitraum
„Sterne des Sports"	Volks- und Raiffeisenbanken	seit 2004
Deutsches Sportabzeichen: Förderer	Barmer GEK	seit 2008
Deutsches Sportabzeichen: Förderer	FERRERO	
Deutsches Sportabzeichen: Aktion	Sparkassen Finanzgruppe	seit 2008
Deutsches Sportabzeichen: Aktion „kinder + sport" Sportabzeichen Gewinnspiel	FERRERO	seit 2008
Deutsches Sportabzeichen: Tourpartner (Sportabzeichen-Tour 2010)	Bionade	05-08 2010
„Mission Olympic"	Coca-Cola	seit 2007
Partner „Festival des Sports"	Samsung	seit 2009
"You run. We help."	Samsung	seit 2009
„Lidl Schüler Fitness Cup"	Lidl Dienstleistung GmbH & Co. KG	seit 2007
„Müller bewegt Kinder – 100 Trimmy Kindergärten in Deuschland"	Molkerei Alois Müller GmbH	seit 2009
„Trimm Dich-Initiative" von Müller	Molkerei Alois Müller GmbH	seit 2008
Förderpreis „Generationen bewegen"	Mercure Hotels der Hotelkette Accor	seit 2007
„Sportlerticket"	Mercure Hotels der Hotelkette Accor	seit 2008

Die Recherchen sprechen für die Annahme, dass zunehmend auch solche Aspekte in den Kontext unternehmensbezogener Förderstrategien eingebunden werden, die unter dem Stichwort „Gemeinwohlorientierung des Sports" (vgl. Rittner & Breuer, 2004) und speziell des vereins- und verbandsorganisierten Sports thematisiert werden und die bislang eher im Fokus der sportpolitischen Debatten über die subsidiäre staatliche Förderung standen (vgl. Kapitel 2). Dabei geht es z.B. um Fragen der Gesundheitsförderung, Integrationsarbeit, Kinder- und Jugendarbeit oder generationenübergreifenden Interaktionen.

Mehr als die Hälfte der Projekte werden auf den Internetseiten der Unternehmen explizit unter Begriffen wie „Engagement", „gesellschaftliches Engagement" „soziales Engagement", „Verantwortung" oder auch „Corporate Social Responsibility" neben zahlreichen anderen Projekten in den Feldern „Ökologie", „Soziales" oder „Kultur" aufgelistet. Exemplarisch dafür steht das 2008 implementierte CC-Programm „Gut. Das gesellschaftliche Engagement der Sparkassen-Finanzgruppe", mit dem Eliteschulen des Sports ebenso gefördert werden wie der Breitensport („Offizieller Förderer des Deutschen Sportabzeichens"). Für neuere Formen der Zusammenarbeit zwischen Großunternehmen und dem DOSB im Rahmen unternehmerischer CC-Engagements scheint allerdings insbesondere das Projekt „Mission Olympic" von Coca Cola zu stehen.

Als Getränkehersteller stellt sich Coca-Cola als ein Unternehmen dar, dessen Kernkompetenzen speziell auch im Bereich „Ernährung" verortet werden und insofern eng mit Fragen von „Gesundheit" verbunden seien. Diese Kernkompetenzen sucht das Unternehmen auch in seiner „Nachhaltigkeitsstrategie" zu dokumentieren, zu der auch der Bereich „aktiver Lebensstil" gezählt wird: „Wir fördern einen aktiven Lebensstil, Bewegung und Sport mit zahlreichen lokalen und nationalen Programmen", heißt es auf der entsprechenden Homepage (http://www.coca-cola-gmbh.de/nachhaltigkeit/index.html, Zugriff am: 15.04.2011). In diesen Kontext wird auch der Wettbewerb „Mission Olympic" eingeordnet, der insbesondere das Ziel verfolge, Bewegungsförderung und einen aktiven Lebensstil in Deutschlands Städten zu fördern: „Sportliche Begeisterung kombiniert mit bürgerschaftlichem Engagement. Das ist Mission Olympic, die bundesweite Initiative, mit der sich Coca-Cola für mehr Bewegung im Alltag engagiert. 2007 wurde das bundesweite Programm zur Förderung eines aktiven Lebensstils gemeinsam mit dem Deutschen Olympischen Sportbund entwickelt" (http://nachhaltigkeitsbericht.coca-cola.de/aktiver-lebensstil/, Zugriff am: 15.04.2011). Unter dem Titel „Mission Olympic" werden die beiden Wettbewerbe „Deutschlands aktivste Stadt" und „Deutschlands beste Initiativen für Bewegung und Sport" durchgeführt, um u.a. zu mehr Bewegung im Alltag anzuregen, Freude an einem aktiven Lebensstil zu vermitteln und öffentliche Aufmerksamkeit für Bewegungsförderung zu erzeugen.

Neben der Einbettung einer Reihe der in Tabelle 8-1 genannten Projekte in „Verantwortungsbegriffe" der Unternehmen fällt auf, dass 13 der aufgeführten 14 Kooperationsprojekte nach 2006 initiiert wurden. Mit aller Vorsicht lässt sich dieser Befund so interpretieren, dass der DOSB in jüngerer Zeit verstärkt versucht, Kooperationen mit Großunternehmen zugunsten von Programmen und Maßnahmen im vereins- und verbandsorganisierten Sport einzugehen. In diesen Zusammenhang lässt sich auch die Aussage des DOSB-Präsidenten in seiner Antrittsrede vom 20. Mai 2006 einordnen, dass sich der Sport nicht nur auf die staatliche Förderung verlassen, sondern vor allem auch der Wirtschaft verstärkt „Anreize zur Teilnahme" bieten müsse, um „bessere Angebote machen (zu) können, die sich nicht an der Vergabe von Logos erschöpft", und um „Gelegenheit (zu) geben, mit dem Sport auf größerer Breite zu kommunizieren" (Bach, 2006a). Ähnlich wird auch im Arbeitsprogramm des DOSB-Präsidiums vom 16. November 2006 argumentiert (vgl. DOSB, 2006c).

Das jüngste Arbeitsprogramm des DOSB-Präsidiums für den Zeitraum von 2011 bis 2014 scheint diese Perspektive fortzuführen. Zwar wird über die Frage der Kooperation mit Unternehmen keine explizite Aussage getroffen, gleichwohl heißt es: „Wir sind davon überzeugt, dass eine erfolgreiche Positionierung der Marke DOSB schließlich auf eine bessere Vermarktung einzahlt. Wir wollen insbesondere durch die stärkere Einbeziehung von weltweiten Partnern, aber auch eine ausgewogene Intensivierung der Breitensportvermarktung zusätzliche Einnahmen für den deutschen Sport erzielen. Unser erfolgreicher

Dienstleister hierfür ist die Deutsche Sport-Marketing GmbH (DSM)" (DOSB, 2011a, S. 18).

Ergebnis 2:   Die Deutsche Sport-Marketing GmbH (DSM) als Vermarktungsagentur des DOSB betont zunehmend ihre Bedeutung als „Mittlerorganisation" für CC-Kooperationen im Sport.

Als eine Art „Mittlerorganisation" für eine solche „Übersetzungsarbeit", die für den DOSB die „Aufgaben der Vermarktungsagentur" (DSM, 2010) übernommen hat, agiert die 1986 gegründete Deutsche Sport-Marketing GmbH (DSM) als 100-prozentige Wirtschaftstochter der Stiftung Deutscher Sport, die wiederum eine Stiftung des DOSB ist. Während sich die DSM zunächst auf ihre Aufgabe als exklusive Vermarkterin des olympischen Themas in Deutschland fokussierte, ist sie seit der Gründung des DOSB im Jahr 2006 „auch für die strategische Führung in der Breitensportvermarktung zuständig" (DSM, 2010). Dabei arbeitet sie mit der Burda Sports Group (BSG) zusammen, die im Breitensport exklusiv über die Vermarktungsrechte des DOSB verfügt. 2007 hat die DSM zudem die Vermarktung des Deutschen Behindertensportverbandes (DBS) übernommen.

In den letzten Jahren scheint sich die DSM zunehmend auch dem Thema CC und CSR zuzuwenden. So heißt es in der Selbstbeschreibung der DSM unter dem Stichwort „übergreifende Partnerschaften": „Die Deutsche Sport-Marketing vermarktet den Deutschen Olympischen Sportbund und den Deutschen Behindertensportverband. Sie vermittelt, organisiert und berät aber auch zunehmend. Zum Beispiel für und bei Unternehmen, die im Sponsoring aktiv sind oder dies werden wollen. Die steigende Nachfrage nach integrierten Engagements bedient sie mit übergreifenden Konzepten. Sie verbindet Themen aus dem olympischen und paralympischen Spitzen- mit solchen aus dem Breitensport. Einer Spielfläche, die angesichts der Kraft des Themas Corporate Social Responsibility immer attraktiver wird" (http://www.dsm-olympia.de/informieren/agenturportraet.html, Zugriff am: 15.04.2011).

Darüber hinaus gibt die DSM zusammen mit dem DOSB seit 2010 ein neues Magazin mit dem Titel „Faktor Sport" heraus, das sich wiederholt dem Thema CC und CSR angenommen hat und auch damit verbundene Fragen der Unternehmenskooperationen thematisiert. So macht z.B. der DSM-Geschäftsführer explizit auf die zunehmende Bedeutung der CC- und CSR-Debatten für den DOSB aufmerksam, indem er betont: „Nicht nur große Sportveranstaltungen wie Olympische Spiele, auch der Spitzen-, Breiten- und Behindertensport sind auf Partnerschaften mit der Wirtschaft angewiesen. Aktuell ist aber ein grundlegender Wandel in diesen Kooperationen erkennbar: Das Sponsoring bekannten Ursprungs verändert sich; es wird immer stärker aus einem gesellschaftlichen Blickwinkel betrachtet. An Begriffen wie Corporate Social Responsibility (CSR) und Corporate Citizenship (CC) kommt kein Unternehmen mehr vorbei, das als verantwortungsvoller Akteur bei sozialen Gestaltungsprozessen wahrgenommen werden möchte. Infolge dieses Prozesses verwischen die Grenzen zwischen Marketing und CSR zunehmend ... und es tauchen neue Fragen auf, denen mit herkömmlichen Sponsoringstrategien nur unzureichend zu begegnen ist. Das neu geschaffene ‚Faktor Sport Forum' ... ist daher der Versuch, mit maßgeblich im Sport engagierten Unternehmen in einen offenen Dialog über zukunftsweisende Formen von Partnerschaften zu treten" (Achten, 2011, S. 3).

8.6.3 Fazit und Perspektiven

Bürgerschaftliches Engagement kann Unternehmen neuartige Möglichkeiten der gesellschaftlichen Mitentscheidung und Mitgestaltung eröffnen. In diesem Kontext dürften zugleich die politischen und gesellschaftlichen Anforderungen an Unternehmen – unter verschärften globalen Wettbewerbsbedingungen und veränderten staatlichen Rahmenbedingungen – steigen, so dass davon auszugehen ist, dass zukünftig für Unternehmen vielfältige und variantenreiche Formen eines bürgerschaftlichen Engagements an Bedeutung gewinnen und zunehmend in unternehmensstrategische Konzeptionen eingebunden werden (vgl. Braun & Backhaus-Maul, 2010).

Dieses selbst gewählte Unternehmensengagement ist vielfach verbunden mit Unsicherheiten und besonderen Herausforderungen (vgl. Baecker, 1999); denn Unternehmen müssen versuchen, jenseits des Wirtschaftssystems unternehmensstrategisch ausgerichtete Gesellschaftspolitik in den sozialen, pädagogischen, kulturellen, ökologischen und auch sportlichen Handlungsfeldern mitten in den Handlungsdomänen von Nonprofit-Organisationen zu betreiben. „Sie tun dieses – wohlgemerkt jenseits ihrer wirtschaftlichen Kompetenzen – quasi als Laien, in Kenntnis des latenten Risikos des Scheiterns und mit der Aussicht auf befremdliche und irritierende Erfahrungen, die – in einem positiven Sinne – wiederum eine Basis für produktions- und organisationsbezogene Innovationen sein können" (Backhaus-Maul & Braun, 2010, S. 321).

In diesem Kontext dürfte auch die „Experten-Rolle" von Nonprofit-Organisationen wie dem DOSB zunehmende Bedeutung gewinnen; denn sie verfügen weitaus umfangreicher als Unternehmen über die Expertise im Hinblick auf gesellschaftspolitische Handlungsbedarfe in unterschiedlichen gesellschaftlichen Bereichen und können Unternehmen neuartige Handlungsansätze benennen, um in Kooperationsprojekten zur gesellschaftlichen Problemlösung beizutragen.

Um sich als Kooperationspartner für CC-Projekte zunehmend zu etablieren, dürfte für den DOSB und insbesondere auch für die DSM – als Gesamt-Vermarktungsagentur des DOSB – eine besondere Herausforderung darin bestehen, das spezifische Expertenwissen über die „gesellschaftlichen Funktionen" des Sports und speziell des vereinsorganisierten Sports an bestehende und potenzielle CC-Programme und -Projekte von Unternehmen inhaltlich „anschlussfähig" zu machen. Mit dem Begriff der „Anschlussfähigkeit" ist in diesem Kontext gemeint, dass zwischen dem philanthropischen und traditionsorientierten Unternehmensspenden einerseits und dem Sportsponsoring andererseits Konzepte für alternative Formen eines unternehmerischen Bürgerengagements in sport- und bewegungsorientierten Projekten zu entwickeln wären, die sich im Spannungsfeld zwischen einem nachhaltigen „social case" und „business case" verorten.

Zwar lassen die jüngeren Kooperationsprojekte des DOSB mit Unternehmen erste Ansätze solcher inhaltlichen Anschlussofferten erkennen, allerdings dürfte die konzeptionelle Frage noch differenzierter zu beantworten sein, unter welchen spezifischen Konstellationen der DOSB und dessen Mitgliedsorganisationen mit ihren jeweils besonderen Aufgabenfeldern und „Geschäftsmodellen" für Unternehmen interessante Kooperationspartner zur Entwicklung, Implementation und nachhaltigen Durchführung von CC-Maßnahmen im vereins- und verbandsorganisierten Sport sein können. Denn ob solche Kooperationen erfolgreich zustande kommen, hängt nicht zuletzt davon ab, wie sich das Verhältnis von Unternehmen und Sportverbänden und -vereinen entwickelt und inwieweit es gelingt, von der einseitigen finanziellen Unternehmensförderung eines gemeinnützigen Zwecks zur professionellen und lösungsorientierten Zusammenarbeit zu gelangen (vgl. dazu auch Nährlich, 2008). Bei dieser Zusammenarbeit – und darin liegt eine zentrale Herausforderung der engagementpolitischen Gestaltung einer CC-Konzeption des DOSB – müssen sehr unterschiedliche Akteure zusammenfinden. Dazu ist ein Management erforderlich, um typische Kooperationsprobleme unterschiedlicher Organisationen mit ihren jeweils eigenen Sachzwängen, Anforderungsprofilen und Zielsetzungen überwinden zu können (vgl. Braun, 2007).

Diese konzeptionelle Herausforderung an die Weiterentwicklung einer sportbezogenen Engagementpolitik im Hinblick auf das bürgerschaftliche Engagement von Unternehmen verbindet sich mit zahlreichen Fragestellungen, von denen an dieser Stelle nur drei exemplarisch hervorgehoben werden sollen: Wie lassen sich in etablierte Arbeitsfelder des vereins- und verbandsorganisierten Sports CC-Strategien von Unternehmen einbinden und einbetten? Wie können existierende und sich neu entwickelnde CC-Strategien von Unternehmen in neue „Geschäftsmodelle" des vereins- und verbandsorganisierten Sports systematisch integriert werden, so dass für beide Seiten gewinnbringende Kooperationen angebahnt und etabliert werden? Und wie können die spezifischen Potenziale des vereins- und verbandsorganisierten Sports in Form existierender und neuer „Geschäftsmodelle" dargestellt werden, um Unternehmen zu aktivieren, strategische CC-Partnerschaften mit dem DOSB und dessen Mitgliedsorganisationen einzugehen?

Vor diesem Hintergrund könnte es sich als hilfreich erweisen, wenn der DOSB auf der Basis der gesellschaftspolitisch weitgehend akzeptierten „gesellschaftlichen Funktionen" des vereins- und verbandsorganisierten Sports, die ihm in der staatlichen Sportpolitik seit langem eine einflussreiche Position verschaffen, eine „sportbezogene Engagementpolitik" mit einem spezifischen Schwerpunkt auf der „partnerschaftlichen Zusammenarbeit mit Unternehmensbürgern" (Corporate Citizens) profiliert. In einem solchen Konzept wären sportspezifische Angebotsstrukturen zu entwickeln, die Unternehmen bei ihren aktuellen Suchbewegungen nach einer „passenden Verantwortungsrolle" in der Gesellschaft insofern unterstützen, als der DOSB mit seinem „Portfolio" als ein besonderer Kooperationspartner im Rahmen von CC-Programmen herausgestellt wird.

Die Rolle von „Mittlerorganisationen" zwischen dem vereins- und verbandsorganisierten Sport und Unternehmen dürfte dabei von zentraler Bedeutung sein, um Anpassungsprobleme zwischen den sehr unterschiedlichen Organisationsformen zu lösen. Mit der DSM existieren bereits Strukturen einer DOSB-nahen Mittlerorganisation, die dazu beitragen könnte, die Mitgliedsorganisationen in die Lage zu versetzen, um mit Unternehmen konsistent zu verhandeln und erfolgreich in CC-Programmen zu kooperieren. Die vielfältigen Erfahrungen im Bereich des Sportsponsorings dürften dafür günstige Voraussetzungen bieten.

Zugleich stellt das etablierte Sportsponsoring aber auch eine Herausforderung für eine solche Mittlerorganisation dar; denn in unternehmensbezogenen Kontexten wird das Thema „Sport" vielfach noch explizit dem Unternehmenssponsoring zugeordnet, während CC-Aktivitäten unter Begriffen wie „soziales Engagement" „Nachhaltigkeit" oder „gesellschaftliche Verantwortung" eher Feldern wie der „Ökologie", „Soziales" oder „Bildung" vorbehalten bleiben. Speziell in den unternehmerischen CC-Aktivitäten dürfte aber eine besondere Chance liegen, jenseits des telegenen Spitzensports und ausgewählter Sportarten unterschiedliche sport- und bewegungsbezogene Kontexte mit ihren vielfältigen gesellschaftlichen Funktionen zu diskutieren und zu präsentieren. Insofern könnte eine systematische Evaluation gerade der jüngeren Kooperationsprojekte zwischen Großunternehmen und dem DOSB, die als CC-Projekte öffentlich präsentiert werden, eine aufschlussreiche Erfahrungsgrundlage darstellen, um Informationen über die gesellschaftspolitische Relevanz von CC-Programmen im „Breitensport" zu gewinnen und auf diese Weise systematischer in CC-Planungen von Unternehmen eingebettet zu werden.

Teil C
Bilanzen: Zusammenfassung und Perspektiven

In diesem abschließenden Teil C werden zentrale Ergebnisse der Untersuchung zusammenfassend dargestellt.

Zu diesem Zweck wird in einem ersten Schritt die Argumentationsführung aus Teil A aufgenommen. Sie bildet einerseits den sozialwissenschaftlichen und gesellschaftspolitischen Hintergrund der Untersuchung (Abschnitte 9.1 bis 9.3); anderseits liefert sie Begründungzusammenhänge für unsere normativ und gesellschaftspolitisch ausgerichtete These, dass es neben einer etablierten verbandlichen Sportpolitik angezeigt ist, eine „sportbezogene Engagementpolitik" seitens des DOSB vertiefend zu elaborieren (Abschnitte 9.4 und 9.5).

Darauf aufbauend werden die zentralen Ergebnisse der empirischen Untersuchungen zu den Themenschwerpunkten „Integration", „Alter(n)", „Bildung" und „bürgerschaftliches Engagement von Unternehmen" zusammengefasst (Abschnitte 9.6 bis 9.9). Auf Literaturangaben und Quellenverweise wird in diesem Kontext aus Gründen der besseren Lesbarkeit weitgehend verzichtet; sie sind in den entsprechenden Kapiteln zu den einzelnen Themenschwerpunkten in Teil B des Berichts nachzulesen. Innerhalb der einzelnen Unterabschnitte der folgenden Kapitel werden jeweils auch relevante Empfehlungen aufgenommen, die aus unserer Sicht Elemente einer weiterzuentwickelnden „sportbezogenen Engagementpolitik" des DOSB darstellen könnten.

9 Aspekte einer sportbezogenen Engagementpolitik: Ergebnisse und Ausblicke

Sebastian Braun, Stefan Hansen, Tina Nobis, Doreen Reymann

9.1 Expansion und Pluralisierung der Sport- und Bewegungskultur

Die Bewegungskultur in der Bundesrepublik Deutschland und die Räume des Sports, in denen sich die Menschen bewegen, sind im Laufe der letzten Jahrzehnte zunehmend vielfältiger geworden. Auf der gesellschaftlichen Ebene lassen sich zentrale Entwicklungen als „Expansion" und „Pluralisierung der Sportkultur" beschreiben, die auf der Ebene der Sportaktiven mit einer „Veralltäglichung" und „Individualisierung von Sportengagements" einhergehen (vgl. dazu Baur & Braun, 2001; Nagel, 2003):

Auf der gesellschaftlichen Ebene wurden im Zuge der Expansion der Sportkultur immer breitere Bevölkerungsgruppen in Sportaktiviäten und Sportsettings eingeschlossen. Mit dieser Expansion hat der Sport außerhalb der Sportvereine enorme Verbreitung gefunden: Die kommerziellen Sportanbieter haben sich auf dem Markt etabliert; darüber hinaus treibt eine quantitativ nicht genau zu erfassende Zahl von Menschen allein und in Gruppen informell Sport.

Diese Entwicklungen zeigen an, dass mit der Expansion eine Pluralisierung der Sportkultur einherging. Entsprechende Veränderungen werden auch als sport- und bewegungsbezogener „Interessenwandel" beschrieben, wonach das traditionelle Verständnis vom Sporttreiben, das auf dem sportlichen Leistungsvergleich mit seiner „Kombination von Siegescode und Leistungsprinzip" (Schimank, 1992, S. 33) basiert, durch alternative Sinnmuster „aufgeweicht wird, die Gesundheit, Fitness, Spaß, Körperausdruck und Geselligkeit als Wertpräferenzen aufweisen" (Cachay, Thiel & Klein, 2001, S. 19; vgl. Baur, 1989; Bette, 1993; Heinemann & Schubert, 1994).

Mit dieser Expansion und Pluralisierung der Sportkultur auf der gesellschaftlichen Ebene haben Sportengagements auch in der Lebensführung und im Lebenslauf des Einzelnen an Bedeutung gewonnen. Man kann durchaus von einer „Veralltäglichung von Sportengagements" sprechen. Zugleich haben sich Sportengagements insofern „individualisiert", als sich mit der Pluralisierung von Sportformen auch die Optionen für den Einzelnen vervielfältigt haben, eine den persönlichen Interessen entsprechende Sportaktivität zu finden (vgl. Nagel, 2003).

Diese Expansion und Pluralisierung der Sportkultur einerseits und die damit verbundene Veralltäglichung und Individualisierung von Sportengagements andererseits scheinen auch die Ergebnisse der sportbezogenen Sonderauswertung der Freiwilligensurveys 1999 - 2009 zu reflektieren: Das Handlungsfeld „Sport und Bewegung" ist im Vergleich zu den 13 anderen Handlungsbereichen, die in den Freiwilligensurveys empirisch erfasst wurden, das Feld mit der höchsten Quote zivilgesellschaftlicher Beteiligung in der Bevölkerung (vgl. Kapitel 2). Rund 42% der ab 14-Jährigen waren im Jahr 2009 aktiv in diesem Handlungsfeld beteiligt. Dabei ist im Zehnjahreszeitraum ein Zuwachs von Aktiven im Umfang von 5,3 Prozentpunkten zu verzeichnen (vgl. Braun, 2011a).

Eine zentrale Rolle spielt in diesem Zusammenhang der DOSB als Dachorganisation des komplexen Sportverbandswesens in Deutschland, unter dem die vielfältigen Sportvereine auf lokaler Ebene organisiert sind. Seit Gründung des DSB im Jahr 1950 bzw. des DOSB im Jahr 2006 hat der vereinsorganisierte Sport in quantitativer Hinsicht einen „Mitgliedschaftsboom" erlebt. Dieser Boom hat die Dachorganisation der deutschen Turn- und Sportbewegung zügig zur größten Personenvereinigung in Westdeutschland und – nach der staatlichen Vereinigung – in Deutschland insgesamt avancieren lassen. Mittlerweile werden rund 27.5 Mio. Mitgliedschaften in rund 91.000 Sportvereinen in Deutschland registriert.

Angesichts dieser Zahlen ist der vereins- und verbandsorganisierte Sport längst zu einem zentralen Organisationsfaktor mit lebensweltlicher Einbindung in der deutschen Zivilgesellschaft geworden. Bis hinein in die lokalen Verästelungen der Gesellschaft organisieren sich Menschen auf freiwilliger Basis in „Wahlgemeinschaften" (Strob, 1999), die als „Produzenten-Konsumenten-Gemeinschaften" (Horch, 1983) ihre jeweils spezifischen Interessen in die Praxis umzusetzen suchen (vgl. Braun, 2003b). Dabei handelt es sich neben sport- und bewegungsbezogenen Aktivitäten im Wettkampf-, Leistungs-, Freizeit-, Breiten- oder Gesundheitssport vielfach auch um gesellige Aktivitäten als eine besondere „Spielform der Vergesellschaftung" (Simmel, 1999), die gerade deshalb im Vereinsleben möglich ist, weil Sportvereine als freiwillige Vereinigungen „den Zweck mit dem Zwecklosen, die Verpflichtung mit der Freiwilligkeit, den Ernst mit der Ausgelassenheit, die Distanzierung mit der Annäherung, die Öffentlichkeit mit der Privatheit" verbinden (Horch, 1983, S. 146).

9.2 Ehrenamtliches und freiwilliges Engagement als Basis des vereins- und verbandsorganisierten Sports

Ehrenamtliches und freiwilliges Engagement als ökonomisches und kulturelles „Bestandserhaltungsgebot" von Sportvereinen

In diesem Kontext spielt traditionell das ehrenamtliche und freiwillige Engagement der Mitglieder in „ihrem" und für „ihren" Sportverein eine zentrale Rolle.[19] Dieses Engagement kann man als Ausdruck eines besonderen Wert- und Normengeflechts in der „Wahlgemeinschaft" eines Sportvereins verstehen, das gleichzeitig dazu beiträgt, dieses Wert- und Normengeflecht aufrechtzuerhalten und zu befördern. Es lässt sich insofern in doppelter Hinsicht als ein „Bestandserhaltungsgebot" von Sportvereinen interpretieren: einerseits um die Vereinsleistungen und -angebote zu erstellen; und andererseits um die vereinskulturellen Grundlagen der „Wahlgemeinschaft" zu (re-)produzieren (vgl. z.B. Braun, 2009c).

Denn durch das ehrenamtliche und freiwillige Engagement dürfte einerseits die Bindung der Mitglieder an die gemeinsamen Ziele des jeweiligen Vereins und andererseits die Bindung der Mitglieder untereinander und an die Wahlgemeinschaft gestützt und gestärkt

---

[19] Wie bereits einleitend erläutert (vgl. Abschnitt 2.1), verwenden wir im vorliegenden Bericht bewusst die in der Praxis der Sportvereine und -verbände geläufigen Begriffe des „ehrenamtlichen" und „freiwilligen Engagements". Den Begriff „bürgerschaftliches Engagement" verstehen wir als übergeordneten Begriff, der eine Brücke zwischen den vielfach getrennt diskutierten Formen des ehrenamtlichen, freiwilligen, sozialen und auch politischen Engagements schlagen soll und unter einer normativen Perspektive auf „Demokratie" und „Gemeinwohl" bezogen ist (vgl. Braun, 2001; Roth, 2000).

werden. Insofern ist das ehrenamtliche und freiwillige Engagement der Mitglieder in „ihren" Sportvereinen mehr als ein unentgeltliches Engagement, um die Vereinsziele in die soziale Praxis umzusetzen. Darüber hinaus kann es die affektive Bindung der Mitglieder untereinander und an den Verein erzeugen, stabilisieren und fördern; und umgekehrt dürfte diese emotionale Bindung wiederum die Bereitschaft stützen und anregen, sich in dem und für den Verein bzw. die einzelne Sportgruppe zu engagieren (vgl. z.B. Braun, 2003a; Horch, 1992; Strob, 1999).

Wie umfangreich diese maßgebliche vereinsökonomische und -kulturelle Ressource in der Bevölkerung verfügbar ist, lassen die Ergebnisse der sportbezogenen Sonderauswertung der Freiwilligensurveys erkennen. Das Handlungsfeld Sport und Bewegung bindet den mit Abstand vergleichsweise höchsten Anteil ehrenamtlich und freiwillig engagierter Personen: Rund ein Zehntel der Bevölkerung in Deutschland im Alter ab 14 Jahre engagierte sich im Jahr 2009 im Feld Sport und Bewegung, davon rund 90% in den Sportvereinen. Trotz der Expansion und Pluralisierung der Sport- und Bewegungsarrangements jenseits des vereinsorganisierten Sports gelingt es den Sportvereinen bisher offenbar relativ konstant, im Handlungsfeld Sport und Bewegung das „knappe Gut" des freiwilligen und ehrenamtlichen Engagements quasi „monopolartig" an sich zu binden (vgl. Braun, 2011a; Rittner & Breuer, 2004; Rittner, Keiner & Keiner, 2006).

Erosionstendenzen im freiwilligen und ehrenamtlichen Engagement

Allerdings deuten sich unterhalb dieser imposanten „zivilgesellschaftlichen Infrastrukturdaten" zum freiwilligen und ehrenamtlichen Engagement im vereins- und verbandsorganisierten Sport Erosionstendenzen an. Diese Erosionstendenzen werden in der Vereinsforschung wie auch in den sportpolitischen Debatten zwar schon seit längerem thematisiert, bisher lagen allerdings keine personenbezogenen Bevölkerungsbefragungen vor, die der vielzitierten „Krise des Ehrenamts" empirischen Nährboden geben konnten (vgl. z.B. Braun, 2003a; Heinemann & Schubert, 1994; Pitsch, 1999). Die sportbezogene Sonderauswertung der Freiwilligensurveys von 1999 bis 2009 lässt nunmehr erkennen, dass auf der Basis umfangreicher personenbezogener Daten für die Bevölkerung in der Bundesrepublik Deutschland ein Rückgang des freiwilligen und ehrenamtlichen Engagements im Handlungsfeld Sport und Bewegung zu konstatieren ist – und das bei einer ansonsten stabilen Engagementquote in der Bevölkerung von rund 36% (vgl. Braun, 2011a; Gensicke & Geiss, 2010).

Während sich im Jahr 1999 noch 11,2% der Bevölkerung ab 14 Jahre im Handlungsfeld Sport und Bewegung engagierten und im Jahr 2004 die Quote geringfügig auf 11,1% sank, ging das freiwillige und ehrenamtliche Engagement der ab 14-Jährigen im Jahr 2009 auf 10,1% zurück. Zwar könnte dieser Rückgang prozentual betrachtet gering erscheinen; hochgerechnet und in Absolutzahlen ausgedrückt bedeutet er aber Verluste im Umfang von ca. 650.000 Engagierten. Dass dieser Rückgang sport- und engagementpolitisch als ausgesprochen bedeutsam zu bewerten ist, lassen nicht zuletzt die Daten zu den anderen Engagementbereichen erkennen, die im Freiwilligensurvey berücksichtigt wurden. Lediglich im Bereich „Freizeit und Geselligkeit" sind ähnlich umfangreiche, zeitlich aber auf den Zehnjahreszeitraum gestreckte Rückgänge zu verzeichnen (vgl. Braun, 2011a).

Allerdings fallen die Engagementquoten für das Handlungsfeld Sport und Bewegung je nach sozialer Gruppe und Handlungsform unterschiedlich aus. Betrachtet man exemplarisch zwei Gruppen, die in der vorliegenden Studie differenzierter untersucht wurden –

ältere Menschen und Personen mit Migrationshintergrund –, dann zeigen sich gegenläufige Trends: So verzeichneten die älteren Bevölkerungsgruppen ab 60 Jahre die dynamischsten Zuwächse im Hinblick auf ein freiwilliges und ehrenamtliches Engagement im Handlungsfeld Sport und Bewegung (vgl. Kapitel 6). Der Anteil der Engagierten unter den Älteren wuchs seit Ende der 1990er Jahre konstant. Anders verhält es sich, wenn man die Gruppe der Personen mit Migrationshintergrund betrachtet, die für den Zeitraum von 2004 bis 2009 differenzierter untersucht werden können (vgl. Kapitel 5). Im Fünfjahreszeitraum sank der entsprechende Bevölkerungsanteil, der sich im Sportbereich freiwillig und ehrenamtlich engagierte, von 8,2% auf 6,8% und damit tendenziell stärker als in der Bevölkerung ohne Migrationshintergrund.

Die Sportvereine auf dem Weg zur Dienstleistungsorganisation?

Offenbar haben sich mit den veränderten individuellen Interessen, die im Zuge der Expansion und Pluralisierung der Sportkultur an eine Sportvereinspartizipation herangetragen werden, nicht nur die Anforderungen an die Sportvereine zur Ausgestaltung der sport- und bewegungsbezogenen Angebotsstrukturen verändert, sondern auch die Modi der Gewinnung und Bindung freiwillig und ehrenamtlich engagierter Mitglieder. In diesem Kontext wird schon seit längerem die Frage gestellt, ob es den als „traditional" bezeichneten Sportverein überhaupt noch gibt. So konstatierte bereits Lenk (1972, S. 104) zu Beginn der 1970er Jahre, dass der Sportverein nicht mehr als „ganzheitlich bindende ‚Lebensform'" und als „‚wahre Lebensgemeinschaft' empfunden" werde, „sondern mehr als Zweckorganisation, die freiwillig benutzt wird, um private Freizeitbedürfnisse zu erfüllen. Man dient keiner Idee mehr, besitzt kaum noch eine Ideologie, sondern steht dem Verein in einer ‚Benutzerhaltung' ... gegenüber."

Auf diese Thesen wurde in späteren Untersuchungen immer wieder Bezug genommen: Aufgrund von Individualisierungsprozessen hätten sich, so die grundsätzliche Argumentationsfigur, einerseits traditionale und wertrationale zugunsten zweckrationaler sozialer Beziehungen aufgelöst, wobei „offensichtlich gerade die ‚neuen' Nachfrager anstatt einer ‚klassischen' Beziehung zum Verein eine Austauschbeziehung auf monetärer Basis" bevorzugten (Cachay, Thiel & Meier, 2001, S. 19). Andererseits hätten sich gegenüber den ehemals dauerhaften, festen Mitgliedschaften und der hohen interaktiven Konnektivität zwischen den Mitgliedern zeitbegrenzte, revisionsoffene Mitgliedschaften und distanzierte, instrumentelle Mitgliedschaftsbeziehungen durchgesetzt. Der „Vereinsmeier", der nach landläufiger Meinung in der eigenen Welt seines geselligen Sportvereins nach festgelegten Werten und Normen lebt, gilt insofern als Auslaufmodell – und mit ihm scheint auch die Bereitschaft zu ehrenamtlichem, freiwilligem Engagement sukzessive abzunehmen (vgl. dazu im Überblick Baur & Braun, 2001a; Braun & Nagel, 2005; Jütting, 1994; Nagel, 2006; Strob, 1999).

Folgt man diesen Annahmen, dann hätten sich die Sportvereine in den letzten Jahrzehnten von „Wertgemeinschaften zu Dienstleistungsorganisationen" gewandelt – ein Prozess, den Rauschenbach, Sachße und Olk (1996) schon vor längerem für die Jugend- und Wohlfahrtsverbände dokumentiert haben. Insofern erstaunt es nicht, dass auch vereinzelt – und speziell im europäischen Kontext – Stimmen lauter werden, die unter Verweis auf die „Marktfähigkeit" des „Gutes Sport" den Gemeinnützigkeitsstatus des vereins- und verbandsorganisierten Sports sowie die damit verbundene staatliche Privilegierung kritisch hinterfragen, da – so die Annahme – das Leistungsangebot der Sportvereine längst in Konkurrenz zu steuerpflichtigen Sportanbietern auf dem Markt stünden (vgl. dazu grundlegend Kirsch & Kempf, 2003; neuerdings auch Bergmann & Strachwitz, 2011).

Auch wenn diese vielfältigen Thesen zu Wandel und spezifischer institutioneller Verfasstheit des Sportvereinswesens in Deutschland in der Regel Einzelbeobachtungen und -phänomene überbetonen und substanzielle andere Perspektiven und Argumentationszusammenhänge vernachlässigen, so scheinen sie doch zumindest auf eine ambivalente Entwicklung hinzudeuten: dass die „zivilgesellschaftlichen Gemeinwohlbeiträge" des vereins- und verbandsorganisierten Sports, die seit Jahrzehnten öffentlich kommuniziert werden und immanenter Bestandteil des Konzepts der „partnerschaftlichen Zusammenarbeit" zwischen Staat und DSB bzw. DOSB sind, zwar nicht grundlegend in Frage gestellt werden, aber zumindest umfangreicher und unter verschiedenen Perspektiven problematisiert werden (vgl. dazu schon Braun, 2006; Rittner & Breuer, 2004).

9.3 „Partnerschaftliche Zusammenarbeit" zwischen Staat und Sport im Kontext (neo-)korporatistischer Beziehungsmuster

Dieses Konzept der „partnerschaftlichen Zusammenarbeit" zwischen staatlichen Akteuren und dem verbandsorganisierten Sport hat sich über Jahrzehnte hinweg als ein komplexes Raster von Leistung und Gegenleistung im Rahmen des – für die Bundesrepublik Deutschland charakteristischen – Modells der (neo-)korporatistischen Interessenvermittlung entwickelt und ausdifferenziert. Bei diesem Modell handelt es sich um eine wechselseitige Tauschbeziehung zum gegenseitigen Nutzen, die sich vereinfacht wie folgt zusammenfassen lässt:

Auf der einen Seite kann sich z.B. der Staat von gesellschaftlichen Herausforderungen und der Umsetzung entsprechender Lösungsansätze entlasten (z.B. bei der Integrations-, Jugend- oder Gesundheitsförderung). Dabei kann er nicht nur auf die personellen, infrastrukturellen und kulturellen Ressourcen des DOSB und dessen Mitgliedsorganisationen rekurrieren; er nutzt auch deren sportpolitische und -praktische Expertise, um gesellschaftspolitische Herausforderungen mit Hilfe der sportverbandlichen Infrastruktur und der Sportvereine „vor Ort" zu bearbeiten.

Auf der anderen Seite – und quasi im Gegenzug – kann der DOSB eine besondere staatliche Anerkennung einfordern, die dazu beiträgt, dass er seit Jahrzehnten „ein stabiles Organisationsmonopol mit staatlicher Lizensierung" (Meier, 1995, S. 104) in sportpolitischen Angelegenheiten innehat. Diese Anerkennung drückt sich insbesondere in staatlichen Privilegierungen und Leistungen aus. Dazu gehören z.B. die Beteiligung an politischen Entscheidungsfindungen und Gesetzesinitiativen, der privilegierte Zugang zur Formulierung und Umsetzung sport- und sozialpolitischer Programme sowie materielle, sachliche und personelle Unterstützungsleistungen, die der Staat gemäß des Subsidiaritätsprinzips zur Verfügung stellt.

Gesellschaftliche Funktionen des vereins- und verbandsorganisierten Sports

Diese überwiegend freiwilligen Leistungen legitimiert der Staat vor allem mit den „gesellschaftlichen Funktionen", die er dem vereins- und verbandsorganisierten Sport zuschreibt. Hervorzuheben sind die Integrations-, Sozialisations-, Partizipations-, Demokratie-, Repräsentations-, Gesundheits- und ökonomischen Funktionen, die sich der DOSB und dessen Mitgliedsorganisationen in nahezu identischer Form auch selbst zuschreiben (vgl. Baur & Braun, 2003; Rittner & Breuer, 2004). Auf dieser Grundlage gelingt es den Sportverbänden seit Jahrzehnten, mit Hilfe staatlicher Förderung ein breites Spektrum unterschiedlicher Aktivitäten und Maßnahmen umzusetzen, die sich des Mediums „Sport und Bewegung" bedienen, um auf diese Weise „gesellschaftliche Verantwortung" in unterschiedlichen sozialpolitischen Handlungsfeldern zu signalisieren und zu übernehmen.

Die sportpolitischen Kampagnen der letzten Jahrzehnte, die vielfältige gesellschaftspolitische Herausforderungen „sportspezifisch" übersetzen, stehen exemplarisch dafür. Eingängige Kampagnen wie „Keine Macht den Drogen", „Sport spricht alle Sprachen", „Im Verein ist Sport am schönsten" oder „Sport tut Deutschland gut" sind Ausdruck der vielfältigen gesellschaftlichen Funktionen und Aufgaben, die der DOSB als ein verbandlich komplex organisierter Akteur in der Zivilgesellschaft wahrzunehmen versucht. Diese gesellschaftlichen Aufgaben weisen vielfach weit über den eigentlichen Organisationszweck eines Sportvereins hinaus – nämlich der Bereitstellung von Sportgelegenheiten, die von Mitgliedern für Mitglieder in selbst organisierter „Gemeinschaftsarbeit" (Strob, 1999) geschaffen werden, um die jeweils präferierten Sport- und Bewegungsformen in der jeweils gewünschten Weise auszuüben.

In den öffentlichen und gesellschaftspolitischen Diskussionen scheinen die extrafunktionalen gesellschaftlichen Aufgaben aber mitunter nicht nur den eigentlichen Organisationszweck von Sportvereinen zu überformen und auch zu präformieren (vgl. Baur, 2002, Braun, 2002b); sie machen die Sportverbände und -vereine auch von den freiwilligen gesetzlichen Leistungen und der projektbezogenen Förderung staatlicher Akteure zumindest in Teilbereichen abhängig. Insofern ist zu erwarten, dass der DOSB und dessen Mitgliedsorganisationen im Kontext der aktuellen Debatten über einen Wandel von Staatsaufgaben und dem zunehmenden Bedeutungsverlust des deutschen Modells der (neo-)korporatistischen Interessenvermittlung vor neue Herausforderungen gestellt werden.

9.4 Engagementpolitik im Kontext des Wandels von Staatlichkeit

Wohlfahrtspluralistische Modelle „neuer" Staatlichkeit

Im Rahmen dieser Debatten über einen Wandel von Staatsaufgaben wird – jenseits klassisch staatsfixierter Ansätze auf der einen und klassisch marktliberaler Ansätze auf der anderen Seite – das bürgerschaftliche Engagement in Vereinen, Projekten und Initiativen als alternative Steuerungsressource zur Umgestaltung des institutionellen Arrangements des Wohlfahrtsstaats (wieder-)entdeckt (vgl. Braun, 2001; Zimmer, 2007). Diese Akzent- und Perspektivverlagerung begründet auch die Popularität von Ansätzen, die unter Begriffen wie „Wohlfahrtsgesellschaft" (Evers & Olk, 1996) diskutiert werden. Diese Ansätze betonen vor allem den Unterschied zur Sozialstaatlichkeit, insofern als sie bei der Herstellung wohlfahrtsrelevanter Güter und Dienste auf eine „neue Verantwortungsteilung" zwischen Staat und Gesellschaft setzen (vgl. Braun, 2011c; Enquete-Kommission, 2002).

Dabei geht es nicht nur um den vieldiskutierten „Rückzug des Staates" aus öffentlichen Aufgaben. Darüber hinaus sucht der Staat auch kooperierende Organisationen für Modelle „neuer Staatlichkeit", weil er auf deren Kompetenz, Know-how oder Ressourcen angewiesen ist, um öffentliche Güter zu erstellen (vgl. Schuppert, 2008; Jann & Wegerich,

2004). Staatliche Aktivitäten sollen z.B. mit Eigeninitiative des in Vereinen, Projekten und Initiativen assoziierten Bürgers verbunden werden und auf diese Weise eine neue Leistungsaktivierung in allen Stufen der Wertschöpfungskette öffentlicher Leistungen erzielen (vgl. z.B. Blanke, 2001). Dabei beschränkt sich der „Gewährleistungsstaat" zusehends auf die Gewährleistungsfunktion im Sinne der Bereitstellung geeigneter Regelungsstrukturen, während er die Vollzugs- und Finanzierungsverantwortung bei der Bereitstellung öffentlicher Güter und Dienstleistungen – zumindest in Teilbereichen – zunehmend Nonprofit-Organisationen wie Sportvereinen und Sportverbänden überlässt (z.B. beim Management von Sportstätten) (vgl. z.B. Schuppert, 2005a).

Im Zuge der laufenden Debatten über ein sich wandelndes Verständnis von Staatsaufgaben und ein neues institutionelles Arrangement der Wohlfahrtsproduktion ist zu erwarten, dass sich auch der DOSB und dessen Mitgliedsorganisationen wenn nicht unbedingt neu, aber doch zumindest anders positionieren müssen. Denn die grundlegende Entscheidung, inwieweit soziale Dienstleistungen vom Staat, Markt oder Nonprofit-Sektor angeboten werden, ist nicht nur eine Frage von Nachfrage und Angebot auf dem Markt. Bedeutsam sind ebenfalls historische Entwicklungen und politische Konstellationen, die auch für den Nonprofit-Sektor und damit für das Agieren der Nonprofit-Organisationen zu spezifischen Ordnungsmodellen führen.

Engagementpolitik als neues Politikfeld

Die Entstehung und Konturierung eines neuen Politikfelds „Engagementpolitik" ist Ausdruck dieses Wandels von Staatlichkeit. Sie verweist auf eine Verschiebung der politischen und öffentlichen Aufmerksamkeit zugunsten der Zivilgesellschaft mit ihren vielfältigen Institutionen, Strukturen, Akteuren und Aktivitäten in Deutschland. Engagementpolitik versucht, abstraktere Ansätze einer zivilgesellschaftlichen Reformpolitik gesellschaftlicher Institutionen in Deutschland in praxisorientierte Programme und Maßnahmen zu übersetzen und gesetzliche Rahmenbedingungen dafür zu schaffen (vgl. z.B. Enquete-Kommission, 2002; Olk, Klein & Hartnuß, 2010).

Die leitenden Vorstellungen des federführenden Bundesministeriums (vgl. z.B. BMFSFJ, 2008) und der Bundesregierung (2010) lassen sich so zusammenfassen, dass durch das gezielte Zusammenwirken verschiedener Akteure gesellschaftliche Bedarfe gebündelt, in abgestimmte Regel- und Ordnungsstrukturen überführt und auf diese Weise ein veränderter Rahmen „intersektoralen Arbeitens" geschaffen werden soll. Angestrebt wird eine „neue Verantwortungsteilung" zwischen staatlichen, zivilgesellschaftlichen und privatgewerblichen Akteuren, die sich dem Ziel der kooperativen Lösung gesellschaftlicher Probleme und Herausforderungen wechselseitig verpflichten.

Gegenwärtig umfasst Engagementpolitik vor allem ein Bündel von politischen Leitideen und operativen Maßnahmen, die sukzessive einen kohärenteren programmatischen Zuschnitt gewinnen dürften. Engagementpolitik erscheint dabei als ein Querschnittsthema zur Förderung bürgerschaftlichen Engagements, das vielfältige Verflechtungen mit anderen Politikfeldern auf Bundes-, Länder- und kommunaler Ebene aufweist (vgl. z.B. Olk, Klein & Hartnuß, 2010). Dazu gehört neben der Sozial-, Bildungs-, Integrations- oder Gesundheitspolitik auch das Feld der Sportpolitik.

9.5 Der DOSB als „engagementpolitischer Akteur"

In diesem Kontext und im Rückgriff auf elaborierte (neo-)korporatistische Strukturen wird das sich etablierende Politikfeld der „Engagementpolitik" nicht nur von Programmen und Maßnahmen staatlicher Akteure, Parteien und durch Nonprofit-Organisationen als Interessengruppen im politischen Raum profiliert. Die Rolle des Mitgestaltens zivilgesellschaftlicher Reformprojekte kann auch über die Schärfung originärer verbandlicher Konzeptionen – wie z.B. eine „sportbezogene Engagementpolitik" durch den DOSB – ausgestaltet werden, um spezifische Besonderheiten, Anliegen, Bedarfe oder Positionen bei der Konturierung des Politikfelds kohärent sichtbar zu machen. Vor diesem Hintergrund ist davon ausgehen, dass die laufenden engagementpolitischen Diskussionen dem DOSB und dessen Mitgliedsorganisationen weitergehende gesellschaftspolitische und innerverbandliche Gestaltungsoptionen als „engagementpolitische Akteure" in Deutschland eröffnen werden.

Vor diesem Hintergrund sind wir in der vorliegenden Studie von der gesellschaftspolitisch und insofern normativ orientierten These ausgegangen, dass das Thema „ehrenamtliches und freiwilliges Engagement" für den vereins- und verbandsorganisierten Sport von so grundlegender innerverbandlicher und gesellschaftspolitischer Bedeutung ist, dass dem DOSB als Dachorganisation zu empfehlen ist, eine originäre „sportbezogene Engagementpolitik" zu elaborieren und auf diese Weise das etablierte Feld der Sportpolitik durch einen noch expliziteren und kohärenten „zivilgesellschaftlichen Zuschnitt" zu ergänzen. Dabei kann der DOSB im Rahmen seiner drei zentralen Funktionen im vereins- und verbandsorganisierten Sport – der Ordnungs-, Programm- und Dienstleistungsfunktion – einen initiierenden, programmatischen, moderierenden und prozessbegleitenden Beitrag zur Entwicklung einer „sportbezogenen Engagementpolitik" im komplexen innerverbandlichen Geflecht der Mitgliedsorganisationen und im Austausch mit gesellschaftlichen Anspruchsgruppen aus Staat, Wirtschaft und Zivilgesellschaft leisten.

In diesem Sinne weist auch der DOSB mit Blick auf politische und gesellschaftliche Herausforderungen darauf hin, „dass eine Engagementpolitik zu entwickeln [ist], die sich aus dem Sport heraus begründet und die in die Gesellschaft hineinreicht. Dabei sollen die Potentiale des Sports systematisch aufgearbeitet und in Handlungswissen überführt werden" (DOSB/ Präsidialausschuss Breitensport/ Sportentwicklung, 2010, S. 5). Zu diesem Zweck muss das Rad nicht neu erfunden werden; denn im Kontext der angesprochenen gesellschaftlichen Funktionen, die dem DOSB seit Jahrzehnten zugeschrieben werden, hat sich der DOSB immer wieder als ein „zivilgesellschaftlicher Akteur" präsentiert, der innerverbandliche und gesellschaftliche Wandlungsprozesse aufnehmen und im Rahmen seiner Ordnungs-, Programm- und Dienstleistungsfunktion konstruktiv be- und verarbeiten kann.

Insofern erschien es lohnenswert, im Rahmen einer sozialwissenschaftlichen Untersuchung die bisherigen Positionen und Sichtweisen des DOSB zu ausgewählten und zugleich bedeutsamen engagementpolitischen Themenfeldern unter dem Gesichtspunkt zu betrachten, inwieweit der DOSB Argumente und Perspektiven der engagementpolitischen Diskussionen bereits berücksichtigt und in welcher Weise weitergehende Anschlussofferten an diese Argumente und Perspektiven im Hinblick auf eine „sportbezogene Engagementpolitik" sinnvoll und begründet sein könnten. Vor diesem Hintergrund haben wir uns im vorliegenden Untersuchungszusammenhang auf vier ausgewählte Themenschwerpunkte konzentriert, die in Teil B dieses Berichts differenzierter darstellt wurden und in den folgenden Abschnitten bilanziert werden: die Themen „Integration", „Alter(n)",

„Bildung" und „bürgerschaftliches Engagement von Unternehmen" (Corporate Citizenship).

In diesem Kontext ist selbstverständlich hervorzuheben, dass es sich bei den analysierten Materialien primär um Dokumente handelt, die vom DOSB für eine „breite" Öffentlichkeit erstellt und adressatengerecht aufgearbeitet wurden. Damit geht auch einher, dass in den Dokumenten nicht jedes Thema in aller Differenziertheit und bei gleichzeitiger Benennung aller Einschränkungen behandelt werden kann und dass nicht alle Thesen einer profunden „wissenschaftlichen Überprüfung" unterzogen werden können, bevor sie „freigegeben" werden. Schließlich ist zu berücksichtigen, dass Engagementpolitik ein innerverbandliches Querschnittsthema ist und dass es – über die vier ausgewählten und engagementpolitisch bedeutsamen Themengebiete hinaus – lohnenswert wäre, weitere Themenschwerpunkte durch Detailstudien in den Blick zu nehmen (z.B. Gender Mainstreaming, Leistungs-, Jugend-, Gesundheits- und Behindertensport, Nachhaltigkeit oder Umwelt).

Gleichwohl haben die vertieften Analysen zu den vier gewählten thematischen Schwerpunkten einen systematischen Zugang zu einem bislang noch unbearbeiteten Forschungsgebiet in der (sportbezogenen) Verbändeforschung eröffnet, der es ermöglicht, Perspektiven für eine „sportbezogene Engagementpolitik" des DOSB sukzessive zu elaborieren bzw. weiterzuentwickeln. Verschiedene Empfehlungen werden in den folgenden Abschnitten aus den differenzierteren Analysen in Teil B der Untersuchung aufgegriffen und im Kontext der Ergebniszusammenfassungen umrissen.

9.6 Multikulturelle Zivilgesellschaft? Sportverbände und -vereine als Akteure der Integrationsarbeit

In dem Maße, in dem das Gelingen von Integration als eine zentrale Aufgabe von „multikulturellen Gesellschaften" angesehen wird, werden auch Erwartungen an zivilgesellschaftliche Akteure für „gelingende Integrationsprozesse" in modernen Gesellschaften herangetragen. Immer häufiger wird in diesem Zusammenhang konstatiert, dass sich auch der vereins- und verbandsorganisierte Sport mit veränderten Bevölkerungsstrukturen auseinandersetzen, auf demografische Entwicklungen reagieren und als Integrationsakteur aktiv werden solle (vgl. im aktuellen Überblick Braun & Nobis, 2011 b).

Doch wie reagiert der DSB bzw. DOSB als Dachorganisation des vereins- und verbandsorganisierten Sports in Deutschland auf diese integrationsspezifischen „Funktionszuschreibungen"? Ausgehend von aktuellen sozialwissenschaftlichen und gesellschaftspolitischen Debatten über bürgerschaftliches Engagement in Deutschland haben wir diese Frage aufgegriffen und dabei explizit den DOSB in den Blick genommen. Auf der Grundlage einer umfangreicheren Analyse von Dokumenten des DSB bzw. DOSB (z.B. Grundsatzpapiere, Broschüren, Ideenhefte, Präsidiumsberichte) wurde untersucht, inwieweit und unter welchen Perspektiven sich der DSB bzw. DOSB mit der Integrationsthematik befasst und wie er sich als zivilgesellschaftlicher Integrationsakteur positioniert. Dabei kristallisierten sich vor allem fünf Themenschwerpunkte heraus, die an dieser Stelle thesenartig zusammengefasst werden.

(1) Integration durch Sport oder Integration durch bürgerschaftliches Engagement?

In aktuellen Zivilgesellschaftsdebatten wird wiederholt betont, dass sich insbesondere über ein bürgerschaftliches Engagement Integrationsmöglichkeiten für Personen mit Migrationshintergrund eröffnen würden. Die partizipative Einbindung in freiwillige Vereinigungen – so die Annahme – könne Gelegenheiten für den Aufbau von sozialen Kontakten schaffen, den Erwerb von Kompetenzen als Basis für kulturelle und strukturelle Integrationsprozesse begünstigen und schließlich auch zur Förderung von Zugehörigkeits- und Verbundenheitsgefühlen mit der Aufnahmegesellschaft beigetragen.

Betrachtet man vor dem Hintergrund dieser Diskussionen die Dokumente des DSB/DOSB, wird deutlich, dass darin vor allem die integrationsrelevanten Leistungen und Alleinstellungsmerkmale des vereinsorganisierten Sports herausgearbeitet werden. Erstens formuliert der DSB/DOSB den Anspruch, die Sportbeteiligungsraten von Migranten – als einer im Vereinssport bislang unterrepräsentierten Gruppe – sukzessive durch entsprechende Maßnahmen in den Sportvereinen erhöhen zu wollen. Zweitens erläutert er, dass mit einer Teilnahme am Sport Integrationswirkungen einhergingen, die auf den Ebenen der sozialen, der kulturellen und der strukturellen Dimension angesiedelt werden können. Drittens verweist er in diesem Kontext auch selbstbewusst auf die Relevanz und die Einzigartigkeit der „Integrationsplattform Sportverein", denn Sportvereine böten besonders vielfältige Möglichkeiten für die individuelle Entwicklung, für soziales Lernen und für interkulturelle Begegnungen.

Zugleich wird bei einer differenzierten Durchsicht der Dokumente sichtbar, dass der DOSB offenbar noch kontrovers diskutiert, ob der Sport „per se" integrativ wirkt oder ob sich die erwarteten Integrationsleistungen eher durch spezifische organisatorische und pädagogische Arrangements entfalten würden. Einerseits findet man Positionierungen, die ein funktionales Verständnis von Integration unterstellen und darauf abheben, dass Sport „gelebte Integration" sei. Andererseits wird in den Dokumenten des DSB/DOSB ein intentionales Verständnis von Integration vertreten, dem zufolge die Integrationspotenziale des Sports erst durch gezielte Maßnahmen und Programme aktiviert werden müssten. Dieses intentionale Verständnis dürfte gleichsam den Hintergrund für verschiedene Integrationsmaßnahmen und -programme des DOSB bilden (z.B. „Integration durch Sport", „Mehr Migrantinnen in den Sport"), die in den letzten Jahrzehnten und speziell in den letzten Jahren mithilfe einer finanziellen Förderung aus öffentlichen Mitteln durchgeführt worden sind.

Im Vergleich zu diesen – vom DOSB hervorgehobenen – Sichtweisen auf die Integrationsleistungen der Sportvereine, spielt die damit verkoppelte Frage nach dem Sportverein als „demokratische, ehrenamtliche, freiwillige Vereinigung" (Horch, 1983) im Hinblick auf Migranten eine deutlich untergeordnete Rolle. Die Ergebnisse lassen zwar erkennen, dass sich der DSB/DOSB mit dem Thema „ehrenamtliches und freiwilliges Engagement von Migranten" befasst, insofern als er damit z.B. Vorstellungen von einer „interkulturellen Öffnung" der Sportvereine verbindet. Inwieweit ein solches Engagement in den selbstorganisierten Strukturen der Sportvereine aber ggf. andere oder komplementäre Integrationsfunktionen für Migranten haben kann, wird kaum thematisiert.

Insgesamt wird also deutlich, dass es dem DSB/DOSB gelungen ist, die Integrationspotenziale, die Integrationspotenziale des Sports zu erörtern und in diesem Zusammenhang zugleich die Alleinstellungsmerkmale der Sportvereine herauszuarbeiten. Womöglich gewinnt er als „zivilgesellschaftlicher Akteur" und mit Blick auf eine *„sportbezogene Engagementpolitik"* im Bereich der Integrationsarbeit aber an zusätzlicher Überzeugungskraft, wenn er die erwähnten Integrationsleistungen systematisch unter verschiedenen Dimensionen bündelt und diesen Dimensionen sodann strategische Ziele sowie Maßnahmen und Good-Practise-Beispiele der sportbezogenen Integrationsarbeit zuordnet. Auf diesem Wege könnte zugleich noch deutlicher werden, welche besondere integrative Bedeutung der DOSB dem ehrenamtlichen und freiwilligen Engagement von Migranten zuweist und ob er eher von einem funktionalen oder einem intentionalen sportbezogenen Integrationsverständnis ausgeht.

(2) Heterogene Zielgruppen = differenzierte Sportprogramme? Migrantinnen im Fokus der sportbezogenen Integrationsarbeit des DOSB

In den fachwissenschaftlichen Debatten der letzten Jahre wurde wiederholt betont, dass es sich bei Personen mit Migrationshintergrund um eine ausgesprochen heterogene Gruppe handelt, die eine Vielfalt von Lebenslagen, Lebensauffassungen und Lebensweisen aufweist (vgl. z.B. Wippermann & Flaig, 2009). Dokumentiert wird diese Beobachtung nicht zuletzt in sportsoziologischen Arbeiten, die sich gerade in jüngster Zeit in zunehmend differenzierterer Weise mit den vielfältigen Sportengagements unterschiedlicher Migrantengruppen befasst haben (vgl. im Überblick Braun & Nobis, 2011a).

Analysiert man vor diesem Hintergrund die DSB-/DOSB-Dokumente, dann findet man einerseits eher vereinzelte Hinweise darauf, welche Migrantengruppen über welche Maßnahmen erreicht bzw. zukünftig erreicht werden sollen. Andererseits zeigt sich jedoch, dass sich der DSB/DOSB insbesondere seit den 2000er Jahren, spätestens aber mit dem im Jahr 2008 initiierten und im Jahr 2011 „ausgelaufenen" Netzwerkprojekt „Mehr Migrantinnen in den Sport" umfangreich mit der Zielgruppe der Mädchen und Frauen mit Migrationshintergrund befasst.

Zum Ersten geht aus Reden, Interviews, Broschüren und Präsidiumsberichten hervor, dass Migrantinnen eine Zielgruppe sind, deren Förderung der DOSB als besonders wichtig erachtet. Zum Zweiten findet man konkretere Beschreibungen über die Sportartenpräferenzen von Frauen und Mädchen mit Migrationshintergrund sowie über die Gründe für deren bislang geringe Sportpartizipationsraten. Und drittens werden in verschiedenen Materialien Maßnahmen zur Förderung von Sportbeteiligungsraten genannt, die z.B. von einer Anpassung der Angebotsstrukturen in den Vereinen über die Implementierung von niedrigschwelligen Angeboten bis hin zur interkulturellen Sensibilisierung von Übungsleitern reichen.

Mit dem Blick auf eine *„sportbezogene Engagementpolitik"* lassen sich aus diesen Analysen vor allem zwei Schlussfolgerungen ziehen. Um die eigenen Kompetenzen und Erfahrungswerte noch deutlich zum Vorschein zu bringen, könnte es sinnvoll sein, (1) die bislang eher vereinzelten, in der Summe aber beachtlichen Maßnahmen in einem Maßnahmenkatalog zusammenzuführen und im Zuge dessen weitere relevante Einflussfaktoren herauszuarbeiten, aus denen hervorgeht, dass es offensichtlich auch *die* Sportengagements von Migrantinnen nicht gibt. Gleichwohl ist zu berücksichtigen, dass die Dokumentenanalysen insgesamt auf eine fortgeschrittene und detaillierte Auseinandersetzung mit dem Thema „Migrantinnen im Sport" hindeuten, die insofern (2) zugleich den Weg für eine ähnlich differenzierte Befassung mit weiteren Zielgruppen weisen könnte.

(3) Interkulturelle Öffnung als Anspruch des DOSB: Wer soll sich öffnen und wie?

Die „interkulturelle Öffnung" von Organisationen und Institutionen wird in fachwissenschaftlichen und gesellschaftspolitischen Diskussionen häufig thematisiert. Genannt werden verschiedene Maßnahmen, die z.B. die Förderung des bürgerschaftlichen Engagements von Migranten, die Einrichtung von organisationsinternen Servicestellen oder die Ausweitung von Qualifizierungsmaßnahmen zur Förderung interkultureller Kompetenzen umfassen. Neben diesen Präzisierungen bliebe allerdings – so ein vor allem in jüngerer Zeit vorgetragener Einwand – weitgehend offen, welche Ziele mit einer interkulturellen Öffnung verbunden sind und welche Effekte überhaupt wirksam werden sollen (vgl. z.B. BBE, 2009a; Bundesregierung, 2007; Filsinger, 2002; Gaitanides, 2004; Lima Curvello, 2009; Schröer, 2007).

Ausgehend von diesen Debatten wurden auch die Dokumente des DSB/DOSB im Hinblick auf das Thema „interkulturelle Öffnung" gesichtet. Dabei wurde deutlich, dass das Thema auch für den DOSB zusehends an Bedeutung gewonnen hat. Erstens findet man immer häufiger eindeutige Plädoyers zugunsten eines Aufbaus interkultureller, „partnerschaftlicher" Strukturen und der Öffnung der Vereine für Menschen mit Migrationshintergrund. Zweitens wird in den Dokumenten des DSB/DOSB präzisiert, dass vor allem die Sportvereine auf die Unterrepräsentanz von Migranten reagieren und den Aufbau von interkulturellen Strukturen vorantreiben sollen. Drittens werden in verschiedenen Dokumenten auch Elemente benannt, Maßnahmen erläutert und konkrete „Tipps für die Praxis" angeführt, die dem Konzept der interkulturellen Öffnung zugeordnet werden könnten.

Gleichwohl wird – wie schon in den allgemeinen Debatten über interkulturelle Öffnung – eher selten differenzierter dargelegt, welche konkreten Ziele mit einer interkulturellen Öffnung verfolgt werden und mit welchen Maßnahmen welche Wirkungen erzielt werden sollen.

Insofern lässt sich einerseits festhalten, dass Elemente und Maßnahmen einer interkulturellen Öffnung umfangreich erläutert werden. Andererseits könnte es mit dem Blick auf eine *„sportbezogene Engagementpolitik"* auch hilfreich sein, an diese wegweisenden Arbeiten anzuschließen und interkulturelle Öffnung als ein übergeordnetes Handlungskonzept zu konzipieren, aus dem sodann strategische Ziele abgeleitet und systematisch mit Bausteinen und Maßnahmen verknüpft werden.

(4) Der DOSB und seine Sportvereine als Kooperations- und Netzwerkpartner

Die kooperative Zusammenarbeit unterschiedlicher Akteure gilt häufig als ein besonders erstrebenswertes Ziel der Integrationsarbeit, weil sie dazu führe, Problemzusammenhänge in ihrer Reichweite zu erkennen, Kräfte und Fähigkeiten unterschiedlicher Partner zusammenzubringen und auf diese Weise eine besonders effektive und effiziente Arbeitsweise zu etablieren (vgl. z.B. Enquete-Kommission, 2002; Kamara, 2006; Strasser, 2001). Gerade in jüngster Zeit wird in diesem Zusammenhang auch auf die besondere Relevanz einer Zusammenarbeit mit Migrantenorganisationen verwiesen, über die gegenseitige Akzeptanz und Anerkennung gefördert und beidseitige Vorurteile abgebaut werden sollen (vgl. z.B. Bundesregierung, 2007; Huth, 2006, 2007; BAMF, 2008; BBE, 2009a).

Im Zuge dieser Diskussionen wird auch an Sportorganisationen die Erwartung herangetragen, sich in kommunale Netzwerke einzubringen und mit verschiedenen Integrationsakteuren zusammenzuarbeiten. Und auch der DSB/DOSB selbst verweist darauf, dass Kooperationen und Netzwerke für „seine" Integrationsarbeit bedeutsam sind. Man findet sowohl Verpflichtungen zum Ausbau von bilateral angelegten Kooperationsbeziehungen als auch Verweise auf die besondere Relevanz netzwerkartiger Zusammenschlüsse, in denen mehrere Akteure gemeinsam „an einem Tisch sitzen".

Begründet wird die Bedeutung einer solchen kooperativen Zusammenarbeit mit anderen „Integrationsakteuren" in der Regel durch Argumente, die auch in gesellschaftspolitischen Debatten eine zentrale Rolle spielen: So wird insbesondere hervorgehoben, dass das „Arbeitsprinzip Netzwerk" effizient und effektiv sei, weil auf diese Weise Erfahrungen, Stärken und Ressourcen unterschiedlicher Partner zusammengeführt würden und weil man auf diesem Wege Ziele umsetzen könne, die sonst nur schwer zu erreichen seien.

In diesem Zusammenhang verweist der DSB/DOSB vor allem auf die Kompetenz und das Engagement „seiner" Sportvereine, die sich in kommunale Netzwerke einbringen und Kooperationen aufbauen sollen. Dabei reicht das Spektrum der explizit genannten Kooperationspartner von Schulen, Wohlfahrtsverbänden, kommunalen Einrichtungen und anderen „Trägern der Integrationsarbeit" bis hin zu Migrantenorganisationen.

Speziell mit Migrantenorganisationen befasst sich der DSB/DOSB in seinen Dokumenten bislang zwar eher selten. Zugleich wird jedoch deutlich, dass das Thema für den DOSB vor allem in jüngster Zeit an Relevanz gewonnen hat und z.B. im Programm „Integration durch Sport" eine zunehmend wichtigere Rolle zu spielen scheint.

Insgesamt – so kann abschließend festgehalten werden – thematisiert der DOSB „Netzwerke und Kooperationen" in vielfältiger Weise. Sollte er sich in seinen Dokumenten zukünftig noch expliziter mit diesem Thema befassen wollen, könnte es mit Blick auf eine *„sportbezogene Engagementpolitik"* gewinnbringend sein, (1) neben den Verweisen auf die Kooperationsbeziehungen der Sportvereine zusätzlich auf die vielfältigen Kooperationen und Netzwerke zu verweisen, in die der DOSB selbst eingebunden ist, (2) weitere Begründungslinien aufzunehmen, die z.B. darauf abheben, dass Netzwerke auch Plattformen für die „Werbung in eigener Sache" und die Gewinnung neuer Zielgruppen bieten können und (3) womöglich auch etwaige Grenzen einer Kooperations- und Netzwerkarbeit aufzuzeigen und deutlich zu machen, welche Synergieeffekte über die Einbringung von welchen zeitlichen und personellen Ressourcen denkbar sind.

(5) Vom Defizit- zum Potenzialdiskurs? Zum Integrationsverständnis des DOSB

In aktuellen engagementpolitischen Diskussionen in Deutschland wird einerseits argumentiert, dass wissenschaftliche, öffentliche und mediale Integrationsdebatten dazu tendierten, vor allem Defizite und Problemlagen zu thematisieren und Menschen mit Migrationshintergrund als „Opfer" zu stilisieren, die a priori einen gewissen Eingliederungsbedarf mitbrächten. Andererseits wird dem entgegengehalten, dass Migranten immer seltener als Empfänger von Hilfeleistungen und zunehmend häufiger als „aktive Bürger" und „gestaltende Subjekte" wahrgenommen würden. Nicht mehr das bürgerschaftliche Engagement für Migranten stehe nun im Vordergrund, sondern das bürgerschaftliche Engagement von Migranten (vgl. z.B. Bukow, 2007; Hunger, 2002; Kamara, 2006; Thränhardt, 2005; Wippermann & Flaig, 2009).

Betrachtet man vor diesem Hintergrund die Dokumente des DSB/DOSB, dann fällt zweierlei auf: In einigen Dokumenten des DSB/DOSB wird Integrationsarbeit als Sozialarbeit verstanden, die sich den „Problemlagen" von Migranten annimmt. Diese Perspektive, die in gesellschaftspolitischen Debatten auch kritisch betrachtet wird, unterstellt Migranten mehr oder minder explizit einen gewissen „Eingliederungsbedarf", der von Verbänden und Vereinen der Aufnahmegesellschaft durch das Bereitstellen entsprechender Angebotsstrukturen zu „decken" sei.

Gleichwohl findet man in den Dokumenten des DSB/DOSB auch so genannte Potenzialperspektiven, die unter anderem die besonderen Chancen einer „multikulturellen Einwanderungsgesellschaft" thematisieren. Diese Perspektive wird vor allem anhand von Positionierungen deutlich, die explizit darauf hinweisen, dass kulturelle Verschiedenheit im und für den vereins- und verbandsorganisierten Sport keineswegs als Mangel, sondern als „Reichtum" und „Bereicherung" verstanden wird.

Diese Analysen veranlassen vor allem zu einer Schlussfolgerung: Womöglich könnte es für eine *„sportbezogene Engagementpolitik"* gewinnbringend sein, wenn die zum Teil eher knappen Ausführungen über Integrationsprozesse und die damit verbundenen Sichtweisen auf Migration und Integration noch deutlicher herausgearbeitet würden. Auf diesem Wege könnte nicht nur deutlich werden, mit welchen Herausforderungen und mit welchen Chancen der Sport „konfrontiert" ist. Womöglich könnte die über ein Leitbild entwickelte Konturierung eines Integrationsverständnisses zugleich den strategischen Ankerpunkt für die daran anschließende Ableitung von Zielen, Handlungsprogrammen und sportbezogenen Integrationsmaßnahmen liefern.

9.7 Ehrenamt im Alter(n)sprozess? Engagementpolitische Perspektiven für ein neues Alter(n) im Sport

Der demografische Wandel ist eng mit einem Strukturwandel des Alter(n)s verbunden – in zeitlicher, sachlicher, sozialer und kultureller Hinsicht. Vor diesem Hintergrund vollzieht sich auch eine Akzentverschiebung in den Debatten über das Engagement und die Teilhabe älterer Menschen in Deutschland: Während lange Zeit die Sorge um eine mangelnde soziale Integration älterer Menschen im Vordergrund stand, richtet sich die Aufmerksamkeit inzwischen zunehmend auf die Leistungspotenziale älterer Menschen, auf deren gesellschaftliche „Nutzbarmachung" und auf etwaige, daraus resultierende individuelle Vorteile für ein „erfolgreiches Altern" (vgl. z.B. BMFSFJ, 2005; Denk, 2003; Göckenjahn, 2000; Kohli & Künemund, 2005; Kruse & Schmitt, 2005; Lehr, 2006, 2007; Olk 2010).

Bürgerschaftliches Engagement stellt demzufolge ein Handlungsfeld dar, das in zweifacher Hinsicht sozialintegrativ für ältere Menschen wirken soll: Aus der Perspektive „individueller Bedürfnisse" könnten sich ältere Menschen in einem bürgerschaftlichen Engagement individuell verwirklichen; aus der Perspektive „gesellschaftlicher Erfordernisse" könnten sie zugleich gesellschaftlich „nützliche" Aufgaben übernehmen (vgl. z.B. Backes, 2006; Schröter 2006).

Vor dem Hintergrund dieser laufenden fachwissenschaftlichen und -politischen Debatten über das Thema „bürgerschaftliches Engagement und Alter(n)" haben wir die Frage untersucht, unter welchen spezifischen Perspektiven der DOSB das Thema Alter(n) im Kontext des vereins- und verbandsorganisierten Sports thematisiert. Grundlage dafür waren umfangreichere Analysen von Dokumenten des DSB bzw. DOSB, die zeigen, dass die Dachorganisation des vereins- und verbandsorganisierten Sports das Thema „Sport der Älteren" aus unterschiedlichen Perspektiven bearbeitet. Dabei kristallisierten sich fünf

Themenschwerpunkte heraus, die in den folgenden Abschnitten zusammengefasst werden (vgl. dazu ausführlich Kapitel 6).

(1) Altersbilder im vereins- und verbandsorganisierten Sport

Gesellschaftliche Altersbilder sind soziale Konstruktionen. Sie sind relativ überdauernd und beeinflussen sowohl das Selbstbild und Verhalten älterer Menschen als auch die Fremdwahrnehmung und Bewertung von Älteren durch die Gesellschaft. Altersbilder spielen auch in Debatten über bürgerschaftliches Engagement älterer Menschen eine Rolle, insofern als durch sie Partizipation und Engagement als sozial erwünscht bzw. unerwünscht erscheinen oder undifferenzierte Altersbilder auch dazu führen können, dass sich ältere Menschen durch gesellschaftliche Erwartungshaltungen überfordert fühlen (vgl. z.B. Amrhein & Backes 2007; Baltes & Baltes, 1992; Denk, 2003; Backes & Clemens, 2003; Lehr, 2007).

Analysiert man vor diesem Hintergrund die Dokumente des DSB/DOSB, dann erkennt man, dass die Dachorganisation des vereins- und verbandsorganisierten Sports Altersbilder bislang vor allem implizit und eher exemplarisch mit besonderem Blick auf sport- und bewegungsbezogene Aktivitäten von Älteren thematisiert. Dabei werden ältere Menschen insbesondere in Bezug auf ihre „Differenziertheit" bzw. „Heterogenität" betrachtet.

In den letzten Jahren wird insgesamt ein positives und konkretes Bild von den „Potenzialen" älterer Menschen und deren Möglichkeiten zu einer aktiven Sportpartizipation gezeichnet („Lebensalter der gewonnenen Jahre"). Vor allem seit den 2000er Jahren kommuniziert der DSB bzw. DOSB deutlich positiv akzentuierte Altersbilder und wählt ein „erfolgreiches Altern" bzw. „aktives Altern" als Bezugspunkt für die sportverbandspolitische Beschreibung von Älteren. Allerdings finden sich entsprechende Aussagen eher andeutungsweise und beispielhaft, wobei Ältere dann vor allem als „interessante" Zielgruppen zur Gewinnung von Mitgliedern und als Adressaten für sportbezogene Angebote thematisiert werden.

Jenseits der aktiven Sportpartizipation im Verein wird ein konkreter Bezug zum Zusammenhang zwischen Altersbildern und einem freiwilligen bzw. ehrenamtlichen Engagement älterer Menschen eher selten hergestellt, obwohl empirische Befunde zeigen, dass ehrenamtliche Funktionsträger in Sportvereinen und -verbänden vielfach ältere Vereinsmitglieder sind.

Betrachtet man diese Ergebnisse mit Blick auf die Entwicklung einer *„sportbezogenen Engagementpolitik"* des DOSB, dann empfiehlt es sich, sportverbandliche Altersbilder explizit zu thematisieren und auf einer konzeptionellen Ebene als handlungsorientierenden Rahmen zu Fragen der Partizipation und des Engagements von Älteren im vereins- und verbandsorganisierten Sport zu elaborieren. Dabei ließen sich – in Orientierung an die Sachverständigenkommission für den Sechsten Altenbericht der Bundesregierung (2010) – mindestens vier Ebenen unterscheiden, die an dieser Stelle analytisch getrennt werden, allerdings fließend in einander übergehen und sich gegenseitig beeinflussen:

Auf der Ebene der *Altersbilder als kollektive Deutungsmuster* wäre explizit herauszuarbeiten, welche konkreten gesellschaftspolitischen Vorstellungen der DOSB von Partizipation und Engagement älterer Menschen im vereins- und verbandsorganisierten Sport für den Prozess des „erfolgreichen" bzw. „aktiven Alter(n)s" hat. Auf der Ebene der *organisationalen Altersbilder* wären die institutionellen Vorstellungen über wünschens- und empfehlenswerte Verhaltensweisen, Aktivitäten und Rollen älterer Menschen mit Bezug auf Partizipation und Engagement im vereins- und verbandsorganisierten Sport zu diskutieren.

Auf der Ebene der *Altersbilder in persönlichen Interaktionen* im vereins- und verbandsorganisierten Sport stünden Antworten auf die Frage nach wünschens- und empfehlenswerten Interaktions- und Kommunikationsformen zwischen älteren und jüngeren Personen im Vordergrund. Auf der Ebene der *Altersbilder als individuelle Vorstellungen und Überzeugungen* würde sich insbesondere die Aufgabe stellen, Stereotype im Hinblick auf den Körper und dessen Leistungsvermögen im Alternsprozess zu thematisieren, aber auch Fragen der Kompetenzen, Potenziale und Grenzen älterer Mitglieder in „Ehrenämtern" zu diskutieren und kritisch zu reflektieren.

Eine „sportbezogene Engagementpolitik", die diese und weitergehende Fragen zu Altersbildern im vereins- und verbandsorganisierten Sport thematisiert, dürfte u.a. hilfreich sein, um die folgenden Aspekte unter einem „konzeptionellen Dach" für eine engagementpolitische Perspektive auf „Ältere im Sport" zu fassen und weiterzuentwickeln.

(2) Von der Randgruppe zur Perspektivgruppe – Entwicklung eines Themas

In den laufenden gesellschaftspolitischen Diskussionen über das Alter(n) im Prozess des demografischen Wandels der deutschen Gesellschaft lassen sich zwei konträre Grundpositionen identifizieren: Einerseits wird seit längerem ein gesellschaftlicher „Belastungsdiskurs" geführt, der vor allem die ökonomischen Folgen des Alters betont (z.B. Gesundheits- und Pflegekosten). Andererseits – und speziell auch in den engagementpolitischen Diskussionen – gewinnt ein gesellschaftlicher „Potenzialdiskurs" an Bedeutung, der bislang ungenutzte Potenziale des Alter(n)s im Zuge des Altersstrukturwandels hervorhebt. Dabei werden u.a. Ressourcen und Chancen thematisiert, die mit Blick auf einen „neuen Wohlfahrtsmix" und „gesellschaftliche Teilhabechancen" Älterer bedeutsam seien (vgl. z.B. Backes, 2006; Hank & Erlinghagen, 2008; Olk 2009, 2010).

Betrachtet man vor diesem Hintergrund die Dokumente des DSB/DOSB, dann wird ersichtlich, dass das Thema „Ältere" vor allem in den letzten 25 Jahren eine zunehmende Dynamik gewonnen hat. Ähnlich wie in den öffentlichen Diskussionen sind auch die Dokumente durch „Belastungs- und Problemperspektiven" wie auch „Ressourcen- und Chancenperspektiven" gekennzeichnet. Zugleich zeichnet sich im Zeitverlauf eine sukzessive Verschiebung zugunsten der „Ressourcen" und „Chancen" älterer Menschen im und für den vereins- und verbandsorganisierten Sport ab.

Retrospektiv betrachtet ist in den 1960er Jahren kaum ein spezifischeres Interesse des DSB am Thema „Senioren" zu erkennen; und auch in den 1970er Jahren betrachtet der DSB ältere Menschen vor allem als „Problem-" oder „Randgruppe" des vereinsorganisierten Sports. So existierte – trotz der sportpolitischen Initiative eines „Zweiten Weges" und verschiedenen Einzelmaßnahmen von Mitgliedsorganisationen – bis in die 1970er Jahre hinein keine tragfähige seniorensportliche Konzeption des DSB.

Erst in den 1980er Jahren entwickelte sich ein zunehmendes Interesse an der Gruppe der Älteren, das in den 1990er Jahren sukzessive in eine Zielgruppenperspektive mündete. Diese Zielgruppenperspektive, die u.a. die Potenziale des Alter(n)s für den vereinsorganisierten Sport thematisiert, wurde vor allem im Hinblick auf die aktive Sportteilnahme von Älteren und unter dem Aspekt der Gewinnung einer bis dahin stark unterrepräsentierten Mitgliedergruppe in den Sportvereinen aufgegriffen. Verbände und Vereine sollen demnach

– so die primäre Sichtweise – Strukturen schaffen, um auch Älteren die Teilnahme an Sportaktivitäten zu ermöglichen, und zwar insbesondere in Sportvereinen.

Diese lange Zeit dominante „Angebotsperspektive" wird vor allem mit der Sportpolitischen Konzeption zum Seniorensport aus dem Jahr 1997 tendenziell um eine Sichtweise über einen „Sport der Älteren" ergänzt, wonach die Einbindung älterer Menschen auch Potenziale für die Weiterentwicklung des vereins- und verbandsorganisierten Sports impliziert – etwa im Hinblick auf eine systematische Weiterentwicklung der Angebotsstruktur durch rehabilitative und präventive Sport- und Bewegungsangebote, die auch als ein Beitrag zum „erfolgreichen Alter(n)" älterer Menschen betrachtet werden können.

In diesem Zusammenhang scheint das unlängst veröffentlichte Arbeitsprogramm des DOSB für die Jahre 2011 bis 2014 eine eindeutige Richtung vorzugeben. Es knüpft explizit an gesellschaftliche „Potenzial- und Ressourcendebatten" über ältere Menschen an und grenzt sich deutlich von früheren Sichtweisen auf Ältere im vereins- und verbandsorganisierten Sport ab. Ältere werden hier explizit als „Perspektivgruppe" des vereins- und verbandsorganisierten Sports bezeichnet und Vorstellungen von Älteren als „Problemgruppe" ausdrücklich zurückgewiesen.

Für die Weiterentwicklung einer *„sportbezogenen Engagementpolitik"* empfiehlt es sich insofern, die postulierten Potenziale der „Perspektivgruppe" der Älteren unter mindestens drei Perspektiven differenzierter herauszuarbeiten: Auf der Mikroebene des Individuums wäre herauszuarbeiten, welche besonderen Chancen und Vorteile, aber auch welche Herausforderungen für Ältere mit einer Beteiligung im Sportverein verbunden sind. Auf der Mesoebene der Sportvereine und -verbände wäre auszudifferenzieren, welche Handlungs- und Unterstützungsbedarfe mit der Gewinnung älterer Bevölkerungsgruppen einhergehen. Auf der Makroebene der Gesellschaft wäre das besondere Leistungspotenzial des vereins- und verbandsorganisierten Sports im Hinblick auf die Ermöglichung von Engagement und Partizipation für ältere Menschen differenzierter zu elaborieren und öffentlich zu kommunizieren.

(3) Heterogenität der Älteren

Auf verschiedene Lebenslagen im Alter sowie auf unterschiedliche inter- und intraindividuelle Alternsprozesse wird in fachwissenschaftlichen Debatten seit Jahrzehnten hingewiesen; und mittlerweile hat sich auch in den öffentlichen Diskussionen ein breiteres Verständnis von Älteren als heterogener Bevölkerungsgruppe entwickelt (vgl. z.B. BMFSFJ, 2005; Enquete-Kommission, 2002; Olk 2010).

Diese Diskussionen und empirischen Beobachtungen sind in den letzten Jahren zunehmend in engagementpolitische Debatten einbezogen worden. Dabei rücken vor allem zwei Diskussionslinien in den Vordergrund: Einerseits werden die z.T. sehr unterschiedlichen Engagementquoten älterer Bevölkerungsgruppen thematisiert; andererseits rückt damit auch die Frage nach sozialen Ungleichheiten im Alter mit Blick auf das bürgerschaftliche Engagement ins fachpolitische und -wissenschaftliche Interesse.

Untersucht man die Dokumente des DSB/DOSB, dann erkennt man, dass sich der DSB bzw. DOSB spätestens seit der Sportpolitischen Konzeption zum Seniorensport von 1997 mit unterschiedlichen Gruppen von Älteren differenzierter befasst. Heterogenität innerhalb der Gruppe der Älteren wird dabei primär als eine Frage von „Zielgruppen" thematisiert. Dabei besteht der Zweck der vom DSB entwickelten Zielgruppenkonzeptionen zum Seniorensport darin, bislang unterrepräsentierte Gruppen für eine aktive Sportteilnahme zu gewinnen und „neue" Mitgliedergruppen für die Sportvereine zu rekrutieren.

In diesem Kontext wird auch der Begriff der „Senioren" in Frage gestellt und ein verändertes Begriffsinventar aufgenommen, um die Heterogenität anhand eingängiger Begriffe kenntlicher zu machen (z.B. 50plus, Sandwich-Generation, Hochaltrige). Dabei orientiert sich das Zielgruppenverständnis maßgeblich an individuell unterschiedlichen Lebensaltern sowie an den mit unterschiedlichen Sportbiografien einhergehenden differenten Sportbedürfnissen und -motiven, so dass eine zentrale Herausforderung in der Schaffung biografisch „passender" Sportangebote gesehen wird.

Mit Blick auf eine *„sportbezogene Engagementpolitik"* erscheint es empfehlenswert, dieses Zielgruppenverständnis vor dem Hintergrund engagementpolitisch relevanter Debatten zu vertiefen und weiterzuentwickeln. Zu diesen Debatten gehört u.a. die Diskussion über sozialstrukturelle Differenzierungen im Alter, die in den zielgruppenorientierten Heterogenitätskonzepten des DOSB bislang eher am Rande thematisiert werden. Da sich soziale Ungleichheitsdimensionen im Alter offenkundig nicht grundlegend verändern, sondern sich ggf. sogar noch verstärken können, erscheint es sinnvoll, in den Zielgruppenkonzeptionen auch solche strukturellen Dimensionen zu berücksichtigen.

Die im Kinder- und Jugendbereich geführten Diskussionen über zielgruppenspezifische Zugangsmöglichkeiten zum Sportverein könnten dabei ggf. gewinnbringend genutzt und weiterentwickelt werden. Dazu gehören z.B. alternative Mitgliedschaftsmodelle und besondere „niederschwellige" Angebotsformen im „Vorhof" des Sportvereins, die ggf. Zugänge für „ressourcenschwächere" Bevölkerungsgruppen im Alter eröffnen könnten.

(4) Gewinnung von Älteren als Ehrenamtliche im Sportverein

Die Schaffung von Sport- und Bewegungsarrangements für Ältere und die Gewinnung dieser Zielgruppe für eine Mitgliedschaft im Sportverein ist ein besonders bedeutsames Thema für den DOSB, das sich unmittelbar mit dem originären Zweck von Sportvereinen verbindet. Darüber hinaus wird in den Dokumenten des DSB bzw. DOSB auch das Thema „ehrenamtliches Engagement von Älteren im Sportverein" explizit aufgegriffen.

Von besonderer Bedeutung ist in diesem Kontext das „Internationale Jahr der Senioren 1999". Die dazu vorliegenden Materialien des DSB orientieren sich an den seinerzeit entfaltenden Diskussionen über das bürgerschaftliche Engagement in Deutschland, beinhalten zahlreiche konkrete Vorschläge für die Förderung eines sportvereinsbezogenen „Freiwilligenmanagements" für Ältere und betonen explizit die „Potenziale" und „Ressourcen", die Ältere bei der Mitarbeit im Sportverein einbringen könnten.

Die teilweise differenzierten Ansätze sind in der Folgezeit zwar nur begrenzt weiterentwickelt worden. Allerdings scheinen jüngere Entwicklungstendenzen Hinweise darauf zu geben, dass sich der DOSB verstärkt um eine bislang noch ausstehende Strategie zur Förderung des ehrenamtlichen und freiwilligen Engagements älterer Menschen im und durch den vereins- und verbandsorganisierten Sport bemüht und darüber hinaus Modellprojekte von Mitgliedsorganisationen weiterzuentwickeln sucht (z.B. Seniorenberater, Modellprojekt „Ältere für Ältere").

Neben den „Vorarbeiten" aus den späten 1990er Jahren könnte eine *„sportbezogene Engagementpolitik"* u.a. von einem differenzierten Zielgruppenverständnis profitieren, das der DOSB bereits im Hinblick auf die Sportpartizipation und Sportangebote älterer Menschen entwickelt hat und das zugleich den Weg für eine Zielgruppenkonzeption im Bereich des ehrenamtlichen und freiwilligen Engagements weisen könnte.

Darüber hinaus wäre zu prüfen, wie er ein besonderes „Alleinstellungsmerkmal" im Hinblick auf die generelle Ermöglichung eines bürgerschaftlichen Engagements älterer Menschen in der Gesellschaft umfangreicher thematisieren könnte. Denn der DOSB dürfte durch seine gesundheitsorientierten Sport- und Bewegungsangebote Voraussetzungen für eine „ressourcenorientierte Gesundheitsprävention" im Alter und somit auch gesundheitliche Voraussetzungen für ein bürgerschaftliches Engagement älterer Menschen schaffen.

(5) Netzwerke und Kooperationen

Die Frage der Förderung des bürgerschaftlichen Engagements von Älteren im Sport konzentriert sich zusehends auf Netzwerke und Kooperationen zwischen Vereinen und Verbänden einerseits und unterschiedlichen Akteuren aus Staat, Zivilgesellschaft und Markt andererseits (vgl. z.B. Enquete-Kommission, 2002).

Auch der DOSB greift das Thema „Netzwerke und Kooperationen" im Hinblick auf einen „Sport der Älteren" seit den 1990er Jahren und insbesondere seit der Sportpolitischen Konzeption zum Seniorensport im Jahr 1997 auf. Seit Mitte der 2000er Jahre bemüht er sich, Netzwerke und Kooperationen sowohl inner- als auch außerverbandlich zu initiieren und bezieht dabei auch den „Sport der Älteren" ein. Auf diese Weise sollen Ressourcen gebündelt, neue Zielgruppen erreicht und die Attraktivität eigener Maßnahmen erhöht werden.

Eine besondere Rolle spielt dabei vor allem die Vernetzung von Sportvereinen auf kommunaler Ebene. Das DOSB-Arbeitsprogramm 2011 bis 2014 setzt in diesem Zusammenhang einen Akzent zugunsten der Erprobung neuer Modelle der Kooperationsarbeit mit externen Partnern, um auf diese Weise neue Zielgruppen für den Sport der Älteren zu gewinnen (z.B. durch Kooperationen mit Seniorenbüros).

Darüber hinaus gewinnen auch auf der verbandlichen Ebene Netzwerke und Kooperationen, bei denen dem Thema „Sport der Älteren" eine Beispiel gebende Bedeutung beigemessen wird, zunehmend an Bedeutung. Exemplarisch dafür steht die im Jahr 2008 geschlossene Kooperationsvereinbarung zwischen dem DOSB, dem Deutschen Städtetag sowie dem Deutschen Städte- und Gemeindebund, in deren Kontext auch die Zusammenarbeit zugunsten älterer Menschen thematisiert wird.

Im Rahmen einer *„sportbezogenen Engagementpolitik"* mit besonderem Blick auf Ältere könnte die Rolle des DOSB als Initiator, Moderator und Gestalter spezifischer Kooperationsstrukturen von Mitgliedsorganisationen untereinander wie auch von Mitgliedsorganisationen mit Akteuren aus Staat, Markt und Zivilgesellschaft besonders zum Tragen kommen. Denn die Arbeit in interorganisatorischen Netzwerken wäre mittelfristig so zu konzipieren, dass eine Kohärenz der Aktivitäten erzielt wird, die sich an längerfristigen Wirkungen und Auswirkungen für die „alternde Gesellschaft" und weniger an kurzfristigen Outputs für die jeweilige Organisation orientieren. Vor diesem Hintergrund könnte der DOSB u.a. daran arbeiten, seinen Mitgliedsorganisationen Lösungsansätze als Arbeitsgrundlage zur Verfügung zu stellen oder ggf. neuartige Kooperationsprojekte zu entwickeln und zu evaluieren.

9.8 Lernen in Bildungslandschaften: Engagementpolitische Perspektiven für die Bildungsarbeit im Sport

In den letzten Jahrzehnten vollzieht sich eine weitgehende Neugestaltung der rechtlichen und administrativen Grundsätze und Verfahren zur Steuerung des Bildungssystems in Deutschland. Zu dieser Neugestaltung gehört einerseits eine zunehmende Akzentuierung der Wettbewerbssteuerung und marktförmigen Gestaltung des staatlich regulierten Bildungssystems. Andererseits – und dies ist im vorliegenden Zusammenhang von größerer Bedeutung – vollziehen sich auch Neustrukturierungen des Verhältnisses von Staat, Markt und Zivilgesellschaft, die mit einem Bedeutungsgewinn zivilgesellschaftlicher Akteure und bürgerschaftlichen Engagements im Bildungssystem verbunden sind. In diesem Kontext geht es u.a. um die Öffnung des staatlich organisierten Bildungssystems hin zu einem „Bildungsmix", in dem es um lebenslange und lebensbegleitende Lern- und Qualifikationsprozesse geht, die wesentlich umfangreicher in Koproduktion staatlicher und zivilgesellschaftlicher Akteure organisiert werden sollen als früher (vgl. z.B. Schenkel, 2007; Braun 2010g).

Vor dem Hintergrund dieser virulenten Debatten über das Thema „Bildung und bürgerschaftliches Engagement" wurden drei Thesen herausgearbeitet, die eine Neuorientierung und Weiterentwicklung der Bildungsarbeit des DOSB mit Blick auf eine „sportbezogene Engagementpolitik" thematisieren (vgl. Kapitel 7). Dabei wurden fachwissenschaftliche und -politische Debatten differenzierter aufgegriffen, die derzeit besonders intensiv diskutiert werden: die Debatte um das Thema Qualifizierung und bürgerschaftliches Engagement, die Debatte um das informelle Lernen im bürgerschaftlichen Engagement und die Debatte um Bildungslandschaften und -netzwerke.

Mit Blick auf diese drei Debatten wurde in den Dokumentenanalysen und Experteninterviews elaboriert, inwieweit diese im DOSB bereits aufgenommen und bearbeitet werden bzw. inwieweit weitergehende Anschlussmöglichkeiten an diese engagementpolitischen Themen bestehen könnten. Dabei sind solche Dokumente in die Analyse eingegangen, die sich a) als grundsatzartige, programmatische Papiere beschreiben lassen (Grundsatzerklärungen, Orientierungsrahmen, Programme, Richtlinien etc.), die sich b) ausschließlich mit bildungsbezogenen Themen (Schulsport, Qualifizierung, Kooperation mit Bildungseinrichtungen) auseinandersetzen und die c) jüngste Entwicklungen nachzeichnen können, insofern als es sich um besonders aktuelle Dokumente handelt (z.B. Berichte der Präsidentin für Bildung und olympische Erziehung, aktuelle Veröffentlichungen des Ressorts Bildung und olympische Erziehung).

Die Auswertung der Dokumente liefert Hinweise darauf, inwieweit der DOSB seine Bildungsarbeit an engagementbezogenen Themenstellungen orientiert bzw. in Zukunft orientieren könnte. Dabei wird deutlich, dass der DOSB auf gewachsene Traditionen einer differenzierten Auseinandersetzung mit bildungsspezifischen Fragestellungen zurückblicken kann. Diese Traditionen lassen sich nicht zuletzt auch an der innerorganisatorischen und personellen Verankerung dieses Themas in den Strukturen des DOSB erkennen. Insofern sind engagementpolitische Perspektiven für den vereins- und verbandsorganisierten Sport im Hinblick auf das Thema „Bildung" weniger in einer grundsätzlichen Hinwendung zu neuen Themen zu suchen, sondern eher in einer neuartigen Akzentuierung und Erweiterung bestehender Aktivitäten unter besonderer Berücksichtigung bürgerschaftlichen Engagements.

(1) Das Qualifizierungssystem des DSB/DOSB zwischen Professionalisierung und Anerkennung von Engagement

In aktuellen fachwissenschaftlichen und -politischen Debatten über den Zusammenhang von Bildung und bürgerschaftlichem Engagement wird die Möglichkeit diskutiert, Qualifzierungsmaßnahmen nicht nur als eine Form der „Professionalisierung" bürgerschaftlich Engagierter zu betrachten, sondern auch als eine Chance zur Gewinnung, Bindung und Anerkennung von Engagierten (vgl. z.B. Enquete-Kommission, 2002). Dabei wird von der grundlegenden Annahme ausgegangen, dass Engagierte zunehmend den Anspruch an ihr Engagement hätten, ihre Aufgaben fachlich kompetent zu lösen sowie Selbstwirksamkeit und Anerkennung erfahren zu wollen. In diesem Kontext könnten Qualifizierungs- und Ausbildungsangebote einen Beitrag dazu leisten, ein solches Kompetenzgefühl aufzubauen und über Weiterbildungsangebote Wertschätzung für die Wichtigkeit ihrer Aufgaben zu erhalten (vgl. z.B. Jakob, 2006). Dies gelte insbesondere dann, wenn die erworbenen Kompetenzen auch außerhalb des Engagements wie z.B. in der Berufswelt angewendet werden können (vgl. Hansen, 2008b).

Wertet man vor diesem Hintergrund die Rahmenrichtlinien für Qualifizierung im DSB/DOSB aus, dann wird deutlich, dass das Qualifizierungssystem des vereins- und verbandsorganisierten Sports vor allem mit dem Ziel aufgebaut wurde, ehrenamtlich und freiwillig engagierte Mitglieder zu schulen und auf ihre vielfältigen Tätigkeiten vorzubereiten. Neben dieser dominierenden und für einen Verband wie den DOSB sicherlich auch zentralen „Professionalisierungsperspektive" wird in den aktuellen Rahmenrichtlinien für Qualifizierung aus dem Jahr 2005 aber auch der Gedanke aufgegriffen, dass Qualifizierung Bestandteil einer umfassenderen Personalentwicklung sein könnte, die auch Faktoren wie Motivierung zum Engagement sowie langfristige Bindung und Anerkennung von Engagierten beinhaltet. In den vielfältigen Maßnahmen, die zur Umsetzung der Rahmenrichtlinien aus dem Jahr 2005 ergriffen wurden, ist dieser komplementäre Grundgedanke bisher zwar enthalten, jedoch noch nicht in eine zentrale Strategie der Bildungsarbeit überführt worden.

Vor diesem Hintergrund kann mit Blick auf eine *„sportbezogene Engagementpolitik"* des DOSB empfohlen werden, die Möglichkeiten des verbandlichen Qualifizierungssystems als Bestandteil einer Anerkennungskultur für ehrenamtliches und freiwilliges Engagement noch umfangreicher und vor allem systematischer zu überprüfen. Denn spezifische Qualifizierungen dürften eine konkrete Möglichkeit sein, Personen zum Engagement zu motivieren, sie an den vereins- und verbandsorganisierten Sport zu binden und für ihr Engagement anzuerkennen. Insofern würde es sich womöglich anbieten, in die umfangreichen Maßnahmen zur Umsetzung der Rahmenrichtlinien für Qualifizierung von 2005, engagementpolitische Instrumente einer Gewinnung, Bindung und Anerkennung von Engagierten durch Qualifizierungs- und Bildungsangebote noch weitreichender zu integrieren. So könnte z.B. geprüft werden, inwieweit erworbene Qualifikationen auch für Kontexte außerhalb des Sports nutzbar gemacht und anerkannt werden können. Weiterhin könnte der begonnene Weg der Bildungsberichterstattung fortgesetzt werden, um in diesem Kontext kenntlicher zu machen, dass die vielfältigen und qualitativ hochwertigen Qualifikationen und Kompetenzen, die über die Ausbildungsmodule des DOSB erworben werden können, ein wichtiges Angebot zum lebenslangen Lernen unterschiedlicher Bevölkerungsgruppen darstellen.

(2) Zur Auseinandersetzung des DOSB mit der Diskussion um informelle Lernprozesse

Die aktuellen Debatten über Bildung und bürgerschaftliches Engagement werden insbesondere durch die Diskussion um informelle Bildungsprozesse bestimmt. Da Bildung – so die zentrale Annahme – nicht allein in dafür vorgesehenen formalen Institutionen des ersten Bildungssystems (Schule, Universität, berufliche Ausbildung), sondern darüber hinaus lebenslang und „überall" erworben werde (vgl. z.B. Dietsche & Meyer, 2004), werden zunehmend jene Bildungsprozesse thematisiert, die sich außerhalb formaler Kontexte vollziehen. Bürgerschaftliches Engagement in Vereinen und Verbänden gilt dabei als „nonformales Bildungssetting", in dem informelle Lernprozesse auf besondere Weise gefördert werden können (vgl. z.B. Enquete-Kommission, 2002; Hartnuß, 2008). Darauf verweist auch die empirische Forschung, die die Bedeutung bürgerschaftlichen Engagements als Setting für Kompetenzerwerbsprozesse hervorheben (vgl. z.B. Hansen, 2008a, 2008b Neuber, 2010;).

Analysiert man vor diesem Diskussionshintergrund die Dokumente des DOSB, dann lassen die Befunde erkennen, dass informelles Lernen derzeit schwerpunktmäßig durch die DSJ bearbeitet wird. Die DSJ hat in ihrer Bildungskonzeption ein Bildungsverständnis entwickelt, in dem informelle Lernprozesse auch und gerade im ehrenamtlichen und freiwilligen Engagement eine besondere Rolle spielen. Diese Konzeption konkretisiert die DSJ im Hinblick auf ein spezielles Orientierungswissen für Vereine und Verbände z.B. im Handbuch für Träger und Einsatzstellen für ein Freiwilliges Soziales Jahr (FSJ) im Sport, in dem wesentliche Besonderheiten informeller Lernprozesse aufgenommen sind. Für die „FSJler" wurden dort konkrete Konzeptionen erarbeitet, die zeigen, wie Förderung, Begleitung und Reflexion von informellen Lernprozessen im freiwilligen und ehrenamtlichen Engagement aussehen kann.

Insgesamt zeigt die Datenauswertung, dass der DOSB in den vielfältigen Formen eines ehrenamtlichen und freiwilligen Engagements ein besonderes Bildungspotenzial erkennt. Innerhalb der Dachorganisation fördert diese spezifisch „zivilgesellschaftlichen Bildungsmöglichkeiten" bisher insbesondere die DSJ, die sich in den letzten Jahren der Thematik der informellen Lernprozesse im bürgerschaftlichen Engagement angenommen hat. Jenseits der Jugendorganisationen sind informelle Lernprozesse im DOSB bisher allerdings noch nicht systematisch thematisiert worden, so dass sich an dieser Stelle interessante weiterführende Gestaltungsmöglichkeiten für eine *„sportbezogene Engagementpolitik"* ergeben könnten.

So könnten informelle Bildungsmöglichkeiten z.B. für spezielle Zielgruppen (z.B. Menschen mit Zuwanderungsgeschichte, Berufsein- und -aussteiger) eine Möglichkeit sein, attraktive Angebote zur Sicherung des freiwilligen und ehrenamtlichen Engagements im Sport bereit zu stellen. Die Vorarbeiten der DSJ liefern in diesem Zusammenhang wertvolle Orientierungs- und Anknüpfungspunkte, auf deren Grundlage z.B. zu prüfen wäre, inwieweit informelle Bildungsangebote allen Engagierten – auch außerhalb des FSJ – zugänglich gemacht werden können.

(3) Vernetzung des DOSB im Bildungsbereich

Aktuelle fachwissenschaftliche und -politische Debatten um Bildung und bürgerschaftliches Engagement werden u.a. begleitet von Diskussionen über Bildungslandschaften und -netzwerke. Mit diesen Begriffen werden mehr oder minder formalisierte Zusammenschlüsse bezeichnet, die dazu dienen sollen, alle am Prozess des Bildungserwerbs beteiligten Akteure eines Sozialraumes im Rahmen einer gemeinsamen Strategie miteinander zu koordinieren (vgl. z.B. Baumheier & Warsewa, 2009; Bleckmann, 2009; Luthe, 2009; Solzbacher & Minderop, 2007). Hierzu gehören auch Sportvereine und -verbände. Ein wesentlicher Schwerpunkt liegt dabei auf Fragen der Kooperation zwischen Schulen und Vereinen im Rahmen der Ganztagsbildung, in die Sportvereine und -verbände besonders häufig als Kooperationspartner eingebunden werden.

Vor diesem Hintergrund zeigt die Auswertung von Dokumenten, dass sich der DSB bzw. DOSB seit langem und differenziert mit dem Thema „Schulsport" auseinandersetzt. Bereits in den 1950er Jahren wurden „Empfehlungen zur Leibesübung an den Schulen" verabschiedet, in denen auf die gemeinsamen Ziele der Schule und der Jugendarbeit im Sportverein verwiesen und eine Kooperation beider Institutionen gefordert wurde. In neueren Dokumenten nimmt insbesondere die DSJ – z.T. in Zusammenarbeit mit dem DOSB – diese Diskussion wieder auf. Der DOSB betont in diesem Kontext, dass mit der Diskussion um Ganztagsbildung Chancen verbunden seien und dass sich der vereins- und verbandsorganisierte Sport dieser Diskussion öffnen müsse, sofern er seine Interessen – die Gewinnung und Bindung von (jugendlichen) Mitgliedern – auch weiterhin verfolgen möchte.

Insgesamt lässt die Dokumentenanalyse zum Thema Bildungslandschaften und -netzwerke erkennen, dass aus der Perspektive des DOSB Strategien zur Vernetzung als notwendig betrachtet werden, um aktuellen Herausforderungen wie dem Trend zur Ganztagsbildung angemessen begegnen zu können. Im Hinblick auf eine *„sportbezogene Engagementpolitik"* wäre es sinnvoll und zweckmäßig, noch konkreter herauszuarbeiten, warum sich der vereins- und verbandsorganisierte Sport in Bildungsnetzwerken bzw. im Rahmen der Ganztagsbildung engagieren sollte und welche Ziele hiermit verbunden sind. Die DSJ hat aktuell eine Steuerungsgruppe „Bildungsnetzwerke Sportvereine-Schule-Kindertagesstätten" eingerichtet, um aus engagementbezogener Perspektive die Frage zu fokussieren, inwieweit und auf der Basis welcher Handlungsansätze Bildungsnetzwerke durch bürgerschaftliches Engagement getragen werden können. Zu bedenken sind dabei z.B. die Zeitressourcen oder die Qualifizierung der in Sportvereinen freiwillig und ehrenamtlich engagierten Mitglieder.

9.9 Profit und Gemeinwohl? Engagement-Partnerschaften zwischen Wirtschaft und Sport

Nicht nur Individuen, sondern auch Organisationen können sich in der Gesellschaft freiwillig engagieren. Dieses „organisationale Engagement" wird in öffentlichen und fachwissenschaftlichen Diskussionen der letzten Jahre insbesondere mit Blick auf Wirtschaftsunternehmen intensiver aufgegriffen und mit praxisorientierten Konzepten unterlegt. Maßgebliche Bezugspunkte bilden dabei die anglo-amerikanisch inspirierten Diskussionen über „Corporate Social Responsibility" (CSR) und „Corporate Citizenship" (CC) (vgl. z.B. Backhaus-Maul et al., 2009; Braun, 2010a, 2010b; Braun & Backhaus-Maul, 2010).

Da diese Diskussionen in Deutschland erst in den letzten Jahren intensiver aufgegriffen worden sind, überrascht es nicht, dass eine systematische Auseinandersetzung des DOSB mit diesem engagementpolitisch relevanten Thema noch weitgehend aussteht. Diese spezifische Herausforderung wird in unseren Experteninterviews betont und spiegelt sich dementsprechend auch im Aufbau der Analyse zu diesem Thema wieder, da – anders als in den anderen drei thematischen Schwerpunktanalysen – die Dokumentenlage eher gering ausfällt (vgl. Kapitel 8). Gleichwohl wird in jüngeren Papieren des DOSB das Thema „CSR" und „CC" wahrgenommen und u.a. als eine Begründungslinie zur Beschreibung des Handlungsfeldes „Engagementpolitik im Sport" herausgestellt (vgl. DOSB/Präsidialausschuss Breitensport/Sportentwicklung, 2010, S. 5).

(1) Suchbewegungen im Rahmen einer sportbezogenen Engagementpolitik mit „Unternehmensbürgern"

Weder der CSR- noch der CC-Begriff sind bislang eindeutig definiert. Auch in der konkreten (Unternehmens-)Praxis werden damit unterschiedliche Aspekte betrieblicher Wirklichkeit bezeichnet. Allerdings lassen sich zumindest Eckpunkte benennen, die zur Profilierung einer „sportbezogenen Engagementpolitik" des DOSB bedeutsam erscheinen.

Wegweisend ist dabei der CC-Begriff. Während der CSR-Begriff nämlich eher die (betriebs-)wirtschaftliche Binnenwelt fokussiert und dabei die freiwillige Selbstverpflichtung von Unternehmen zu einer nachhaltigen Entwicklung im Hinblick auf eine ökologisch und sozial verantwortliche Produktionsweise im unternehmerischen Geschäftsbetrieb thematisiert, kommt im CC-Begriff der gesellschaftlichen Einbettung von Unternehmen und deren Außenwelt eine wesentlich größere Bedeutung zu. CC hebt darauf ab, dass Unternehmen – in der Regel gemeinsam mit Nonprofit-Organisationen wie z.B. Sportverbänden und -vereinen und/oder staatlichen Akteuren – gesellschaftliche Aufgaben und Herausforderungen bearbeiten und sich auf diese Weise produktiv mit dem Gemeinwesen verknüpfen (vgl. z.B. Habisch, 2003).

Auf diese Weise kann ein CC-Engagement Unternehmen gesellschaftliche Beteiligungsmöglichkeiten in selbst gewählten Engagementfeldern und -projekten eröffnen. Dabei können unterschiedliche Unternehmensressourcen bereit gestellt werden, zu denen neben materiellen Aufwendungen im Sinne der Bereitstellung von Geld oder Sachmitteln („Corporate Giving") ebenso der aktive Einbezug von Beschäftigten im Sinne eines Transfers von Zeit und Wissen („Corporate Volunteering") gehören (vgl. z.B. Backhaus-Maul & Braun, 2007, 2010, Braun, 2008).

CC-Engagements unterscheiden sich zugleich von mäzenisch und philanthropisch motivierten Spenden zugunsten gesellschaftlicher Projekte; denn beim CC-Engagement geht es um das gemeinnützig und kontinuierlich erbrachte unternehmerische Bürgerengagement, das einerseits über den engen Unternehmenszweck hinausgeht, andererseits aber in engem Bezug zur Kernkompetenz des Unternehmens steht und in diesem Kontext für beide Seiten eine Nutzenperspektive implizieren soll (vgl. z.B. Polterauer, 2008, 2010). Die Höhe des Nutzens in gesellschaftlicher und unternehmerischer Hinsicht wird wiederum maßgeblich von der zeitlichen Perspektivierung und strategischen Verankerung des CC-Engagements im Unternehmen beeinflusst.

Zweifellos gehören bereits vielfältige Formen eines bürgerschaftlichen Engagements von Unternehmen auch im vereins- und verbandsorganisierten Sport zu den traditionsreichen Selbstverständlichkeiten betrieblicher Wirklichkeit in Deutschland. Dabei handelt es sich zumeist um eine Vielfalt kleinerer Projekte zugunsten des Vereinswesens in den Betriebsstandorten, die materiell unterstützt werden. Allerdings lässt die empirische Forschung erkennen, dass in den letzten Jahren das bürgerschaftliche Engagement von Unternehmen immer stärker die Züge eines CC-Engagements im Sinne des beschriebenen gegenseitigen Nutzens gewinnt. Insbesondere bei umsatzstarken Großkonzernen und sukzessive auch bei mittelgroßen Unternehmen zeichnen sich „Suchbewegungen" ab, bei denen Unternehmen „passförmige" Projekte für ihr CC-Engagement sondieren und potenzielle Partnerorganisationen aus dem staatlichen Sektor (z.B. Schulen, Kindergärten) und insbesondere aus dem Nonprofit-Sektor (z.B. Vereine, Verbände) „neu entdecken" (vgl. Braun, 2008; Braun & Backhaus-Maul, 2010; Maaß, 2009, 2010).

Vor diesem Hintergrund können die vom CC-Begriff ausgehenden Diskussionen über ein bürgerschaftliches Engagement von Unternehmen für eine *„sportbezogene Engagementpolitik"* bedeutsam sein, sofern der DOSB mit seinen gesellschaftlichen Anliegen und Bedarfen ein privilegierter Akteur bei der Ausgestaltung von CC-Projekten sein möchte. Denn im Rahmen von CC-Projekten im gesellschaftlichen Umfeld kommt der vereins- und verbandsorganisierte Sport explizit als strategischer Kooperationspartner ins Spiel. In derartige Kooperationen kann der DOSB nicht nur seine „zivilgesellschaftliche Infrastruktur" in Form der vielfältigen Verbände und Vereine „einbringen", sondern vor allem auch seine spezifische Expertise über gesellschaftspolitisch bedeutsame Themen zur Verfügung stellen, die mit Hilfe sport- und bewegungsorientierter Maßnahmen und Programme „bearbeitet" werden können.

Eine begriffliche und konzeptionelle Schärfung der Rolle und Bedeutung des vereins- und verbandsorganisierten Sports in Kooperationsprojekten mit Unternehmen dürfte Grundlage für eine „sportbezogene Engagementpolitik" im Hinblick auf das bürgerschaftliche Engagement von Unternehmen sein. Dabei könnte es sich als hilfreich erweisen, wenn der DOSB auf der Basis der gesellschaftspolitisch weitgehend akzeptierten „gesellschaftlichen Funktionen" des vereins- und verbandsorganisierten Sports, die ihm in der staatlichen Sportpolitik seit langem eine einflussreiche Position verschaffen, eine „sportbezogene Engagementpolitik" mit einem spezifischen Schwerpunkt auf der „partnerschaftlichen Zusammenarbeit mit Unternehmensbürgern (Corporate Citizens)" profiliert.

(2) Zwischen „anti-kommerzieller Gegenwelt" und „Sponsoring-König" – ambivalente Traditionen zwischen Sport und Wirtschaft

Die Zusammenarbeit zwischen Unternehmen und dem vereins- und verbandsorganisierten Sport hat in der Geschichte des DSB bzw. DOSB spezifische Ausprägungen erfahren, die man – stark vereinfacht – zwischen den Polen einer historisch bedingten Vorstellung von einer „anti-kommerziellen Gegenwelt des Sports" auf der einen Seite und dem Aufstieg des Sports zum „Sponsoring-König" auf der anderen Seite fassen kann. So trifft der Versuch einer Neuakzentuierung der Beziehungen zu Unternehmen im vereins- und verbandsorganisierten Sport auf einen – zumindest ideell – noch heute fortwirkenden Gegenentwurf zur „Welt des Ökonomischen", der in Idealen des „Amateurismus", der „Ehrenamtlichkeit", „Solidarität" oder mitgliederfinanzierten „Autonomie" exemplarisch seinen Ausdruck findet (vgl. z.B. Heinemann, 1995).

Dieser Gegenentwurf zur „Welt des Ökonomischen" prägte vor allem die ersten Jahrzehnte des DSB. Erst nach spannungsvollen innerverbandlichen Auseinandersetzungen in den 1970er Jahren stiegen Mitgliedsorganisationen im DSB dann zu einem privilegierten Sponsoring-Partner von Unternehmen und damit zu einem medial allgegenwärtigen Transporteur von Unternehmensmarken und -produkten auf. Die damit verbundene sukzessive „ökonomische Überformung" ausgewählter Sportverbände und -vereine vollzog sich speziell im Segment des Spitzensports und bei telegenen Sportarten. Seit Jahrzehnten dominiert das Sport-Sponsoring alle anderen Sponsoring-Felder (vgl. z.B. Böttcher, 2010; Heine, 2009; Herrmanns & Marwitz, 2008; Winkler & Karhausen, 1985).

Die im CC-Konzept angesprochene Suche nach einer veränderten „Verantwortungsrolle" von Unternehmen in der Gesellschaft eröffnet dem DOSB und dessen Mitgliedsorganisationen nunmehr im Rahmen einer *„sportbezogenen Engagementpolitik"* Möglichkeiten, seine „Experten-Rolle" als Nonprofit-Organisation im Handlungsfeld „Sport und Bewegung" stärker zur Geltung bringen. Denn der DOSB und dessen Mitgliedsorganisationen verfügen nicht nur über eine breite fachliche Expertise im Hinblick auf gesellschaftspolitische Handlungsbedarfe, die mit Hilfe des Mediums „Sport" bearbeitet werden können; vielmehr können sie Unternehmen auch neuartige Handlungsansätze bieten, mit denen Kooperationsprojekte zur gesellschaftlichen Problemlösung ausgestaltet werden können.

Diese „Expertenrolle" ist dem DOSB durchaus vertraut, insofern als sie auf die eingangs diskutierte Kooperation mit staatlichen Akteuren im Rahmen des Konzepts der „partnerschaftlichen Zusammenarbeit" verweist (vgl. Kapitel 2). Anders als bei diesem sportpolitisch institutionalisierten Raster von Leistung und Gegenleistung lassen sich im Hinblick auf das CC-Thema bislang allerdings nur ansatzweise systematischere Projektansätze finden, in denen sich der DOSB als ein entsprechender strategischer Kooperationspartner für Unternehmen positioniert und platziert.

In einer engagementpolitischen Konzeption zur CC-Diskussion wären insofern passförmige sport- und bewegungsspezifische Angebotsstrukturen zu entwickeln, die Unternehmen bei ihren aktuellen Suchbewegungen nach einer „passenden Verantwortungsrolle" in der Gesellschaft insofern unterstützen, als der DOSB mit seinem „Portfolio" als ein besonderer Kooperationspartner im Rahmen von CC-Programmen herausgestellt wird.

(3) Kooperationsprojekte zwischen dem DOSB und Großunternehmen

Für den vereins- und verbandsorganisierten Sport könnten sich mit dem Bedeutungsgewinn von CC anders akzentuierte Perspektiven der Zusammenarbeit „jenseits" des medial attraktiven Spitzen- und Hochleistungssports in ausgewählten Sportarten ergeben. In diesem Sinne scheint sich bereits in den letzten Jahren ein Segment für unternehmerische Maßnahmen zu entwickeln und auszudifferenzieren, das Züge eines unternehmerischen CC-Engagements trägt.

Die Recherchen sprechen für die Annahme, dass zunehmend solche Aspekte in den Kontext unternehmensbezogener Förderstrategien eingebunden werden, die unter dem Stichwort „Gemeinwohlorientierung" des Sports und speziell des vereins- und verbandsorganisierten Sports thematisiert werden (vgl. Rittner & Breuer, 2004). Insbesondere seit Mitte der 2000er Jahre sind – z.T. auch öffentlichkeitswirksam inszenierte – Projekte initiiert und implementiert worden, bei denen umsatzstarke Großunternehmen gemeinsam mit dem DOSB gesellschaftspolitische Themen mit Hilfe des Mediums Sport und Bewegung zu bearbeiten versuchen (vgl. Böttcher, 2010). Dabei geht es z.B. um Fragen der Gesundheitsförderung, Integrationsarbeit, Kinder- und Jugendarbeit oder generationenübergreifenden Interaktionen.

Die von uns recherchierten Projekte mit Großunternehmen scheinen bislang allerdings nur ansatzweise in einen konzeptionellen Rahmen des DOSB als „strategischem Kooperationspartner" von nachhaltigen CC-Projekten eingebettet zu sein. Zwar lassen die jüngeren Kooperationsprojekte des DOSB mit Unternehmen erste Ansätze „strategischer Kooperationsofferten" vermuten; gleichwohl scheint auf konzeptioneller Ebene die Frage noch zu beantworten zu sein, unter welchen spezifischen Konstellationen der DOSB und dessen Mitgliedsorganisationen mit ihren jeweils besonderen Aufgabenfeldern für Unternehmen interessante Kooperationspartner zur Entwicklung, Implementation und nachhaltigen Durchführung von CC-Maßnahmen sein können.

Ob solche Kooperationen erfolgreich zustande kommen, hängt nicht zuletzt davon ab, wie sich das Verhältnis von Unternehmen und Sportverbänden und -vereinen entwickelt und inwieweit es gelingt, zu einer professionellen und lösungsorientierten Zusammenarbeit zu gelangen. In diesem Kontext signalisiert speziell die Deutsche Sport-Marketing GmbH (DSM) mit ihrer Aufgabe als Vermarktungsagentur des DOSB ein zunehmendes Interesse, mit Unternehmen CC-Projekte im Sport zu erproben.

Auf dem Weg zu einer solchen Form der Zusammenarbeit dürften für eine *„sportbezogene Engagementpolitik"* unterschiedliche Aspekte von Bedeutung sein:

(1) Eine besondere Herausforderung dürfte für den DOSB darin bestehen, das spezifische Expertenwissen über die „gesellschaftlichen Funktionen" des Sports und speziell des vereinsorganisierten Sports an bestehende und potenzielle CC-Programme und -projekte von Unternehmen inhaltlich „anschlussfähig" zu machen. Damit ist gemeint, dass sport- und bewegungsorientierte Projekte zu entwickeln wären, die sich im Spannungsfeld zwischen einem nachhaltigen „gesellschaftlichen" und „unternehmerischen Nutzen" verorten.

(2) Vor diesem Hintergrund erscheint es sinnvoll und zweckmäßig, ein Konzept der „partnerschaftlichen Zusammenarbeit mit Unternehmensbürgern" (Corporate Citizens) zu entwickeln. In dieser Konzeption sollte der DOSB seine besonderen „gesellschaftlichen Funktionen" unternehmensadäquat entfalten, um auf diese Weise die gesellschaftspolitischen Handlungsoptionen von Unternehmen für CC-Programme im vereins- und verbandsorganisierten Sport zu profilieren.

(3) In diesem Kontext dürfte die Rolle von „Mittlerorganisationen" zwischen dem vereins- und verbandsorganisierten Sport einerseits und Unternehmen andererseits von zentraler Bedeutung sein, um ggf. vorhandene Anpassungsprobleme zwischen den sehr unterschiedlichen Organisationsformen zu bearbeiten. Mit der DSM existieren bereits Strukturen einer DOSB-nahen Mittlerorganisation, die dazu beitragen kann, Mitgliedsorganisationen in die Lage zu versetzen, mit Unternehmen konsistent verhandeln und erfolgreich in CC-Programmen kooperieren zu können. Die vielfältigen Erfahrungen im Bereich des Sportsponsorings dürften dafür günstige Voraussetzungen bieten.

(4) Zugleich stellt das etablierte Sportsponsoring aber auch eine besondere Herausforderung für eine solche Mittlerorganisation dar; denn in unternehmensbezogenen Kontexten wird das Thema „Sport" vielfach (noch) dem Unternehmenssponsoring zugeordnet, während CC-Aktivitäten unter Begriffen wie „soziales Engagement" „Nachhaltigkeit" oder „gesellschaftliche Verantwortung" bislang eher Feldern wie „Ökologie", „Soziales" oder „Bildung" vorbehalten bleiben.

9.10 Auf dem Weg zu einer sportbezogenen Engagementpolitik

Prospektiv betrachtet ist selbstverständlich nicht vorherzusagen, in welcher Weise sich eine „sportbezogene Engagementpolitik" des DOSB im Kontext der Diskussionen über das Politikfeld der Engagementpolitik weiterentwickeln wird. Die Bedeutung, die das Politikfeld und damit engagementpolitische Agenden von Verbänden zukünftig haben werden, dürfte allerdings maßgeblich beeinflusst werden von den gesellschaftlichen Veränderungen im Hinblick auf das Verständnis von Staatsaufgaben wie auch der damit verbundenen Aufgabenverteilung zwischen staatlichen Akteuren, Nonprofit-Organisationen, Unternehmen und Privathaushalten in Deutschland. Auch wenn der – vielfach hinausgezögerte – Wandel von Staatlichkeit institutionellen Entwicklungspfaden sozialstaatlicher Veränderungen folgt und sich insofern nicht abrupt vollziehen wird, dürfte er sukzessive mit einer Neuverteilung von Rechten und Pflichten zwischen den verschiedenen Akteuren einhergehen (vgl. Braun & Backhaus-Maul, 2010; Evers & Olk, 1996).

In diesem Kontext ist auch zu erwarten, dass sich die latente „Staatsorientierung" des Nonprofit-Sektors in Deutschland und speziell derjenigen Nonprofit-Organisationen sukzessive verändern wird, die im (neo-)korporatistischen Arrangement seit Jahrzehnten auf umfangreichere staatliche Unterstützungsleistungen „vertrauen" können. Angesichts der latenten Ressourcenschwäche öffentlicher Mittelgeber dürfte insofern auch der DOSB nicht mit der gleichen Selbstverständlichkeit wie früher davon ausgehen können, dass freiwillige Leistungen staatlicher Akteure zugunsten der sport- und bewegungsbezogenen Infrastruktur oder zur Projekt- und Programmförderung sozialpolitischer Aktivitäten aufrechterhalten oder gar erhöht werden.

Infolgedessen werden sich viele Nonprofit-Organisationen nach neuen Kooperationspartnern umsehen und alternative Finanzierungsquellen zu erschließen suchen. In diesem Kontext ist zu vermuten, dass die bislang tendenziell eher „separierten Welten" des deutschen Nonprofit-Sektors, die sich bislang in hohem Maße nach staatlichen Zuständigkeitsbereichen „spartenförmig" organisiert haben, in Bewegung geraten werden (vgl. Braun & Backhaus-Maul, 2010). Dabei dürfte auch der DOSB vor immer weiterreichende Herausforderung gestellt werden, als „zivilgesellschaftlicher (Ko-)Produzent" seiner eigenen sozialkulturellen Handlungsgrundlagen im Feld Sport und Bewegung aufzutreten und Verantwortung dafür zu übernehmen. In diesem Kontext eröffnet eine „sportbezogene Engagementpolitik" dem DOSB – jenseits der bekannten Instrumente und Verfahren sportpolitischer Einflussnahme und Beteiligung in erprobten und routinierten Bahnen – alternative Möglichkeiten der gesellschaftlichen Mitentscheidung und Mitgestaltung.

Der DSB bzw. DOSB hat für eine solche engagementpolitische Perspektive bereits seit Jahren relevante Vorarbeiten geleistet, die – so darf man empfehlen – sukzessive in einer „sportbezogenen Engagementpolitik" zusammengeführt werden könnten. Exemplarisch dafür steht die grundlegende Positionierung des DSB-Präsidenten aus dem Jahr 2005, in der er hervorhebt: „Die Bedeutung von gemeinwohlorientierten Organisationen wird in der Zivilgesellschaft von morgen und übermorgen zunehmen. Der Sport will und wird dabei eine führende Rolle übernehmen und die Veränderungsprozesse mit gestalten. Er versteht sich dabei als Verteidiger und als Motor der aktiven Bürgergesellschaft. Und er sucht und verstärkt die Zusammenarbeit und den Austausch mit anderen Gruppen, Institutionen und Organisationen" und „bietet der Politik seine Partnerschaft bei der Entwicklung und Ausgestaltung einer aktiven Bürgergesellschaft an" (von Richthofen, 2005, S. 2 f.).

Der geplante „Aufbruch des verbandlichen Sports in die Bürgergesellschaft", wie seinerzeit der Beauftragte des DSB am Sitz der Bundesregierung und der Ressortleiter Bildung des DSB formulierten, könnte vor diesem Hintergrund künftig noch deutlicher auf konzeptioneller und operativer Ebene vorangetrieben werden (Barthel & Spangenberg, 2005, S. 7). Dabei kann sich der DOSB nach wie vor auf die Empfehlungen der DSB-Präsidialkommission „Bürgerschaftliches Engagement im Sport" stützen, die 2003 vom DSB-Hauptausschuss unter dem programmatischen Titel „Ein neues Verhältnis zwischen Bürgern und Staat – Förderung des bürgerschaftlichen Engagements im und durch den Sport" verabschiedet wurden.

In diesem rahmensetzenden Papier heißt es u.a., dass sich Deutschland immer deutlicher „hin zu einer Bürgergesellschaft" entwickeln und der vereins- und verbandsorganisierte Sport dabei „ein wichtiger Akteur" sein werde. „Über das gemeinsame Sporttreiben hinaus erbringt der organisierte Sport bereits heute vielfältige Leistungen für das Zusammenleben in der Gemeinschaft" und auf diese Weise – so wird darauf aufbauend betont – „entfaltet sich über ehrenamtliche Mitwirkung hinaus immer stärker bürgerschaftliches Engagement im Sport". Kurzum: „In einer sich entwickelnden Bürgergesellschaft kann und will der Sport in noch größerem Umfang Verantwortung für die Gemeinschaft übernehmen" (DSB, 2003c, S. 110).

Deshalb müsse der vereins- und verbandsorganisierte Sport „seine Zielsetzung, Strukturen und Arbeitsweisen so gestalten, dass sich bürgerschaftliches Engagement noch besser entwickeln kann. Alle Verantwortlichen in Vereinen und Verbänden müssen sich bewusst werden, dass sie nicht nur Anbieter von Sport, sondern auch von bürgerschaftlichem Engagement sind... Vor diesem Hintergrund kommt es darauf an, auf den verschiedenen Ebenen des organisierten Sports Maßnahmen zu ergreifen und Strukturen zu schaffen, die es möglich machen, bürgerschaftliches Engagement effizient zu fördern und zu entwickeln" (DSB, 2003c, S. 110 ff.).

Diese engagementbezogene Argumentationsführung, die mit flankierenden Strategieüberlegungen zur Entwicklung des bürgerschaftlichen Engagements im vereins- und verbandsorganisierten Sport unterlegt ist, lässt erkennen, dass die Weiterentwicklung einer „sportbezogenen Engagementpolitik" zunächst und vor allem eine verbandsinterne und autonome Angelegenheit des DOSB und dessen Mitgliedsorganisationen ist. Diese Arbeit kann staatlicherseits allerdings durch engagementförderliche Rahmenbedingungen begünstigt werden. Dabei geht es um staatliche Unterstützung zivilgesellschaftlicher Infrastruktur gemäß des Subsidiaritätsprinzips: Sofern der DOSB und dessen Mitgliedsorganisationen in Teilbereichen selbst nicht in der Lage sind, ihre engagementpolitischen Konzepte und Möglichkeiten hinreichend zu entfalten, kann auf das Repertoire staatlicher Engagementförderung zivilgesellschaftlicher Infrastruktur zurückgegriffen werden, etwa durch fachliche und sachliche Unterstützungsleistungen, um Elemente einer „sportbezogenen Engagementpolitik" in der Praxis zu erproben und zu implementieren.

Eine relevante Voraussetzung dafür ist allerdings, dass sich der DOSB seiner zivilgesellschaftlichen Einbettung und Rolle bewusst ist, die dann in einer „sportbezogenen Engagementpolitik" herausgestellt und mit Blick auf zentrale Themenschwerpunkte, von denen in diesem Bericht vier exemplarisch untersucht wurden, ausdifferenziert werden kann. Dabei ist es, wie im unlängst vorgelegten DOSB-Arbeitspapier zu einer „Engagementpolitik im Sport" formuliert wird, u.a. „Aufgabe des DOSB, neue Potenziale und Handlungsmöglichkeiten, die sich aus den Aktivitäten und Diskussionen auf nationaler oder europäischer Ebene ergeben, für Sportvereine zu ‚übersetzen' und so für sie nutzbar zu machen. Zugleich ist die Gesellschaft gefordert, die differenzierten Strukturen von Vereinen und Verbänden im Sport als Chance zu begreifen, und eingeladen, sie verstärkt zu nutzen" (DOSB/Präsidialausschuss Breitensport/Sportentwicklung, 2010, S. 1).

Literaturverzeichnis

Achten, A. (2011). „Sponsoring wird immer stärker unter einem gesellschaftlichen Blickwinkel betrachtet". Faktor Sport, 2 (1), 3.
Adjouri, N. & Stastny, P. (2006). Sport-Branding. Mit Sport-Sponsoring zum Markenerfolg. Wiesbaden: Gabler.
Alscher, M., Dathe, D., Priller, E. & Speth, R. (2009). Bericht zur Lage und zu den Perspektiven des bürgerschaftlichen Engagements in Deutschland. Berlin: Bundesministerium für Familie, Senioren, Jugend und Frauen.
Allmendinger, J. & Nikolai, R. (2006). Bildung und Herkunft. Aus Politik und Zeitgeschichte, 56 (44/45), 33-38.
Althoff, S. (2011). „Es geht immer um Tiefe". Interview von Nicolas Richter. Faktor Sport, 2 (1), 46-47.
Amann A. & Kolland, F. (2008). Kritische Sozialgerontologie – Konzeptionen und Aufgaben. In A. Amann & F. Kolland (Hrsg.), Das erzwungene Paradies des Alters? Fragen an die kritische Gerontologie (S. 14-43). Wiesbaden: VS Verlag für Sozialwissenschaften.
Amrhein, L. (2008). Drehbücher des Alter(n)s. Die soziale Konstruktion von Modellen und Formen der Lebensführung und -stilisierung älterer Menschen. Wiesbaden: VS Verlag für Sozialwissenschaften.
Amrhein, L. & Backes, G. (2007). Altersbilder und Diskurse des Alterns. Zeitschrift für Gerontologie und Geriatrie, 40, 104-111.
Anheier, H. K. (1997). Der Dritte Sektor in Zahlen: Ein sozial-ökonomisches Porträt. In H. K. Anheier, E. Priller, W. Seibel & A. Zimmer (Hrsg.), Der Dritte Sektor in Deutschland. Organisationen zwischen Staat und Markt im gesellschaftlichen Wandel (S. 29-74). Berlin: Edition Sigma.
Anheier, H. K. (1999). Der Dritte Sektor im internationalen Vergleich. Ökonomische und zivilgesellschaftliche Dimensionen von Nonprofit-Organisationen. Berliner Journal für Soziologie, 9, 197-212.
Anheier, H. K., Priller, E., Seibel, W. & Zimmer, A. (Hrsg.). (1997). Der Dritte Sektor in Deutschland. Organisationen zwischen Staat und Markt im gesellschaftlichen Wandel. Berlin: Edition Sigma.
Anheier, H., Priller, E., Seibel, W.& Zimmer, A. (2007). Der Nonprofit Sektor in Deutschland. In C. Badelt (Hrsg), Handbuch der Nonprofit-Organisation: Strukturen und Management (4. Auflage, S. 17-39). Stuttgart: Schäffer-Poeschel.
Anheier, H. K., Priller, E. & Zimmer, A. (2000). Zur zivilgesellschaftlichen Dimension des Dritten Sektors. In H.-D. Klingemann & F. Neidhardt (Hrsg.), Zur Zukunft der Demokratie. Herausforderungen im Zeitalter der Globalisierung (S. 71-98). Berlin: Edition Sigma.
Anheier, H. K. & Seibel, W. (Eds.). (1990). The Third Sector: Comparative studies of Nonprofit-Organisations.Berlin: de Gruyter.
Anheier, H. K. & Seibel, W. (1999). Der Nonprofit Sektor in Deutschland. In C. Badelt (Hrsg.), Handbuch der Nonprofit-Organisationen: Strukturen und Management (2. Aufl., S. 19-42). Stuttgart: Schäffer-Poeschel.
Aßländer, M. & Löhr, A. (Hrsg.) (2010). Corporate Social Responsibility in der Wirtschaftskrise – Reichweiten der Verantwortung. Mering: Rainer-Hampp-Verlag.
Babin, J.-U. (1995). Perspektiven des Sportsponsorings. Frankfurt am Main: Lang.
Bach, T. (2006a). Rede anlässlich des Festaktes zur Gründung des Deutschen Olympischen Sportbundes (DOSB) in der Paulskirche zu Frankfurt. Zugriff am 14. Oktober 2010 unter http://www.dosb.de/de/medien/fusionsarchiv/.

Bach, T. (2006b). Rede anlässlich der 2. Mitgliederversammlung des Deutschen Olympischen Sportbundes (DOSB) in Weimar am 9. Dezember 2006. Zugriff am 14. Oktober 2010 unter http://www.dosb.de/fileadmin/fm-dosb/downloads/dosb/Weimar_Rede.pdf.

Bach, T. (2006c). Der organisierte Sport – ein Gesellschaftsphänomen mit großer Zukunft. In Deutscher Olympischer Sportbund (Hrsg.), Bundeskonferenz Breitensport und Sportentwicklung. Dokumentation. Erfurt, 13./14. Oktober 2006 (S. 16-18). Zugriff am 08. September 2010 unter http://www.dosb.de/fileadmin/fm-dosb/downloads/Sportentwicklung/small_ InternetDruckDoku22102007.pdf.

Bach, T. (2006d). Vorwort. In Deutscher Olympischer Sportbund (Hrsg.), Werkheft: Richtig fit ab 50 (S. 2). Frankfurt am Main: Eigenverlag.

Bach, T. (2007a). Rede anlässlich der 3. Mitgliederversammlung des Deutschen Olympischen Sportbundes (DOSB) am 8. Dezember 2007 in Hamburg. Zugriff am 14. Oktober 2010 unter http://www.dosb.de/fileadmin/Bilder_allgemein/Personen/DOSB/ DSB_A-E/Bach_REDE_MV_Hamburg.pdf.

Bach, T. (2007b). Impulsreferat. In Landeshauptstadt Stuttgart (Hrsg.), Integration durch Sport – Dokumentation des Internationalen Kongresses am 22. und 23. Januar 2007 (S. 25-27). Stuttgart: Eigenverlag.

Bach, T. (2008). Rede anlässlich der 4. Mitgliederversammlung des Deutschen Olympischen Sportbundes am 6. Dezember 2008 in Rostock-Warnemünde. Zugriff am 10. Januar 2011 unter http://www.dosb.de/de/service/download-center/medien/reden/.

Bach. T. (2009). Vorwort. In Deutscher Olympischer Sportbund (Hrsg.), Sport bewegt (S. 9). Frankfurt am Main: Eigenverlag.

Backes G. M. & C. W. (2003). Lebensphase Alter. Eine Einführung in die sozialwissenschaftliche Alternsforschung. Weinheim und München: Juventa Verlag.

Backes, G. M. (2004). Alter und Altern im Kontext der Entwicklung von Gesellschaft. In A. Kruse & M. Martin (Hrsg.), Enzyklopädie der Gerontologie. Alternsprozesse in multidisziplinärer Sicht (S. 82-95). Bern: Verlag Hans Huber.

Backes, G. M. (2006). Widersprüche und Ambivalenzen ehrenamtlicher und freiwilliger Arbeit im Alter. In K. R. Schroeter & P. Zängl (Hrsg.), Altern und bürgerschaftliches Engagement. Aspekte der Vergemeinschaftung und Vergesellschaftung in der Lebensphase (S. 63-94). Wiesbaden: VS Verlag für Sozialwissenschaften.

Backes, G. M. (2008). Potenziale des Alter(n)s – Perspektiven des homo vitaelongae? In Amann, A. & Kolland, F. (Hrsg.), Das erzwungene Paradies des Alters? Fragen an eine kritische Gerontologie (S. 63-100). Wiesbaden: VS Verlag für Sozialwissenschaften.

Backes, Gertrud M. & Höltge, J. (2008). Überlegungen zur Bedeutung ehrenamtlichen Engagements im Alter. In M. Erlinghagen & K. Hank (Hrsg.), Produktives Altern und informelle Arbeit in modernen Gesellschaften. Theoretische Perspektiven und empirische Befunde (S. 277-299). Wiesbaden: VS Verlag für Sozialwissenschaften.

Baltes P. B. & Baltes M. M. (1992). Gerontologie: Begriff, Herausforderung und Brennpunkte. In P. B. Baltes & J. Mittelstraß (Hrsg.), Zukunft des Alterns und gesellschaftliche Entwicklung (S.1-34). Berlin: Walter de Gruyter.

Backhaus-Maul, H. & Braun, S. (2007). Gesellschaftliches Engagement von Unternehmen in Deutschland. Konzeptionelle Überlegungen und empirische Befunde. Stiftung & Sponsoring, Rote Seiten, 10 (5).

Backhaus-Maul, H. & Olk, T. (1994). Von „Subsidiarität zu „outcontracting". Zum Wandel der Beziehungen zwischen Staat und Wohlfahrtsverbände in der Sozialpolitik. In W. Streeck (Hrsg.), Staat und Verbände, Kölner Zeitschrift für Soziologie und Sozialpsychologie, Sonderheft 25 (S. 100-135). Wiesbaden: Westdeutscher Verlag.

Backhaus-Maul, H. & Braun, S. (2010). Gesellschaftliches Engagement von Unternehmen in Deutschland. Theoretische Überlegungen, empirische Befunde und engagementpolitische Perspektiven. In T. Olk, A. Klein & B. Hartnuß (Hrsg.), Engagementpolitik. Die Entwicklung der

Zivilgesellschaft als politische Aufgabe (S. 303-326). Wiesbaden: VS Verlag für Sozialwissenschaften.

Backhaus-Maul, H., Biedermann, C., Polterauer, J. & Nährlich, S. (Hrsg.), (2009). Corporate Citizenship in Deutschland. Gesellschaftliches Engagement von Unternehmen. Bilanz und Perspektiven (2. Auflage). Wiesbaden: VS Verlag für Sozialwissenschaften.

Baecker, D. (1999). Die Form des Unternehmens. Frankfurt am Main: Suhrkamp.

Barth, W. (2001). Von der Ausländerbetreuung zur Migrationssozialarbeit. In U. Mehrländer & G. Schultze (Hrsg.), Einwanderungsland Deutschland: Neue Wege nachhaltiger Integration (S. 195-212). Bonn: Dietz.

Barthel, M. & Spangenberg, M (2005). Bürgergesellschaft und Sport. betrifft: Bürgergesellschaft, 15, 4-13.

Baumheier, U. & Warsewa, G. (2009). Vernetzte Bildungslandschaften: Internationale Erfahrungen und Stand der deutschen Entwicklung. In P. Bleckmann & A. Durdel (Hrsg.), Lokale Bildungslandschaften: Perspektiven für Ganztagsschulen und Kommunen (1. Auflage, S. 19 - 36). Wiesbaden: VS Verlag für Sozialwissenschaften.

Baur, J. (1989). Körper- und Bewegungskarrieren. Dialektische Analysen zur Entwicklung von Körper und Bewegung im Kindes- und Jugendalter. Schorndorf: Hofmann.

Baur, J. (2001). Besprechung des Buches Jugendarbeit in Sportvereinen: Anspruch und Wirklichkeit? Sportwissenschaft, 31, 458-468

Baur, J. (2006). Kulturtechniken spielend erlernen. Über die Integrationspotenziale des vereinsorganisierten Sports. Treffpunkt, 16 (3), 3-9.

Baur, J. (2009). Vorbemerkungen: Zielsetzungen für eine „Integration durch Sport". In J. Baur (Hrsg.), Evaluation des Programms „Integration durch Sport" (Band 1) (S. 103-116). Potsdam: Eigenverlag.

Baur, J. & Braun, S. (1999). Zweiter Arbeitsmarkt im Sport. Zur Förderung der Jugendarbeit in Sportorganisationen. Aachen: Meyer & Meyer.

Baur, J. & Braun, S. (2000). Freiwilliges Engagement und Partizipation in ostdeutschen Sportvereinen. Eine empirische Analyse zum Institutionentransfer. Köln: Sport und Buch Strauß.

Baur, J. & Braun, S. (2001). Der vereinsorganisierte Sport in Ostdeutschland. Köln: Sport und Buch Strauß.

Baur, J. & Braun, S. (Hrsg.). (2003). Integrationsleistungen von Sportvereinen als Freiwilligenorganisationen. Aachen: Meyer & Meyer.

Baur, J. & Burrmann, U. (2000). Unerforschtes Land: Jugendsport in ländlichen Regionen. Aachen: Meyer & Meyer.

Baur, J., Burrmann, U. & Krysmanski, K. (2002). Sportpartizipation von Mädchen und jungen Frauen in ländlichen Regionen. Köln: Sport und Buch Strauß

Baur, J., Koch, U., Krüger, D., Ruge, T., & Telschow S. (1996). Seniorensport in Ostdeutschland. Zwischen Powersport und Kaffeeklatsch. Aachen: Meyer & Meyer Verlag.

Bertelsmann Stiftung (2005). Die gesellschaftliche Verantwortung von Unternehmen. Gütersloh: Eigenverlag.

Bette, K.-H. (1993). Sport und Individualisierung. Spectrum der Sportwissenschaften, 5, 34-55.

Blanke, B. (2001). Aktivierender Staat – aktive Bürgergesellschaft. Eine Analyse für das Bundeskanzleramt. Hannover: Universität Hannover, Abteilung Sozialpolitik und Public Policy.

Blanke, B. & Bandemer, S. von (1994). Leitbild Neuer Staat. Hannover: Werte.

Blanke, B. & Schridde, H. (1999). Bürgerengagement und aktivierender Staat. Expertise im Rahmen des Sozialpolitischen Qualitätsmanagements. Hannover: Niedersächsisches Ministerium für Frauen, Arbeit und Soziales.

Bleckmann, P. (2009). Lokale Bildungslandschaften: Ein Weg zur Demokratisierung von Bildung. In P. Bleckmann & A. Durdel (Hrsg.), Lokale Bildungslandschaften: Perspektiven für Ganztagsschulen und Kommunen (S. 77 - 85). Wiesbaden: VS Verlag für Sozialwissenschaften.

Blessing-Kapelke U. (2008). Bericht über die nachhaltigen Ergebnisse aus dem Projekt „Richtig fit ab 50". Arbeitspapier.

Blessing-Kapelke, U. (2009). Arbeitspapier Bürgerschaftliches Engagement von Älteren. Auswertung der Vergleichsstudie des BMFSFJ „Strategien des bürgerschaftlichen Engagements älterer Menschen in Deutschland und den Niederlanden" für den Bereich des Sports sowie eines Expertentreffens des BMFSFJ und MOVIISE (NL) am 15./16.4.09 in Den Haag. Arbeitspapier.

Blessing-Kapelke, U. & Klages A. (2009). Alter in Bewegung – Sport gestaltet kommunale Zukunft. In Bertelsmann Stiftung (Hrsg.), Initiieren – Planen – Umsetzen. Handbuch kommunale Seniorenpolitik (1. Auflage S. 235-246).Gütersloh: Bertelsmann-Stiftung.

Böttcher, C. (2010). Koproduktion öffentlicher Leistungen mit Unternehmen im Gemeinwesen: Gesellschaftliches Engagement von Unternehmen in Deutschland. Diskussionspapier im Rahmen des Forschungsprojekts „Die Sportvereine im DOSB als zivilgesellschaftliche Akteure". Berlin: Humboldt-Universität zu Berlin / Forschungszentrum für Bürgerschaftliches Engagement.

Bourdieu, P. (1986). Historische und soziale Voraussetzungen des modernen Sports. In G. Hortleder & G. Gebauer, G. (Hrsg.), Sport – Eros – Tod (S. 91-112). Frankfurt am Main: Suhrkamp.

Braun, S. (2001). Bürgerschaftliches Engagement – Konjunktur und Ambivalenz einer gesellschaftspolitischen Debatte. Leviathan. Zeitschrift für Sozialwissenschaft, 29, 83-109.

Braun, S. (2002a). Begriffsbestimmung, Dimensionen und Differenzierungskriterien von bürgerschaftlichem Engagement. In Enquete-Kommission „Zukunft des Bürgerschaftlichen Engagements" Deutscher Bundestag (Hrsg.), Bürgerschaftliches Engagement und Zivilgesellschaft (S. 55-71). Opladen: Leske + Budrich.

Braun, S. (2002b). Das soziale Kapital in Deutschland und die Jugendarbeit in Sportvereinen. Anmerkungen zu einem endlosen Legitimationsdiskurs über die „Sozialstation" Sportverein. deutsche jugend. Zeitschrift für die Jugendarbeit, 50, 170-176.

Braun, S. (2002c). Soziales Kapital, sozialer Zusammenhalt und soziale Ungleichheit. Integrationsdiskurse zwischen Hyperindividualismus und der Abdankung des Staates. Aus Politik und Zeitgeschichte, B 29-30, 6-12.

Braun, S. (2002d). Eine überschaubare Welt. Institutionelle und personelle Kontinuitäten in ostdeutschen Sportvereinen seit der staatlichen Vereinigung. Berliner Debatte INITIAL – Zeitschrift für sozialwissenschaftlichen Diskurs, 13 (3), 95-104.

Braun, S. (2003a). Leistungserstellung in freiwilligen Vereinigungen. Über „Gemeinschaftsarbeit" und die „Krise des Ehrenamts". In J. Baur & S. Braun (Hrsg.), Integrationsleistungen von Sportvereinen als Freiwilligenorganisationen (S. 191-241). Aachen: Meyer & Meyer.

Braun, S. (2003b). Freiwillige Vereinigungen zwischen Staat, Markt und Privatsphäre. Konzepte, Kontroversen und Perspektiven. In J. Baur & S. Braun (Hrsg.), Integrationsleistungen von Sportvereinen als Freiwilligenorganisationen (S. 43-87). Aachen: Meyer & Meyer.

Braun, S. (2004). Die Wiederentdeckung des Vereinswesens im Windschatten gesellschaftlicher Krisen. Forschungsjournal Neue Soziale Bewegungen, 17 (1), 26-35.

Braun, S. (2006). Umbau des Sozialstaats und organisierter Sport. Sport und Gesellschaft – Sport and Society, 3, 124-129.

Braun, S. (2007a). Corporate Citizenship und Dritter Sektor. Anmerkungen zur Vorstellung: „Alle werden gewinnen…" Forschungsjournal Neue Soziale Bewegungen, 20 (2), 186-190.

Braun, S. (2007b). Sozialintegrative Potenziale bürgerschaftlichen Engagements für Jugendliche in Deutschland. Expertise zum Carl Bertelsmann-Preis 2007. Gütersloh: Verlag Bertelsmann-Stiftung.

Braun, S. (2008). Gesellschaftliches Engagement von Unternehmen in Deutschland. Aus Politik und Zeitgeschichte, B 31, 6-14.

Braun, S. (2009a). Unternehmen in Gesellschaft: „Corporate Citizenship" und das gesellschaftliche Engagement von Unternehmen in Deutschland. Forum Wohnen und Stadtentwicklung, 1, 59-64.

Braun, S. (2009b). Gesellschaftliches Engagement von Unternehmen im Wohlfahrtspluralismus der Stadtgesellschaft. Forum Wohnen und Stadtentwicklung,4, 196-201.

Braun, S. (2009c). Assoziative Lebenswelt, bindendes Sozialkapital und Wahlgemeinschaften des Geschmacks. Forschungsjournal Neue Soziale Bewegungen, 22 (3), 76-87.

Braun, S. (2009d). Sportpolitik als Engagementpolitik. Bürgerschaftliches Engagement im vereins- und verbandsorganisierten Sport. FDSnow. Fachzeitschrift für den Skisport 27 (34), 12-18.
Braun, S. (2009e). Bürgerschaftliches Engagement und Bildung als Zukunftsfaktoren. In Deutscher Olympischer Sportbund (DOSB) (Hrsg.), DOSB Bundeskonferenz „Sport bildet – Bildung bewegt" (S. 49-67). Frankfurt am Main: Eigenverlag.
Braun, S. (Hrsg.). (2010a). Gesellschaftliches Engagement von Unternehmen. Der deutsche Weg im internationalen Kontext. Wiesbaden: VS Verlag für Sozialwissenschaften.
Braun, S. unter Mitarbeit von Böttcher, C., Pillath, M. & Reymann, D. (2010b). Bürgerschaftliches Engagement von Unternehmen in Deutschland. Zwischen Tradition und Innovation. Monitor Engagement, 3. Ausgabe, hrsg. vom Bundesministerium für Familie, Senioren, Frauen und Jugend. Berlin: Eigenverlag.
Braun, S. (2010c). Zwischen nationalen Traditionen und globalen Herausforderungen: Gesellschaftliches Engagement von Unternehmen in der sozialen Marktwirtschaft der Bundesrepublik Deutschland. In S. Braun (Hrsg.), Gesellschaftliches Engagement von Unternehmen – der deutsche Weg im internationalen Kontext (S. 85-105). Wiesbaden: VS Verlag für Sozialwissenschaften.
Braun, S. (2010d). Corporate Citizenship. In D. Nohlen & R.-O. Schultze (Hrsg.), Lexikon der Politikwissenschaft. Theorien, Methoden, Begriffe (S. 118) (4. akt. und erg. Aufl.). München: C. H. Beck
Braun, S. (2010e). Die schönste Nebensache der Welt im Bildungspluralismus. Thesen zum vereins- und verbandsorganisierten Fußball als zivilgesellschaftlichem Mitspieler. Forschungsjournal Neue Soziale Bewegungen, 23 (2), 63-72.
Braun, S. (2010f). „Der Sport muss sich sichtbar machen". Unternehmen beginnen ihre Rolle in der Gesellschaft neu zu definieren. Das Schlagwort dazu lautet: Corporate Social Responsibility. Interview von Marcus Meyer und Jörg Stratmann. Faktor Sport, 1 (1), 52-55.
Braun, S. (2010g). Bildung, Zivilgesellschaft und organisierter Sport - Engagementpolitische Reflexionen zu einem bildungspluralistischen Arrangement. In N. Neuber (Hrsg.), Informelles Lernen im Sport Beiträge zur allgemeinen Bildungsdebatte (S. 133 - 154). Wiesbaden: VS Verlag für Sozialwissenschaften.
Braun, S. (2011a). Ehrenamtliches und freiwilliges Engagement im Sport. Sportbezogene Sonderauswertung der Freiwilligensurveys 1999, 2004 und 2009. Köln: Sport & Buch Strauß.
Braun, S. (2011b). Bürgerschaftliches Engagement von Individuen und Unternehmen. In G. Christmann, P. Jähnke, K. Balgar (Hrsg.), SocialEntrepreneurship – Perspektiven für die Raumentwicklung (S. 37-54). Wiesbaden: VS Verlag für Sozialwissenschaften.
Braun, S. (2011c). Ideen statt Rostift. Eine Best-Practice-Studie zur Übernahme öffentlicher Aufgaben durch bürgerschaftliches Engagement. In W. Lamping & H. Schridde (Hrsg.), Der Konsultative Staat. Opladen: Barbara Budrich
Braun, S. & Backhaus-Maul, H. (2010). Gesellschaftliches Engagement von Unternehmen in Deutschland. Eine sozialwissenschaftliche Sekundäranalyse. Wiesbaden: VS Verlag für Sozialwissenschaften.
Braun, S. & Baur, J. (2000). Zwischen Legitimität und Illegitimität – Zur Jugendarbeit in Sportorganisationen. Spectrum der Sportwissenschaften, 12, 53-69.
Braun, S. & Finke, S. unter Mitarbeiter von Grützmann, E. (2010). Integrationsmotor Sportverein. Evaluationsergebnisse zum Modellprojekt „spin – sport interkulturell". Wiesbaden: VS Verlag für Sozialwissenschaften.
Braun, S. & Hansen, S. (Hrsg.) (2008). Steuerung im organisierten Sport. Hamburg: Czwalina.
Braun, S. & Hansen, S. (2010). Kompetenzerwerb zum und durch Bürgerengagement: Eine empirische Evaluationsstudie zur Gruppenhelferinnen und Gruppenhelfer III-Ausbildung. In N. Neuber (Hrsg.), Informelles Lernen im Sport (S. 227-245). Wiesbaden: VS Verlag für Sozialwissenschaften.
Braun, S. Hansen, S. & Ritter, S. (2007). Vereine als Katalysatoren sozialer und politischer Kompetenzen? Ergebnisse einer qualitativen Untersuchung. In L. Schwalb & H. Schwalk

(Hrsg.), Bürgerschaftliches Engagement und Local Governance (S. 109-130). Wiesbaden: VS Verlag für Sozialwissenschaft.

Braun, S. & Nobis, T. (2011a). Migration, Integration und Sport – Zivilgesellschaft vor Ort. Zur Einführung. In S. Braun & T. Nobis (Hrsg.), Migration, Integration und Sport – Zivilgesellschaft vor Ort (S.9-28). Wiesbaden: VS Verlag für Sozialwissenschaften.

Braun, S. & Nobis, T. (Hrsg.). (2011b). Migration, Integration und Sport – Zivilgesellschaft vor Ort. Wiesbaden: VS Verlag für Sozialwissenschaften.

Braun, S. & Pillath, M. (2011). Gesellschaftliches Engagement von Großunternehmen im Nachwuchsleistungssport. Berlin: Humboldt-Universität zu Berlin.

Brettschneider, W.-D. & Kleine, T. (2002). Jugendarbeit in Sportvereinen: Anspruch und Wirklichkeit. Schorndorf: Hofmann.

Breuer, C. (Hrsg.) (2007). Sportentwicklungsbericht für Deutschland 2005/2006. Köln: Sport & Buch Strauß.

Breuer, C. (Hrsg.). (2009). Sportentwicklungsbericht für Deutschland 2007/2008. Köln: Sport & Buch Strauß.

Breuer, C. & Wicker, P. (2010). Sportvereine in Deutschland. Sportentwicklungsbericht 2009/2010 – Analysen zur Situation der Sportvereine in Deutschland. Köln: Deutsche Sporthochschule Köln.

Breuer, C., Wicker, P. & Forst, M. (2011). Integrationsspezifische Organisationsleistungen und -herausforderungen der deutschen Sportvereine. In S. Braun & T. Nobis (Hrsg.), Migration, Integration und Sport – Zivilgesellschaft vor Ort (S. 45-61). Wiesbaden: VS Verlag für Sozialwissenschaften.

Bruhn, M. (1998). Sponsoring. Systematische Planung und integrativer Ansatz. Frankfurt am Main: Gabler.

Bukow, W.-D. (2007). Die Rede von Parallelgesellschaften. Zusammenleben im Zeitalter einer metropolitanen Differenzgesellschaft. In W.-D. Bukow, C. Nikodem, E. Schulze & E. Yildiz (Hrsg.), Was heißt hier Parallelgesellschaft? (S. 29-52). Wiesbaden: VS Verlag für Sozialwissenschaften.

Bundesamt für Migration und Flüchtlinge (BAMF) (2008): Blickpunkt Integration. Aktueller Informationsdienst zur Integrationsarbeit in Deutschland, 3/2008. Zugriff am 14. Oktober 2010 unter http://www.integration-in-deutschland.de/cln_110/SharedDocs/ Anlagen/DE/Integration/Publikationen/Blickpunkt/2008/2008-03,templateId= raw, property=publicationFile.pdf/2008-03.pdf.

Bundesministerium für Familie, Senioren, Frauen und Jugend (BMFSFJ) (2001). Dritter Bericht zur Lage der älteren Generation: Alter und Geschlecht. Zugriff am 1. Oktober 2010 unter: http://www.bmfsfj.de/bmfsfj/generator/BMFSFJ/Service/Publikationen/ publikationen,did=3174.html

Bundesministerium für Familie, Senioren, Frauen und Jugend (BMFSFJ) (2005a). Fünfter Bericht zur Lage der älteren Generation in der Bundesrepublik Deutschland: Potenziale des Alters in Wirtschaft und Gesellschaft. Der Beitrag älterer Menschen zum Zusammenhalt der Generationen. Bericht der Sachverständigenkommission an das Bundesministerium für Familie, Senioren, Frauen und Jugend Berlin, im August 2005. Zugriff am 01. Oktober 2010 unter: http://www.bmfsfj.de/bmfsfj/generator/BMFSFJ/Service/Publikationen/publikationen, did=78114.html

Bundesministerium für Familie, Senioren, Frauen und Jugend (BMFSFJ) (2005b). Zwölfter Kinder und Jugendbericht. BMFSFJ. Zugriff am 03. März 2011 unter http://www.bmfsfj.de/RedaktionBMFSFJ/Abteilung5/Pdf-Anlagen/zwoelfter-kjb,property=pdf.pdf

Bundesministerium für Familie, Senioren, Frauen und Jugend (BMFSFJ) (Hrsg.). (2008). Engagementpolitik wirksam gestalten. Neue Impulse für die Bürgergesellschaft – Ein Jahr Initiative Zivilengagement. Berlin: Eigenverlag.

Bundesministerium für Familie, Senioren, Frauen und Jugend (BMFSFJ) (2010). Sechster Bericht zur Lage der älteren Generation in der Bundesrepublik Deutschland: Altersbilder in der Gesellschaft. Zugriff am 01. März 2011 unter: http://www.bmfsfj.de/BMFSFJ/aeltere-menschen,did=164568.html

Bundesnetzwerk Bürgerschaftliches Engagement (BBE) (Hrsg.). (2009a). Nationales Forum für Engagement und Partizipation. Erster Zwischenbericht. Berlin: Eigenverlag.

Bundesnetzwerk Bürgerschaftliches Engagement (BBE) (Hrsg.). (2009b). Auf dem Weg zu einer nationalen Engagementstrategie – Perspektiven und Positionen. Nationales Forum für Engagement und Partizipation. Materialien und Dokumente. Band 2. Berlin: Eigenverlag.

Bundesnetzwerk Bürgerschaftliches Engagement (BBE) (2009c). Schwerpunktthema Kompetenzerwerb im bürgerschaftlichen Engagement (Newsletter Nr. 20 vom 01.10.2009). Zugriff am 01.10. 2009 unter http://www.b-b-e.de/index.php?id=14491#15738.

Bundesnetzwerk Bürgerschaftliches Engagement (BBE) (Hrsg.). (2010a). Engagement ermöglichen – Strukturen gestalten. Handlungsempfehlungen für eine nationale Engagementstrategie. Nationales Forum für Engagement und Partizipation. Band 3. Berlin: Eigenverlag.

Bundesnetzwerk Bürgerschaftliches Engagement (BBE) (Hrsg.). (2010b). Engagementpolitik im Dialog. Kommentare und Stellungnahmen zur nationalen Engagementstrategie der Bundesregierung. Nationales Forum für Engagement und Partizipation. Band 4. Berlin: Eigenverlag.

Bundesregierung (2006). 11. Sportbericht der Bundesregierung. Zugriff am: 1. Oktober 2010 unter: http://www.bmi.bund.de/SharedDocs/Downloads/DE/Veroeffentlichungen/11_ sportbericht.html?nn=110430.

Bundesregierung (2007). Der Nationale Integrationsplan. Neue Wege – Neue Chancen. Baden-Baden: Koelblin-Fortuna-Druck.

Bundesregierung (2010). Nationale Engagementstrategie der Bundesregierung vom 06. Oktober 2010. Zugriff am 16. April 2011 unter http://www.b-b-e.de/fileadmin/inhalte/aktuelles/2010/10/Nationale%20Engagementstrategie_10-10-06.pdf.

Bundesvereinigung für Gesundheitserziehung e.V. (1982). Älter werden – aktiv bleiben. Sport und Gesundheitserziehung im 5. und 6. Lebensjahrzehnt als Vorbereitung auf das Alter. Bericht über die Informationstagung vom. 12./13. Oktober 1982 in Frankfurt. Bonn Oedekoven: Köllen Druck & Verlag.

Bundeszentrale für politische Bildung (2007). Die soziale Situation in Deutschland. Entwicklung der Altersstruktur. Zugriff am 01. Februar 2011 unter: http://www.bpb.de/wissen/899LBF,0,0,Entwicklung_der_Altersstruktur.html.

Burrmann, U. (2007). (Hrsg.). Zum Sportverständnis von Jugendlichen – Was erfassen schriftliche Jugendsporterhebungen?. Köln: Strauß.

Burrmann, U. & Stucke, C. (2009). Zusammenhänge zwischen motorischen und kognitiven Merkmalen in der Entwicklung. In J. Baur et al. (Hrsg.), Handbuch Motorische Entwicklung (S. 261-273). Schorndorf: Hofmann.

Cachay, K. (1988). Sport und Gesellschaft. Schorndorf: Hofmann.

Cachay, K. & Hartmann-Tews, I. (Hrsg.). (1998). Sport und soziale Ungleichheit. Theoretische Überlegungen und empirische Befunde. Stuttgart: Naglschmid.

Cachay, K., Thiel, A. & Meier, H. (2001). Der organisierte Sport als Arbeitsmarkt. Eine Studie zu Erwerbsarbeitspotenzialen in Sportvereinen und Sportverbänden. Schorndorf: Hofmann.

Cachay, K., Wagner, C., Riedl, L. & Thiel, A. (2005). Produkte des Spitzensports. In C. Breuer & A. Thiel (Hrsg.), Handbuch Sportmanagement (S. 258-273). Schorndorf: Hofmann.

Cachay. K. & Thiel, A. (1995). Soziologie des Sports. Zur Ausdifferenzierung und Entwicklungsdynamik des Sports der modernen Gesellschaft. Weinheim: Juventa.

CCCD/Center für Corporate Citizenship Deutschland (2007). Gesellschaftliches Engagement von Unternehmen in Deutschland und im transatlantischen Vergleich mit den USA. Berlin: Eigenverlag.

CDU, CSU & FDP (2009). Wachstum. Bildung. Zusammenhalt. Koalitionsvertrag zwischen CDU, CSU und FDP. 17. Legislaturperiode. Zugriff am 14. Oktober 2010 unter http://www.cdu.de/doc/pdfc/091026-koalitionsvertrag-cducsu-fdp.pdf.

Delschen, A. (2006). Ehrenamtliche im Sport. Eine qualitative Studie über ehrenamtliche Führungskräfte in Fußballvereinen. Münster: Waxmann.

Denk, H., Pache, D. & Schaller, H.-J. (Hrsg.). (2003). Handbuch Alterssport. Grundlagen – Analysen – Perspektiven. Hofmann: Schorndorf.

Dettling, W. (1995). Politik und Lebenswelt. Vom Wohlfahrtsstaat zur Wohlfahrtsgesellschaft. Gütersloh: Bertelsmann-Stiftung.

Deutscher Olympischer Sportbund (DOSB) (2006a). Satzung des Deutschen Olympischen Sportbundes. Frankfurt am Main: Eigenverlag.

Deutscher Olympischer Sportbund (DOSB) (2006b). Integration durch Sport. Positionierung des Deutschen Olympischen Sportbundes zum Themenbereich Integration. Frankfurt am Main: Eigenverlag.

Deutscher Olympischer Sportbund (DOSB) (2006c). Arbeitsprogramm des Präsidiums des Deutschen Olympischen Sportbundes. Beschlossen vom Präsidium des DOSB am 16. November 2006 in Berlin. Frankfurt am Main: Eigenverlag.

Deutscher Olympischer Sportbund (DOSB) (2006d). Werkheft 6 Wissen für die Praxis: Richtig fit ab 50. Frankfurt am Main: Eigenverlag.

Deutscher Sportbund (DSB) (2006e). Herausforderungen für den Seniorensport. Positionspapier zur Neubewertung des Handlungsfeldes Seniorensport beschlossen vom Bundesvorstand Breitensport am 21. Februar 2006. Frankfurt am Main: [elektronische Version].

Deutscher Olympischer Sportbund (DOSB) (2007a). Programm „Integration durch Sport". Migrantinnen im Sport. Frankfurt am Main: Eigenverlag.

Deutscher Olympischer Sportbund (DOSB) (2007b). Demografische Entwicklung in Deutschland: Herausforderungen für die Sportentwicklung. Materialien – Analysen – Positionen. Frankfurt am Main: Eigenverlag.

Deutscher Olympischer Sportbund (DOSB) (2007c). Bericht des Präsidiums des DOSB für die Mitgliederversammlung am 08. Dezember 2007 in Hamburg. Frankfurt am Main: Eigenverlag.

Deutscher Olympischer Sportbund (DOSB) (2007d). Werkheft 7 Wissen für die Praxis: Bewegungsangebote 70plus. Frankfurt am Main. Eigenverlag.

Deutscher Olympischer Sportbund (DOSB) (2007e). Bundeskonferenz Breitensport und Sportentwicklung. Frankfurt am Main: Eigenverlag.

Deutscher Olympischer Sportbund (DOSB) (2008a). Programm „Integration durch Sport" Interkulturelles Wissen schulen und vermitteln. Frankfurt am Main: Eigenverlag.

Deutscher Olympischer Sportbund (DOSB) (2008b). Bericht des Präsidiums für die Mitgliederversammlung am 6. Dezember 2008 in Rostock-Warnemünde. Frankfurt am Main: Eigenverlag.

Deutscher Olympischer Sportbund (DOSB) (Hrsg.). (2008c). DOSB Arbeitstagung Bildung - Dokumentation der Arbeitstagung Bildung in Bad Blankenburg am 07/08. März 2008. Frankfurt am Main: Eigenverlag.

Deutscher Olympischer Sportbund (DOSB) (2009a). 20 Jahre Integration durch Sport. 10. Juni 2009 in Berlin. Frankfurt am Main: Eigenverlag.

Deutscher Olympischer Sportbund (DOSB) (2009b). Migrantinnen im Sport. Zusammengestellt vom Institut für Sportsoziologie, Abteilung Geschlechterforschung. Deutsche Sporthochschule Köln. Zugriff am 26. Februar 2011 unter http://dev.dosb.de/fileadmin/fm-frauen-im-sport/Bilder/Migrantinnen_vzs/Migrantinnen_Themenblatt.pdf.

Deutscher Olympischer Sportbund (DOSB) (2009c). Infodienst Sportentwicklung: Sport der Generationen: Projekt „Bewegungsnetzwerk 50 plus" kann nun richtig starten. Zugriff am 01. Oktober 2010 unter: http://www.dosb.de/fileadmin/fm-dosb/downloads/sport_der_aelteren/ Infodienst_Sport_der_Generationen-4-2009.htm.

Deutscher Olympischer Sportbund (DOSB) (2009d). DOSB Bericht des Präsidiums für die Mitgliederversammlung 2009. Frankfurt am Main: Eigenverlag.

Deutscher Olympischer Sportbund (DOSB) (2009e). Deutscher Olympischer Sportbund e.V. In BBE (Bundesnetzwerke Bürgerschaftliches Engagement) (Hrsg.), Auf dem Weg zu einer nationalen

Engagementstrategie – Perspektiven und Positionen. Nationales Forum für Engagement und Partizipation. Materialien und Dokumente. Band 2 (S. 40-41). Berlin: Eigenverlag.
Deutscher Olympischer Sportbund (DOSB) (Hrsg.). (2009f). Arbeitstagung Bildung - Dokumentation der Arbeitstagung Bildung am 27./28. März 2009 in Volpriehausen. Frankfurt am Main: Eigenverlag.
Deutscher Olympischer Sportbund (DOSB) (Hrsg.). (2009g). Memorandum zum Schulsport: beschlossen von DOSB, DSLV und DVS im September 2009. Frankfurt am Main: Eigenverlag.
Deutscher Olympischer Sportbund (DOSB) (2010a). Struktur des DOSB: Organigramm des DOSB (Stand 05.12. 2010). Zugriff am 26. April 2011 unter: http://www.dosb.de/fr/service/download-center/dosb-organisation/organigramme/.
Deutscher Olympischer Sportbund (DOSB) (2010b). Netzwerkarbeit im Sport aufgezeigt am Sport der Älteren. Frankfurt am Main: Eigenverlag.
Deutscher Olympischer Sportbund (DOSB) (2010c, 21. Dezember). Vernetzung mit Migrantenorganisationen – ein Orientierungsworkshop des Programms „Integration durch Sport". Pressemitteilung. Zugriff am 26. Februar 2011 unter http://www.dosb.de /ru/sportentwicklung/sportentwicklungs-news/detail/news/vernetzung_mit_ migrantenorganisationen _ein_orientierungsworkshop_des_programms_integration_durch/printer.html.
Deutscher Olympischer Sportbund (DOSB) (2010d). Geschichte des Seniorensports in Deutschland. Zugriff am 19. Mai 2010 unter: http://www.richtigfitab50.de/index.php?id=1469.
Deutscher Olympischer Sportbund (DOSB) (2010e). Neue Engagementpolitik – auch für den Sport?!. Arbeitstagung Sportentwicklung 2010. Zugriff am 02. Februar 2011 unter: www.dosb.de/fileadmin/fm-dosb/.../2010/Siegel-Programm-ATSE2010.pdf.
Deutscher Olympischer Sportbund (DOSB) (2010f). Das Qualifizierungssystem der Sportorganisationen. Infodienst Sportentwicklung (6/2010).
Deutscher Olympischer Sportbund (DOSB) (2010g). Innovationsfond 2008/2009: Impulse für die Bildungsarbeit im Sport. Frankfurt am Main: Eigenverlag.
Deutscher Olympischer Sportbund (DOSB) (2011a). DOSB – Zukunft gewinnen. Arbeitsprogramm des Präsidiums des DOSB für 2011 bis 2014. Frankfurt: Eigenverlag.
Deutscher Olympischer Sportbund (DOSB) (2011b). Organigramm der Geschäftsstelle. Zugriff am 16. März. 2011 unter: http://www.dosb.de/fr/service/download-center/dosb-organisation/ organigramme.
Deutscher Olympischer Sportbund (DOSB) (2011c). Die „soziale Offensive Sport" steigert die Lebensqualität. Zugriff am 26. Februar 2011 unter http://www.dosb.de/ de/organisation/ philosophie/soziale-offensive/.
Deutscher Olympischer Sportbund (DOSB) (2011d). Das Bewegungsnetzwerk 50plus. Zugriff am 14. April 2011 unter: http://www.richtigfitab50.de/index.php?id=1839.
Deutscher Olympischer Sportbund (DOSB) (2011e). Sportentwicklungs-News: Workshops für Sportvereine und Seniorenbüros. Zugriff am 14. April 2011 unter: www.dosb.de/ de/sportentwicklung/sportentwicklungs-news/detail/news/workshops_fuer_sportvereine_und _seniorenbueros/.
Deutscher Olympischer Sportbund (DOSB) & Bundesarbeitsgemeinschaft Seniorenbüros (BAS) (2011). Sportverein und Seniorenbüro – Neue Chancen durch Vernetzung. Zugriff am 14. April 2011 unter: http://www.dosb.de/index.php?id=12908.
Deutscher Olympischer Sportbund (DOSB) und Deutsche Sportjungend (DSJ). (2008). Chancen der Ganztagsförderung nutzen. Grundsatzpapier des Deutschen Olympischen Sportbundes und der Deutschen Sportjugend zur Ganztagsförderung. Frankfurt am Main: Eigenverlag.
Deutscher Olympischer Sportbund (DOSB), Deutsche Bischofskonferenz (DBK) & Evangelische Kirche Deutschland (EKD) (2007). Ideenheft. Gemeinsam Gesellschaft gestalten. Integration durch Kirche und Sport. Frankfurt am Main: Eigenverlag.
Deutscher Olympischer Sportbund (DOSB), Deutscher Städtetag (DST) & Deutscher Städte- und Gemeindebund (DStGB) (2008). Starker Sport – starke Städte und Gemeinden. Kooperations-

vereinbarung zwischen dem Deutschen Olympischen Sportbund, dem Deutschen Städtetag und dem Deutschen Städte- und Gemeindebund. Zugriff am 01.10.2010 unter: http://www.dosb.de/de/sportentwicklung/strategieentwicklung-grundsatz fragen/sportkommune-stadt/.

Deutscher Olympischer Sportbund (DOSB), Deutscher Städtetag (DST) & Deutscher Städte- und Gemeindebund (DStGB) (2010). Kongress Starker Sport – Starke Kommunen. Wege für eine zukunftsfähige Partnerschaft. Programmflyer zum Kongress. Zugriff am 26. Februar 2011 unter http://www.dosb.de/fileadmin/fm-dosb/arbeitsfelder/Breitensport/ demographischer_ wadel/Programm_Kongress_DIN_A_5.pdf.

Deutscher Olympischer Sportbund (DOSB) / Präsidialausschuss Breitensport/Sportentwicklung (2010). Engagementpolitik im Sport. Beschreibung eines Handlungsfeldes aus Sicht des DOSB. Frankfurt am Main: Eigenverlag.

Deutscher Sportbund (DSB). (Hrsg). (1955). Denkschrift über die Leibeserziehung an den deutschen Schulen und Hochschulen. Frankfurt am Main: Eigenverlag.

Deutscher Sportbund (DSB). (Hrsg). (1956). Empfehlungen zur Förderung der Leibeserziehung in den Schulen. Frankfurt am Main: Eigenverlag.

Deutscher Sportbund (DSB). (Hrsg.). (1972). Aktionsprogramm für den Schulsport. Frankfurt am Main: Eigenverlag.

Deutscher Sportbund (DSB) (1981). Sport der ausländischen Mitbürger. Grundsatzerklärung des Deutschen Sportbundes, abgegeben vom Hauptausschuß des DSB am 5.12.1981. In Deutscher Sportbund (Hrsg.), Deutscher Sportbund 1978-1982. Bericht des Präsidiums (S. 166-172). Frankfurt am Main: Eigenverlag.

Deutscher Sportbund (DSB) (1985). Zweites Aktionsprogramm für den Schulsport. Frankfurt am Main: Eigenverlag.

Deutscher Sportbund (DSB) (1992). Die Soziale Offensive des Sports hat längst begonnen. In: Deutscher Sportbund (DSB) (Hrsg.). (1994). Deutscher Sportbund 1990-1994. Bericht des Präsidiums (S. 292-296). Frankfurt Main: Eigenverlag.

Deutscher Sportbund (DSB) (1994). Bundesauschuß Breitensport. In Deutscher Sportbund (DSB) (Hrsg.), Deutscher Sportbund 1990 – 1994. Bericht des Präsidiums (S. 93-128). Frankfurt Main: Eigenverlag.

Deutscher Sportbund (DSB) (1997a). Sportpolitische Konzeption des Deutschen Sportbunds zum Seniorensport 1997. Frankfurt am Main: [elektronische Version].

Deutscher Sportbund (DSB). (Hrsg). (1997b). Rahmen-Richtlinien für die Ausbildung im Bereich des Deutschen Sportbundes. Frankfurt am Main: DSB-Eigenverlag.

Deutscher Sportbund (DSB) (1998a). Rahmenplan zur Förderung des Seniorensports. Zugriff am 15. Oktober 2010 unter http://www.dosb.de/de/sportentwicklung/sport-der-aelteren/ service/downloads/

Deutscher Sportbund (DSB) (1998b). DSB-Bundestag 1998 in Baden-Baden. Bericht des Präsidiums, der Bundesvorstände, der Bundesausschüsse und der Deutschen Sportjugend. In Deutscher Sportbund (DSB) (Hrsg.), (2002). Deutscher Sportbund: Eine sport- und gesellschaftspolitische Bilanz 1998-2002 (S. 17-67). Frankfurt am Main: Eigenverlag.

Deutscher Sportbund (DSB) (2000a). DSB-Bundestag 2000 in Hannover. Bericht des Präsidiums, der Bundesvorstände, der Bundesausschüsse und der Deutschen Sportjugend. In Deutscher Sportbund (DSB) (Hrsg.), (2002). Deutscher Sportbund: Eine sport- und gesellschaftspolitische Bilanz 1998-2002 (S. 130-189). Frankfurt am Main: Eigenverlag.

Deutscher Sportbund (DSB) (2000b). Danke – Leitfaden zur Gewinnung von Seniorinnen und Senioren für die ehrenamtliche Tätigkeit im Sportverein. Frankfurt am Main: Eigenverlag.

Deutscher Sportbund (DSB) (2001a). Konzeption. Programm „Integration durch Sport". Frankfurt am Main: Eigenverlag.

Deutscher Sportbund (DSB) (2001b). Kooperation Sportvereine – Seniorenbüros. Frankfurt am Main: Eigenverlag.

Deutscher Sportbund (DSB) (2002). Ehrensache – wir sind dabei! Eine Dokumentation über das Sport-Ehrenamt im Alter. Frankfurt am Main: Eigenverlag.
Deutscher Sportbund (DSB) (2003a). Wissen für die Praxis. Integration im Sportverein. Band 2 der Werkhefte zur Kampagne „Sport tut Deutschland gut". Frankfurt am Main: Eigenverlag.
Deutscher Sportbund (DSB) (2003b). Agenda des Deutschen Sportbundes zu gesellschaftlichen Herausforderungen der Gegenwart. Vorgelegt vom Bundesvorstand Breitensport im Deutschen Sportbund. Frankfurt am Main: Eigenverlag.
Deutscher Sportbund (DSB) (2003c). Ein neues Verhältnis zwischen Bürgern und Staat. Förderung des bürgerschaftlichen Engagements im und durch Sport. In Deutscher Sportbund (DSB) (Hrsg.), Deutscher Sportbund. Eine sport- und gesellschaftspolitische Bilanz 2002-2006, Band 1 (S. 109-112). Frankfurt Main: Eigenverlag.
Deutscher Sportbund (DSB) (2004). Sport und Zuwanderung. Grundsatzerklärung des Deutschen Sportbundes und seiner Mitgliedsorganisationen. Beschlossen vom Bundestag des Deutschen Sportbundes am 4. Dezember 2004 in Bremen. Frankfurt am Main: Eigenverlag.
Deutscher Sportbund (DSB) (2005a). Sport gestaltet Zukunft mit den Menschen vor Ort. Dokumentation des Zukunftskongresses am 2. und 3. Dezember 2004 in Bremen. Frankfurt am Main: Eigenverlag.
Deutscher Sportbund (DSB) (2005b). Rahmenrichtlinien für Qualifizierung im Bereich des Deutschen Sportbundes. Zugriff am 23. November 2005 unter http://www.dosb.de/fileadmin/fm-dosb/ arbeitsfelder/Ausbildung/Rahmenrichtlinien_2006/ Rahmenrichtlinien_Beschluss_DSB_ Bundestag_101205.pdf.
Deutsche Sportjugend (DSJ). (2009a). Freiwilliges Soziales Jahr im Sport. Handbuch für Träger und Einsatzstellen. Frankfurt am Main: Deutsche Sportjugend.
Deutsche Sportjugend (DSJ). (2009b). Positionspapier: Bildungslandschaften im Sozialraum - gemeinsam für eine bewegte Zukunft. Zugriff am 07. Januar 2011 unter http://www.dsj.de/downloads/Publikationen/2010/dsj_Posit_Bildung.pdf.
Deutsche Sportjugend (DSJ). (2009c). Sport bildet: Bildungspotentiale der Kinder- und Jugendarbeit im Sport. Orientierungsrahmen Bildung der Deutschen Sportjugend. Frankfurt am Main: Eigenverlag.
Deutsche Sportjugend (DSJ). (2011). DSJ - Newsletter Nr. 9, 17.03.2011.
Deutsche Sport-Marketing GmbH (DSM) (2010): Deutsche Sport-Marketing GmbH – Agenturinformation. Presseinformation der Deutschen Sport-Marketing GmbH. Frankfurt am Main. Zugriff am 16. März 2011 unter http://www.dsm-olympia.de/fileadmin/ content/docments/ DSM_Agenturinformation.pdf.
Deutsche Vereinigung für Sportwissenschaft (DVS). (2010). Zur Umsetzung der Ziele des Memorandums zum Schulsport Thema "Qualifizierung" steht im Mittelpunkt der ersten Aktivitäten. Zugriff am 09. März 2011 unter http://www.sportwissenschaft.de/ index. php?id=1169
Digel, H. & Burk, V. (1999). Zur Entwicklung des Fernsehsports in Deutschland. Sportwissenschaft 29, 22-41.
Digel, H. (2005). Ressourcen des olympischen Erfolgs – die deutschen Spitzensportstrukturen im internationalen Vergleich. In J. Mester & S. Knuth (Hrsg.), Sport ist Spitze. Spitzensport im Jahr der Olympischen Sommerspiele 2004. Strukturen und Wissen (S. 18-45). Aachen: Meyer & Meyer.
Digel, H. (Hrsg.). (2001). Spitzensport. Chancen und Probleme. Schorndorf: Hofmann.
Dietsche, B. & Meyer, H.H. (2004). Literaturauswertung Lebenslanges Lernen und Literaturnachweis zur Literaturauswertung Lebenslanges Lernen. Anhang 3 und Anhang 4 zur Strategie für Lebenslanges Lernen in der Bundesrepublik Deutschland. Deutsches Institut für Erwachsenenbildung DIE. Zugriff am 25. Oktober 2005 unter "http://www.die-bonn.de/esprid/dokumente/doc-2004/dietsche04_02.pdf.

Dohmen, G. (2001). Das informelle Lernen. Die internationale Erschließung einer bisher vernachlässigten Grundform menschlichen Lernens für das lebenslange Lernen aller. Bonn: Bundesministerium für Bildung und Forschung.
Doll-Tepper, G., & Pfister, G. (2003). Hat Führung ein Geschlecht? Genderarrangements in Entscheidungsgremien des Deutschen Sports. Köln: Sport & Buch Strauß.
Doll-Tepper, G. (2009). Bericht der Vizepräsidentin Bildung und Olympische Erziehung. In Deutscher Olympischer Sportbund (Hrsg.), Deutscher Olympischer Sportbund - Bericht des Präsidiums für die Mitgliederversammlung in Düsseldorf am 05. Dezember 2010 (S. 45-53). Frankfurt am Main: Eigenverlag.
Doll-Tepper, G. (2010). Bericht der Vizepräsidentin Bildung und Olympische Erziehung. In Deutscher Olympischer Sportbund (DOSB) (Hrsg.), DOSB - Bericht des Präsidiums zur Mitgliederversammlung in München am 04.12.2010. Frankfurt am Main: Eigenverlag.
Drees N. (1992). Sportsponsoring (3. Auflage). Wiesbaden.
Düx, W., Prein, G., Sass, E. & Tully, C.J. (2008). Kompetenzerwerb im freiwilligen Engagement. Eine empirische Studie zum informellen Lernen im Jugendalter. Wiesbaden: VS Verlag für Sozialwissenschaften.
Eisenberg, C.(1999).„English Sports" und deutsche Bürger. Eine Gesellschaftsgeschichte 1800-1939. Paderborn: Ferdinand Schöningh.
Emrich, E., Pitsch, W. &Papathanassiou, V. (2001). Die Sportvereine. Ein Versuch auf empirischer Grundlage. Schorndorf: Hofmann.
Enquete-Kommission „Zukunft des Bürgerschaftlichen Engagements" Deutscher Bundestag (2002). Bericht Bürgerschaftliches Engagement: auf dem Weg in eine zukunftsfähige Bürgergesellschaft. Opladen: Leske + Budrich.
Esser, H. (2000). Soziologie. Spezielle Grundlagen. Frankfurt am Main: Campus.
Esser, H. (2001). Integration und ethnische Schichtung. Arbeitspapiere Nr. 40. Mannheim: Mannheimer Zentrum für Europäische Sozialforschung [Elektronische Version].
Europäische Kommission & Generaldirektion Beschäftigung und Soziales (2001). Europäische Rahmenbedingungen für die soziale Verantwortung der Unternehmen: Grünbuch. (Beschäftigung und Soziales, Arbeitsbeziehungen und industrieller Wandel). Luxemburg: Amt für Amtliche Veröff. der Europ. Gemeinschaften.
Evers, A. & Olk, T. (1996). Wohlfahrtspluralismus – Analytische und normativ-politische Dimensionen eines Leitbegriffs. In A. Evers & T. Olk (Hrsg.), Wohlfahrtspluralismus. Vom Wohlfahrtsstaat zur Wohlfahrtsgesellschaft (S. 9-60). Opladen: Westdeutscher Verlag.
Evers, A. & Wintersberger, H. (Eds.).(1990). Shifts in the welfare mix. Their impact on work, social services and welfare policies. Frankfurt am Main.
Fabinski, W. (2009). Zwischenbericht: Projekt "Umsetzung der Rahmenrichtlinien". Frankfurt am Main: Eigenverlag.
Fabisch, N. (2004). Soziales Engagement von Banken: Entwicklung eines adaptiven und innova-tiven Konzeptansatzes im Sinne des Corporate Citizenship von Banken in Deutschland. München: Hampp.
Fehres, K. (2007a). Vortrag zum Forum I „Integration durch Sport". In Landeshauptstadt Stuttgart (Hrsg.), Integration durch Sport – Dokumentation des Internationalen Kongresses am 22. und 23. Januar 2007 (S. 30-35). Stuttgart: Eigenverlag.
Fehres, K. (2007b). Frage- und Diskussionsrunde zu Forum I. In Landeshauptstadt Stuttgart (Hrsg.), Integration durch Sport – Dokumentation des Internationalen Kongresses am 22. und 23. Januar 2007 (S. 40-43). Stuttgart: Eigenverlag.
Filsinger, D. (2002). Zusammenfassung der Expertise: Interkulturelle Öffnung Sozialer Dienste. In Regiestelle E&C der Stiftung SPI (Hrsg.), Miteinander – Nebeneinander – Gegeneinander? Integration junger Zuwanderinnen und Zuwanderer in E&C-Gebieten. Dokumentation der Veranstaltung vom 6. und 7. November 2002 (S. 125-127). [Elektronische Version].
Filsinger, D. (2009). Entwicklung, Konzepte und Strategien der kommunalen Integrationspolitik. In F. Gesemann& R. Roth (Hrsg.), Lokale Integrationspolitik in der Einwanderungsgesellschaft –

Migration und Integration als Herausforderung von Kommunen (S. 279-296). Wiesbaden: VS Verlag für Sozialwissenschaften.
FORSA/Gesellschaft für Sozialforschung und statistische Analysen (Hrsg.). (2005). Corporate Social Responsibility in Deutschland. Berlin: Eigenverlag.
Franzius, C. (2003). Der „Gewährleistungsstaat" – Ein neues Leitbild für den sich wandelnden Staat? Der Staat, 42.
Friedrichs, J. & Jagodzinski, W. (Hrsg.) (1999). Soziale Integration. Opladen: Westdeutscher Verlag.
Fussan, N. & Nobis, T. (2007). Zur Partizipation von Jugendlichen mit Migrationshintergrund in Sportvereinen. In T. Nobis & J. Baur (Hrsg.), Soziale Integration vereinsorganisierter Jugendlicher (S. 277-297). Köln: Sportverlag Strauß.
Gaitanides, S. (2004). Interkulturelle Öffnung der sozialen Dienste. Visionen und Stolpersteine. In B. Rommelspacher (Hrsg.), Die offene Stadt. Interkulturalität und Pluralität in Verwaltungen und sozialen Diensten. Dokumentation der Fachtagung vom 23. September 2003. Alice-Salomon-Fachhochschule Berlin (S. 4-18) [Elektronische Version].
Gaitanides, S. (2009). Soziale Arbeit in der Einwanderungsgesellschaft – ihr (möglicher) Beitrag zu Integration und Partizipation. In F. Gesemann & R. Roth (Hrsg.), Lokale Integrationspolitik in der Einwanderungsgesellschaft – Migration und Integration als Herausforderung von Kommunen (S. 533-554). Wiesbaden: VS Verlag für Sozialwissenschaften.
Gaskin, K., Smith, J. D. & Paulwitz, I. (1996). Ein neues bürgerschaftliches Europa. Eine Untersuchung zur Verbreitung und Rolle von Volunteering in zehn Ländern. Freiburg: Athenäum.
Gebauer, G., Braun, S., Suaud, C. & Faure, J.-M. (1999). Die soziale Umwelt von Spitzensportlern – ein Vergleich des Spitzensports in Frankreich und Deutschland. Schorndorf: Hofmann.
Gebken, U. &Vosgerau J. (2011). Und sie wollen kicken! Soziale Integration durch Mädchenfußball. In S. Braun & T. Nobis (Hrsg.), Migration, Integration und Sport – Zivilgesellschaft vor Ort (S.183-197). Wiesbaden: VS Verlag für Sozialwissenschaften.
Geiss, S. & Gensicke, T. (2006). Freiwilliges Engagement von Migrantinnen und Migranten. In T. Gensicke, S. Picot & S. Geiss (Hrsg.), Freiwilliges Engagement in Deutschland 1999 – 2004 (S. 302-349). Wiesbaden: VS Verlag für Sozialwissenschaften.
Gensicke, T. & Geiss, S. (2010). Hauptbericht des Freiwilligensurveys 2009. Ergebnisse der repräsentativen Trenderhebung zu Ehrenamt, Freiwilligenarbeit und Bürgerschaftlichem Engagement. Berlin: Bundesministerium für Familie, Senioren, Frauen und Jugend.
Gensicke, T., Picot, S. & Geiss, S. (2006). Freiwilliges Engagement in Deutschland 1999 – 2004. Ergebnisse der repräsentativen Trenderhebung zu Ehrenamt, Freiwilligenarbeit und bürgerschaftlichem Engagement. Wiesbaden: VS Verlag für Sozialwissenschaften.
Gensicke, T., Olk, T., Reim, D., Schmithals, J. & Dienel, H.-L. (2009). Entwicklung der Zivilgesellschaft in Ostdeutschland: Quantitative und qualitative Befunde. WiesbadenVS Verlag für Sozialwissenschaften.
Gerok, W. & Brandstädter, J. (1992). Normales, krankhaftes und optimales Altern: Variations- und Modifikationsspielräume. In P. B. Baltes, J. Mittelstrass (Hrsg.), Zukunft des Alterns und gesellschaftliche Entwicklung (S. 356-386). Berlin: Walter de Gruyter.
Gilbert, N. & Gilbert, B. (1989). The enabling state. Modern welfarecapitalism in America. Oxford: Oxford University Press.
Gläser, J. & Laudel, G. (2009). Experteninterviews und qualitative Inhaltsanalyse als Instrumente rekonstruierender Untersuchungen (3., überarbeitete Auflage). Wiesbaden: VS Verlag für Sozialwissenschaften.
Göckenjahn, Gerd (2000). Das Alter würdigen – Altersbilder und Bedeutungswandel des Alters. Frankfurt am Main: Suhrkamp.
Habisch, A. (2003). Corporate Citizenship. Gesellschaftliches Engagement von Unternehmen in Deutschland. Berlin: Springer.
Habisch, A. (Hrsg.). (2008). Handbuch Corporate Citizenship: Corporate Social Responsi-bilityfür Manager. Berlin: Springer.

Hackfort, D., Emrich, E. & Papathanassiou, V. (1997). Nachsportliche Karriereverläufe. Schorndorf: Hofmann.

Häder, M. (2006). Empirische Sozialforschung. Eine Einführung. Wiesbaden: VS Verlag für Sozialwissenschaften.

Halm, D. & Sauer, M. (2005). Freiwilliges Engagement von Türkinnen und Türken in Deutschland. Essen: Stiftung Zentrum für Türkeistudien.

Handschuck, S. & Schröer, H. (2000). Interkulturelle Öffnung sozialer Dienste – Ein Strategievorschlag. Migration und soziale Arbeit, 22 (3-4), 86-95.

Hank, K. & Erlinghagen M. (2008). Produktives Altern und informelle Arbeit. Stand der Forschung und Perspektiven. In M. Erlinghagen & K. Hank (Hrsg.), Produktives Altern und informelle Arbeit in modernen Gesellschaften. Theoretische Perspektiven und empirische Befunde (S.9-24). Wiesbaden: VS Verlag für Sozialwissenschaften.

Hansen, H. (2000). Grußwort. In Deutscher Sportbund (DSB) (Hrsg.), Danke – Leitfaden zur Gewinnung von Seniorinnen und Senioren für die ehrenamtliche Tätigkeit im Sportverein. (S.4). Frankfurt am Main: Eigenverlag.

Hansen, S. (2008a). Lernen durch freiwilliges Engagement in Vereinen: Eine empirische Studie zu Lernprozessen in Vereinen. Wiesbaden: VS Verlag für Sozialwissenschaften.

Hansen, S. (2008b). Was lernt man im Sportverein. Empirische Ergebnisse zum Kompetenzerwerb in Sportvereinen. Sport und Gesellschaft, 5(2), 178-205.

Haring, M. (2010). Sportförderung in Deutschland: eine vergleichende Analyse der Bundesländer. Wiesbaden: VS Verlag für Sozialwissenschaften.

Hartmann-Tews, I. & Ruloffs, B. (Hrsg.). (2006). Handbuch Sport und Geschlecht. Schorndorf: Hofmann.

Hartnuß, B. (2008). Bildungspolitik und Bürgergesellschaft. Zugriff am 11.10.2010 unter http://b-b-e.de/uploads/media/nl12_hartnuss.pdf.

Heckmann, F. (2001). Integrationsmaßnahmen der Wohlfahrtsverbände. Gutachten für die Kommission „Zuwanderung" [Elektronische Version].

Heidbrink, L. & Hirsch, A. (Hrsg.). (2008). Verantwortung als marktwirtschaftliches Prinzip: Zum Verhältnis von Moral und Ökonomie. Frankfurt am Main: Campus.

Heine, C. (2009). Gesellschaftliches Engagement im Fußball. Wirtschaftliche Chancen und Strategien für Vereine. Berlin: Erich Schmidt Verlag.

Heinemann, K. & Schubert, M. (1994). Der Sportverein. Ergebnisse einer repräsentativen Untersuchung. Schorndorf: Hofmann.

Heinemann, K. & Schubert, M. (1999). „Die Krise des Ehrenamts" – kritische Auseinandersetzung mit einem Phantom. Sportwissenschaft, 29, 92-97.

Heinemann, K. (1990). Sport und Wirtschaft. Eine „unheilvolle Allianz"? In O. Gruppe (Hrsg.), Kulturgut oder Körperkultur? Sport und Sportwissenschaft im Wandel (S. 217-238). Tübingen.

Heinemann, K. (1995). Einführung in die Ökonomie des Sports. Schorndorf: Hofmann.

Heinemann, K. (2007). Einführung in die Soziologie des Sports (5., überarbeitete und aktualisierte Auflage). Schorndorf: Hofmann.

Held, M. (2010). Die EU auf dem Weg zu einer Engagementpolitik? Forschungsjournal Neue Soziale Bewegungen, 23 (4), 35-44.

Hermanns, A. (2006). Sponsoring Trends 2006. Bonn: Pleon.

Herrmanns, A. & Marwitz, C. (2008). Sponsoring. Grundlagen, Wirkungen, Management, Markenführung (3., vollständig überarbeitete Auflage). München: Vahlen.

Horch, H.-D. (1983). Strukturbesonderheiten freiwilliger Vereinigungen. Analyse und Untersuchung einer alternativen Form menschlichen Zusammenarbeitens. Frankfurt am Main: Campus.

Horch, H.-D. (1985). Personalisierung und Ambivalenz. Strukturbesonderheiten freiwilliger Vereinigungen. Kölner Zeitschrift für Soziologie und Sozialpsychologie, 37, 257-276.

Horch, H.-D. (1992). Geld, Macht und Engagement in freiwilligen Vereinigungen. Grundlagen einer Wirtschaftssoziologie von Non-Profit-Organisationen. Berlin: Duncker & Humblot.

Hübenthal, C. & Mieth, D. (2001). Sponsoring. In O. Gruppe & D. Mieth (Hrsg.), Lexikon der Ethik im Sport (S. 474-478). Schorndorf: Hofmann.

Hunger, U. (2002). Einleitung. In U. Hunger (Hrsg.), Einwanderer als Bürger. Initiative und Engagement in Migrantenselbstorganisationen. Beiträge der Tagung vom 22.-23. Juni 2001 im Franz Hitze Haus, Münster (S. 2-5). Zugriff am 08. September 2010 unter http://www.aktive-buergerschaft.de/fp_files/Diskussionspapiere/2002wp-band21.pdf.

Huth, S. (2002). Ergebnisse der Literaturrecherche. In Bundesministerium für Familie, Senioren, Frauen und Jugend (Hrsg.), Recherche zum freiwilligen Engagement von Migrantinnen und Migranten (S. 6-32). [Elektronische Version].

Huth, S. (2003). Bürgerschaftliches Engagement von Migrantinnen und Migranten – MEM-VOL Migrant andEthnicMinorityVolunteering. Endbericht Deutschland, 2003. Zugriff am 14. Oktober 2010 unter http://www.jive-international.de/downloads/4-20-1251/B%C3%BCrgerschaftliches%20Engagement%20von%20Migrant(inn)en.pdf.

Huth, S. (2006). Bürgergesellschaftliches Engagement als Lernort und Weg zu sozialer Integration. Migration und soziale Arbeit, 28 (3-4), 280-290.

Huth, S. (2007). Bürgerschaftliches Engagement, interkulturelles Lernen und Integration. Vortrag auf der Tagung „Kultur und aktive Bürgergesellschaft" der Evangelischen Akademie Tutzing vom 23.-25. Februar 2007. Zugriff am 08. September 2010 unter http://www.inbas-sozialforschung.de/download/070224_vortrag_migranten_be_shuth.pdf.

Jakob, G. (2006). "Ohne Geld, aber nicht umsonst!" Freiwilligenarbeit braucht eine vielfältige Anerkennungskultur. In P. Farago & H. Ammann (Hrsg.), Monetarisierung der Freiwilligkeit, Referate und Zusammenfassung der 5. Tagung der Freiwilligenuniversität vom 30. bis 31.05.2005 (S. 266-272). Zürich: Seismo Verlag.

Jann, W. & Wegrich, K. (2004). Governance und Verwaltungspolitik. In A. Benz (Hrsg.), Governance – Regieren in komplexen Regelsystemen (S. 193-214). Wiesbaden: VS Verlag.

Jütting, D.H. (Hrsg.) (1994). Sportvereine in Münster. Ergebnisse einer empirischen Bestandsaufnahme. Münster.

Kamara, M. (2006). Migrantenorganisationen und Partizipation. Migration und soziale Arbeit, 22 (1), 22-26.

Kaufmann, F.-X. (1994). Staat und Wohlfahrtsproduktion. In H.-U. Derlien, U. Gerhardt & F. W. Scharpf (Hrsg.), Systemrationalität und Partialinteresse (S. 357-380). Baden-Baden: Nomos.

Kaufmann, F.-X. (1997). Herausforderungen des Sozialstaates. Frankfurt am Main: Suhrkamp.

Kirsch, G. (1983). Haben Zusammenschlüsse eine Biographie? In E. Boettcher, P. Herder-Dorneich & K.-E. Schenk (Hrsg.), Jahrbuch für Neue Politische Ökonomie. 2. Band (S. 102-134). Tübingen: J.C.B. Mohr.

Kirsch, G & Kempf, H. (2003). Staatliche Finanzierung des Sports – ein Auslaufmodell? Verbandsmanagement – Fachzeitschrift für Verbands- und Nonprofit-Management, 29 (1), 60-69.

Klages, A. (2008). Politikfeld Sport. Die gesellschaftspolitische Bedeutung des gemeinwohlorientierten Sports. In T. von Winter & V. Mittendorf (Hrsg.), Perspektiven der politischen Soziologie im Wandel von Gesellschaft und Staatlichkeit (S. 185-202). Wiesbaden: VS Verlag für Sozialwissenschaften.

Klein, A. (2001). Der Diskurs der Zivilgesellschaft. Politische Hintergründe und demokratietheoretische Folgerungen. Opladen: Leske + Budrich.

Klein, A. & Schmalz-Bruns, R. (1997a). Politische Beteiligung und Bürgerengagement in Deutschland. Bonn: Bundeszentrale für politische Bildung.

Klein, A. & Schmalz-Bruns, R. (1997b). Herausforderungen der Demokratie. Möglichkeiten und Grenzen der Demokratisierung. In A. Klein & R. Schmalz-Bruns (Hrsg.), Politische Beteiligung und Bürgerengagement in Deutschland (S. 7-38). Bonn: Bundeszentrale für politische Bildung.

Klein, A., Olk, T. & Hartnuß, B. (2010). Engagementpolitik als Politikfeld: Entwicklungserfordernisse und Perspektiven. In T. Olk, A. Klein & B. Hartnuß (Hrsg.), Engagementpolitik. Die Entwicklung der Zivilgesellschaft als politische Aufgabe (S. 24-59). Wiesbaden: VS Verlag für Sozialwissenschaften.

Klein, M.-L. (2011). Migrantinnen im Sport – Zur sozialen Konstruktion einer ‚Problemgruppe'. In S. Braun & T. Nobis (Hrsg.), Migration, Integration und Sport – Zivilgesellschaft vor Ort (S.125-135). Wiesbaden: VS Verlag für Sozialwissenschaften.

Klein, M.-L. & Kleindienst-Cachay, C. (Hrsg.). (2004). Muslimische Frauen im Sport. Düsseldorf: LSB Nordrhein-Westfalen.

Kleindienst-Cachay, C. (2007). Mädchen und Frauen mit Migrationshintergrund im organisierten Sport. Baltmannsweiler: Schneider Verlag Hohengehren.

Kocka, J. (2003). Zivilgesellschaft in historischer Perspektive. Forschungsjournal Neue Soziale Bewegungen, 16 (2), 29-37.

Kolb, M. (2006) Alterssport. In H. Haag & B. Strauß (Hrsg.), Themenfelder der Sportwissenschaft (Grundlagen zum Studium der Sportwissenschaft, Bd. VI, Schorndorf: Hofmann.

Kolland, M. & Oberbauer, M. (2006). Vermarktlichung bürgerschaftlichen Engagements in Deutschland. In K. R. Schröter & P. Zängl (Hrsg.), Altern und bürgerschaftliches Engagement. Aspekte der Vergemeinschaftung und Vergesellschaftung in der Lebensphase Alter (S. 153-174). Wiesbaden: VS Verlag für Sozialwissenschaften.

Kohli, M. & Künemund, H. (2005). Die zweite Lebenshälfte. Gesellschaftliche Lage und Partizipation im Spiegel des Alters-Survey (2. Auflage). Wiesbaden: VS Verlag für Sozialwissenschaften.

Kromrey, H. (1998). Empirische Sozialforschung (8. Auflage). Opladen: Leske + Budrich.

Kruse, A. & Schmitt, E. (2005). Zur Veränderung des Altersbildes in Deutschland. Aus Politik und Zeitgeschichte, Nr. 49-50, 9-17.

Krüger, M. (2009). 60 Jahre Sport in Deutschland. Ein Essay zur deutsch-deutschen Sportgeschichte aus Anlass des 60. Geburtstags der Bundesrepublik. Online publiziert:21. August 2009 Springer Medizin Verlag 2009.

Laging, R. (2008). Bewegung und Sport. In T. Coelen & H.-U. Otto (Hrsg.), Grundbegriffe Ganztagsbildung (S. 253-262). Wiesbaden: VS Verlag für Sozialwissenschaften.

Lehr, U. (2006): Demografischer Wandel. In W. D. Oswald, U. Lehr, C. Sieber & J. Kornhuber (Hrsg.), Gerontologie. Medizinische, psychologische und sozialwissenschaftliche Grundbegriffe (S. 159-164). Stuttgart: Kohlhammer.

Lehr, U. (2007). Psychologie des Alterns. (11. Auflage). Wiebelsheim: Quelle & Meyer-Verlag.

Leibfried, S. & Zürn, M. (2006). Transformation des Staates. Frankfurt am Main.

Leif, T. (2002). Das Gesetz der großen Zahl. Warum das Jahr der Freiwilligen den politischen Stillstand zementiert. Wiesbaden: Universität Wiesbaden.

Lenk, H. (1972). Materialien zur Soziologie des Sportvereins. Ahrensburg: Czwalina.

Lessenich, S. (2008). Die Neufindung des Sozialen. Der Sozialstaat im flexiblen Kapitalismus. Bielefeld.

Lima Curvello, T. (2009). Für einen Paradigmenwechsel in der Praxis der Interkulturellen Öffnung. In F.Gesemann& R. Roth (Hrsg.), Lokale Integrationspolitik in der Einwanderungsgesellschaft – Migration und Integration als Herausforderung von Kommunen (S. 247-263). Wiesbaden: VS Verlag für Sozialwissenschaften.

Luh, A. (2006). Seniorensport im historischen Wandel: von der Riege „Altdeutschland" und der „NS-Gemeinschaft Kraft durch Freude" zu den Seniorensportlichen Konzeptionen der Gegenwart. In E. Beckers, J. Ehlen & A. Luh (Hrsg.), Bewegung Spiel und Sport im Alter. Neue Ansätze für Kompetentes Altern (S. 13-70). Köln: Sportverlag Strauß.

Luthe, E.-W. (2009). Kommunale Bildungslandschaften: rechtliche und organisatorische Grundlagen. Berlin: Schmidt.

Maaß, F. (2009). Kooperative Ansätze im Corporate Citizenship. Erfolgsfaktoren gemeinschaftlichen Bürgerengagements von Unternehmen im deutschen Mittelstand. München: Rainer Hampp,

Mayring, P. (2008). Qualitative Inhaltsanalyse. Grundlagen und Techniken (10., neu ausgestattete Ausgabe). Weinheim: Beltz Verlag.

Meadows, D. (1972). Die Grenzen des Wachstums. Bericht des Club of Rome zur Lage der Menschheit. Stuttgart: Deutsche Verlags-Anstalt.

Meier, C. (2005). Uns Öffnen? Ja gerne, aber wie? terracognita, 7/2005, 50-53.

Meier, R. (1995). Neokorporatistische Strukturen im Verhältnis von Sport und Staat. In J. Winkler & K. Weis (Hrsg.), Soziologie des Sports (S. 91-106). Opladen: Westdeutscher Verlag.

Mevert, F. (2002) 50 Jahre Deutscher Sportbund. Geschichte, Entwicklung, Persönlichkeiten. In Deutscher Sportbund (DSB) (Hrsg.), 50 Jahre Deutscher Sportbund. Geschichte, Entwicklung, Persönlichkeiten (2. erw. Auflage). Frankfurt am Main: Eigenverlag.

Mutz, M. (2009). Sportbegeisterte Jungen, sportabstinente Mädchen? Eine quantitative Analyse der Sportvereinszugehörigkeit von Jungen und Mädchen mit ausländischer Herkunft. Sport und Gesellschaft, 6 (2), 95-121.

Mutz, M. & Burrmann, U. (2011). Sportliches Engagement jugendlicher Migranten in Schule und Verein: Eine Re-Analyse der PISA- und der SPRINT-Studie. In S. Braun & T. Nobis (Hrsg.), Migration, Integration und Sport – Zivilgesellschaft vor Ort (S. 99-124). Wiesbaden: VS Verlag für Sozialwissenschaften.

Mutz, M. & Nobis, T. (2010). Strategien zur Einbindung von Migrantinnen in den vereinsorganisierten Sport. Erkenntnisse aus der Evaluation des DOSB-Programms „Integration durch Sport. Migration und Soziale Arbeit, 32 (2), 146-152.

Mutz, G. & Söker, R. (2003). Lernen in Tätigkeitsfeldern bürgerschaftlichen Engagements - Transferprozesse in die Erwerbsarbeit. Fallstudien in ausgewählten Regionen Deutschlands. Berlin: Arbeitsgemeinschaft betriebliche Weiterbildung e.V. Projekt Qualifikations-Entwicklungs-Management.

Nagel, M. (2003). Soziale Ungleichheiten im Sport. Aachen: Meyer & Meyer.

Nagel, S. (2006). Sportvereine im Wandel. Akteurtheoretische Analysen zur Entwicklung von Sportvereinen. Schorndorf: Hofmann.

Nährlich, S. (2008). Euphorie des Aufbruchs und Suche nach gesellschaftlicher Wirkung. Aus Politik und Zeitgeschichte, (31), S. 26–31.

Naschold, F. (1993). Modernisierung des Staates. Zur Ordnungs- und Innovationspolitik des öffentlichen Sektors. Berlin.

Naschold, F. (1996). Partizipative Demokratie – Erfahrungen mit der Modernisierung kommunaler Verwaltungen. In W. Weidenfeld (Hrsg.), Demokratie am Wendepunkt. Die demokratische Frage als Projekt des 21. Jahrhunderts (S. 294-307). Berlin: Siedler.

Neuber, N. (2010). Kompetenzerwerb im Sportverein: empirische Studie zum informellen Lernen im Jugendalter. Wiesbaden: VS Verlag für Sozialwissenschaften.

Neuber, N., Breuer, M. & Wienkamp, F. (2009). Abschlussbericht zum Forschungsprojekt Kinder- und Jugendarbeit im Sportverein und ihre Bildungschancen. Münster: Deutsche Sportjugend, Sportjugend NRW.

Neuber, N. & Wienkamp, F. (2010). Informelles Lernen im Schulsport - eine Studie zur Partizipation von Sporthelferinnen und Sporthelfern. In N. Neuber (Hrsg.), Informelles Lernen im Sport Beiträge zur allgemeinen Bildungsdebatte (S. 173 - 187). Wiesbaden: VS Verlag für Sozialwissenschaften.

Nitsche-Ziegler, S. (2003). Die Konzeption des Deutschen Sportbundes (DSB). In H. Denk, D. Pache & H.-J. Schaller (Hrsg.), Handbuch Alterssport. Grundlagen-Analysen-Perspektiven (S.245-252). Schorndorf: Hofmann.

Nobis, T. & Rübner, A. (2009). Strategische Ziele im IdS-Programm: Theoretische Ausgangspunkte. In J. Baur (Hrsg.), Evaluation des Programms „Integration durch Sport" (Band 1) (S. 183-197). Potsdam: Eigenverlag.

Olk, T. (1987). Das soziale Ehrenamt. Sozialwissenschaftliche Literatur Rundschau, Nr. 14, 84-101.

Olk, T. (2009). Bestandsaufnahme und Chancen zur Verbesserung der Integration von älteren Menschen. In: J. Kocka, M. Kohli & W. Streeck (Hrsg.), Altern: Familie, Zivilgesellschaft, Politik. Bd. 8 (S. 191-210). Stuttgart: Wissenschaftliche Verlagsgesellschaft.

Olk, T., Klein, A. & Hartnuß, B. (Hrsg.) (2010). Engagementpolitik. Die Entwicklung der Zivilgesellschaft als politische Aufgabe. Wiesbaden: VS Verlag für Sozialwissenschaften.

Olk, T.(2010). Bürgerschaftliches Engagement im Lebenslauf. In G. Naegele, (Hrsg.), Soziale Lebenslaufpolitik (S. 637-672). Wiesbaden: VS Verlag für Sozialwissenschaften.

Otto, H.-U. & Rauschenbach, T. (2008). Die andere Seite der Bildung Zum Verhältnis von formellen und informellen Bildungsprozessen. Wiesbaden: VS Verlag für Sozialwissenschaften.

Peters, B. (1993). Die Integration moderner Gesellschaften. Frankfurt am Main: Suhrkamp.

Peters, B. (1996): Prominenz. Eine soziologische Analyse ihrer Entstehung und Wirkung. Opladen: Westdeutscher Verlag.

Picot, S. (Hrsg.). (2000). Freiwilliges Engagement in Deutschland. Ergebnisse der Repräsentativerhebung zu Ehrenamt, Freiwilligenarbeit und bürgerschaftlichem Engagement, Band 3: Frauen und Männer, Jugend, Senioren, Sport. Stuttgart: Kohlhammer.

Pitsch, W. (1999). Ideologische Einflüsse in der empirischen Sozialforschung im Sport. Aufgezeigt am Beispiel der Untersuchung von Sportvereinen. Köln: Sport und Buch Strauß.

Pleon (2006).Sponsoring Trends. Bonn: Pleon Event und Sponsoring.

Polterauer, J. (2007). Forschungsstand zum gesellschaftlichen Engagement von Unternehmen in Deutschland aus sozialwissenschaftlicher und wirtschaftswissen-schaftlicher Perspektive. Expertise im Rahmen des Forschungsprojektes „Gesellschaftliches Engagement von Unternehmen in Deutschland. Eine sozialwissenschaftliche Bestandsaufnahme der Potenziale unternehmerischen bürger-schaftlichen Engagements". Berlin.

Polterauer, J. (2008). Corporate-Citizenship Forschung in Deutschland. Aus Politik und Zeitgeschichte, 31, 32–38.

Polterauer, J. (2010). Der „gesellschaftlichen Problemlösung" auf der Spur: Gegen ein unterkomplexes Verständnis von „Win-Win"-Situationen bei Corporate Citizenship. In S. Braun (Hrsg.), Gesellschaftliches Engagement von Unternehmen – der deutsche Weg im internationalen Kontext (S. 236-259). Wiesbaden: VS Verlag für Sozialwissenschaften.

Prenzel, M. (2005). PISA 2003. Der zweite Vergleich der Länder in Deutschland - was wissen und können Jugendliche. Münster u.a.: Waxmann.

Presse- und Informationsamt der Bundesregierung (Hrsg.). (1992). Sportpolitik der Bundesregierung. Bonn: Eigenverlag.

Preuß, H. (2005). Sponsoring im Spitzensport. In C. Breuer & A. Thiel (Hrsg.), Handbuch Sportmanagement (S. 274-291). Schorndorf: Hofmann.

Priller, E. & Zimmer, A. (Hrsg.). (2001a). Der Dritte Sektor international. Mehr Markt – we-niger Staat? Berlin: Edition Sigma.

Priller, E. & Zimmer, A. (2001b). Wohin geht der Dritte Sektor? Eine Einführung. In E. Priller & A. Zimmer (Hrsg.), Der Dritte Sektor international. Mehr Markt – weniger Staat? (S. 9-26). Berlin: Edition Sigma.

Priller, E., Zimmer, A. & Anheier, H. K. (1999). Der Dritte Sektor in Deutschland. Entwick-lungen, Potentiale, Perspektiven. Aus Politik und Zeitgeschichte, B 9, 12-21.

prognos AG & AMB Generali Holding AG (2008). Engagementatlas 2009. o. O.: Eigendruck.

Prüß, F. (2008). Organisationsformen ganztägiger Bildungseinrichtungen. In T. Coelen & H.-U. Otto (Hrsg.), Grundbegriffe Ganztagsbildung: Das Handbuch (1. Auflage, S. 621 - 632). Wiesbaden: VS Verlag für Sozialwissenschaften.

Reichard, C. & Wollmann, H. (Hrsg.). (1996). Kommunalverwaltungen im Modernisierungsschub. Basel: Birkhäuser.

Reifenhäuser, C., Hoffmann, S.G. & Kegel, T. (2009). Freiwilligen-Management. Augsburg: ZIEL.

Reymann, D. (2008). Der Sportverein als soziale Heimat – Angebote über den Sport hinaus. Paderborn: Universität Paderborn.

Richter, N. (2011). Das Gute steht nicht allein. Faktor Sport, 2(1), 44-45.

Richthofen von, M. (1994). Der Sport – kein Bittsteller am Ende einer langen Warteschlange. DSB-Präsident Manfred von Richthofen anlässlich des DSB-Bundestages. In Deutscher Sportbund (Hrsg), Deutscher Sportbund 1994-1998 (S. 26-28). Frankfurt am Main: Eigenverlag.

Richthofen von, M. (2000). „Eine historische Leistung im Sinne des Gemeinwohls". DSB-Präsident Manfred von Richthofen zum Jubiläumsauftakt. In Deutscher Sportbund (Hrsg.), Eine sport- und gesellschaftspolitische Bilanz 1998-2002 (S. 190-192). Frankfurt am Main: Eigenverlag.

Richthofen von, M. (2001). Vorwort. In Deutscher Sportbund (Hrsg.), Konzeption. Programm „Integration durch Sport". Frankfurt am Main: Eigenverlag.

Richthofen von, M. (2004). Rede des DSB-Präsidenten zur Eröffnung des DSB-Kongresses „Sport gestaltet Zukunft mit den Menschen vor Ort" am 2.12.2004. Zugriff am 10. Januar 2011 unter http://www.dosb.de/fileadmin/fm-dsb/arbeitsfelder/wiss-ges/Dateien/ Er_ffnungsrede _Richthofen.pdf.

Richthofen von, M. (2005a). Mit dem Sport zusammen fördern. DSB-Präsident Manfred von Richthofen zum „Tag der Integration" am 25. September. In Deutscher Sportbund (Hrsg.), Eine sport- und gesellschaftspolitische Bilanz 2002-2006 (Band 2) (S. 823-824). Frankfurt am Main: Eigenverlag.

Richthofen, von M. (2005b). Der Sport - ein unverzichtbarer Partner in der Bürgergesellschaft. betrifft: Bürgergesellschaft, 15, 2-3.

Enth.: Manfred von Richthofen. Bürgergesellschaft und Sport / Michael Barthel und Manfred Spangenberg. - Electronic ed.: Bonn : FES, 2005

Ridder-Melchers, I. (2005a).Eröffnungsrede. In Deutscher Sportbund (Hrsg.), Diskussionsforum „Integration von Mädchen und Frauen mit Migrationshintergrund im und durch den Sport. Rathaus Schöneberg, Berlin, 21. November 2005 (S. 2-5). Frankfurt am Main: Eigenverlag.

Ridder-Melchers, I. (2005b). Zusammenfassung und Ausblick. In Deutscher Sportbund (Hrsg.), Diskussionsforum „Integration von Mädchen und Frauen mit Migrationshintergrund im und durch den Sport. Rathaus Schöneberg, Berlin, 21. November 2005 (S. 92-93). Frankfurt am Main: Eigenverlag.

Ridder-Melchers, I. (2005c, 01. Februar). „Gemeinsame Erfolge und Niederlagen stärken das Gemeinschaftsgefühl" – ein Interview mit Ilse Ridder-Melchers. Zugriff am 14. Oktober 2010 unter http://www.integration-durch-sport.de/de/integration-durch-sport/interview/detail/ news/ gemeinsme_erfolge_und_niederlagen_staerken_das_gemeinschaftsgefuehl_ein_interview_ mit_ilse_ridder-3/11726/nb/5/cHash/1bcd7d7122/.

Ridder-Melchers, I. (2007). „Integration als gelebter Alltag. In Deutscher Olympischer Sportbund (Hrsg.). Programm „Integration durch Sport". Migrantinnen im Sport (S. 4-5). Frankfurt am Main: Eigenverlag.

Ridder-Melchers, I. (2009a, August). DPA-Interview mit Ilse Ridder-Melchers. Zugriff am 14. Oktober 2010 unter http://www.dosb.de/fileadmin/fm-frauen-im-sport/downloads/ Downloads_Migrantinnen/September_09/11_9/Interview%20Ridder-Melchers%20dpa-August-2009.pdf.

Ridder-Melchers, I. (2009b). DOSB-Netzwerkprojekt "Bewegung und Gesundheit – mehr Migrantinnen in den Sport" nimmt mit fünf ausgewählten Verbänden die Arbeit auf! Fragen an die Bundesministerin für Gesundheit Ulla Schmidt und an die Vizepräsidentin Frauen und Gleichstellung des DOSB Ilse Ridder-Melchers. Zugriff am 14. Oktober 2010 unter http://www.dosb. de/fileadmin/fm-frauen-imsport/downloads/Downloads_Migrantinnen/ September _09/11_9/ Interview%20BM%20Schmidt%20%2B%20IRM%20.pdf.

Ridder-Melchers, I. (2010). „Direkte Ansprache schafft Vertrauen". DOSB-Vizepräsidentin Ilse Ridder-Melchers zieht im Interview eine Zwischenbilanz des Projektes „Mehr Migrantinnen in den Sport". Zugriff am 26. Februar 2011 unter http://www.dosb.de/de/sportentwicklung/ sportentwicklungs-news/detail/news/direkte_ansprache_schafft_vertrauen/11288/noc/no_ cache/printer.html.

Riekmann, W. (2008). Ehrenamtliche und Honorarkräfte. In T. Coelen & H.-U. Otto (Hrsg.), Grundbegriffe Ganztagsbildung (S. 788-796). Wiesbaden: VS Verlag für Sozialwissenschaften.

Riekmann, W. & Bracker, R. (2008). Jugendvereins- und -verbandsarbeit. In T. Coelen & H.-U. Otto (Hrsg.), Grundbegriffe Ganztagsbildung (S. 457-466). Wiesbaden: VS Verlag für Sozialwissenschaften.

Rittner, V. & Breuer, C. (2004) Soziale Bedeutung und Gemeinwohlorientierung des Sports. Sport & Buch Strauß.

Rittner, V., Keiner, R. & Keiner, R. (2006). Freiwillige Tätigkeit im Sport. Sportbezogene Auswertung der Freiwilligensurveys des BMFSFJ 1999 und 2004. Köln: Deutsche Sporthochschule Köln.

Rosenbladt von, B. (Hrsg.). (2000). Freiwilliges Engagement in Deutschland. Ergebnisse der Repräsentativerhebung 1999 zu Ehrenamt, Freiwilligenarbeit und bürgerschaftlichem Engagement. Band 1: Gesamtbericht. Stuttgart: Kohlhammer.

Roth, R. (2000). Bürgerschaftliches Engagement – Formen, Bedingungen, Perspektiven. In A. Zimmer & S. Nährlich. (Hrsg.), Engagierte Bürgerschaft. Traditionen und Perspektiven. (S. 25-48). Opladen: Leske + Budrich.

Rudzio, W. (2006). Das politische System der Bundesrepublik Deutschland (7. Auflage). Wiesbaden: VS Verlag für Sozialwissenschaften.

Rulofs, B. (2011). Diversity Management – Perspektiven und konzeptionelle Ansätze für den Umgang mit Vielfalt im organisierten Sport. In S. Braun & T. Nobis (Hrsg.), Migration, Integration und Sport – Zivilgesellschaft vor Ort (S. 83-97). Wiesbaden: VS Verlag für Sozialwissenschaften.

Ryan, E., Hummert, R. & Boich, M. L. (1995). Communication predicaments of ageing: Patronizing behavior toward older adults. Journal of Language and Social Psychology, 14, 144-166.

Sachverständigenkommission Sechster Altenbericht (2010). Sechster Bericht zur Lage der älteren Generation in der Bundesrepublik Deutschland: Altersbilder in der Gesellschaft. Bericht der Sachverständigenkommission an das Bundesministerium für Familie, Senioren, Frauen und Jugend im Juni 2010. Zugriff am 01. Februar 2011 unter: www.bmfsfj.de/.../sechster-altenbericht,property=pdf,bereich=bmfsfj,sprache=de,rwb=true. pdf.

Schenkel, M. (2007). Engagement macht kompetent: Zivilgesellschaft und informelle Bildung. Forschungsjournal Neue Soziale Bewegungen (2), 111-125.

Schimank, U. (1992). Größenwachstum oder soziale Schließung. Das Inklusionsdilemma des Breitensports. Sportwissenschaft, 22, 32-45.

Schlagenhauf, K. (1977). Sportvereine in der Bundesrepublik Deutschland. Teil I: Strukturelemente und Verhaltensdeterminanten im organisierten Freizeitbereich. Schorndorf: Hofmann.

Schmidt, W. (Hrsg.) (2008). Zweiter Deutscher Kinder- und Jugendsportbericht. Schorndorf: Hofmann.

Schmidt, W., Hartmann-Tews, I. & Brettschneider, W.-D. (Hrsg.) (2008). Erster Deutscher Kinder- und Jugendsportbericht (3. Auflage). Schorndorf: Hofmann.

Schmitt, E. (2001). Zur Bedeutung von Erwerbstätigkeit und Arbeitslosigkeit im mittleren und höheren Erwachsenenalter für das subjektive Alterserleben und die Wahrnehmung von Potentialen und Barrieren eines mitverantwortlichen Lebens. Zeitschrift für Gerontologie und Geriatrie, 34, 218-231.

Schmitt, E. (2008). Altersbilder und die Verwirklichung von Potenzialen des Alters. In A. Kruse (Hrsg.), Weiterbildung in der zweiten Lebenshälfte. Multidisziplinäre Antworten auf Herausforderungen des demografischen Wandels (S. 49-66). Bielefeld: Bertelsmann.

Schneeloch, W. (2008). DOSB-Vizepräsident Walter Schneeloch zum Integrationsgipfel: „Der Sport kann einen wichtigen Teil zur Integration beitragen". Zugriff am 14. Oktober 2010 unter http://www.integration-durch-sport.de/de/integration-durch-sport/interview/detail/news/dosb_vizepraesident_schneeloch_zum_integrationsgipfel_der_sport_kann_einen_wichtigen_teil_zur_integ/11726/nb/1/cHash/7b12ad1732/.

Schöffmann, D. (2010). Corporate Citizen-Engagement – ein Beitrag zum Identitäts- und Risikomanagement. In S. Braun (Hrsg.), Gesellschaftliches Engagement von Unternehmen. Der deutsche Weg im internationalen Kontext (S. 275-282). Wiesbaden: VS Verl. für Sozialwissenschaften.

Schröder, H. (1988). Der Deutsche Sportbund im politischen System der Bundesrepublik Deutschland. Münster: Lit.

Schröer, H. (2007). Interkulturelle Öffnung und Diversity Management. Konzepte und Handlungsstrategien zur Arbeitsmarktintegration von Migrantinnen und Migranten. Expertise erstellt im

Auftrag von anakondeGbR.Zugriff am 08. September 2010 unter http://www.i-iqm.de/dokus/ Expertise.pdf.

Schröter, K. R. (2006). Einleitung: Vom „alten Ehrenamt" zum „bürgerschaftlichen Engagement im Alter". In K. R. Schröter & P. Zängl (Hrsg.), Altern und bürgerschaftliches Engagement. Aspekte der Vergemeinschaftung und Vergesellschaftung in der Lebensphase Alter (S. 7-19). Wiesbaden: VS Verlag für Sozialwissenschaften.

Schumacher, U. (2003). Lohn und Sinn. Individuelle Kombinationen von Erwerbsarbeit und freiwilligem Engagement. Opladen: Leske+Budrich.

Schuppert, G. F. (1997). Assoziative Demokratie. Zum Platz des organisierten Menschen in der Demokratietheorie. In A. Klein & R. Schmalz-Bruns (Hrsg.), Politische Beteiligung und Bürgerengagement in Deutschland. Möglichkeiten und Grenzen (S. 115-152). Bonn: Bundeszentrale für politische Bildung.

Schuppert, G. F. (Hrsg.) (2005a). Der Gewährleistungsstaat – Ein Leitbild auf dem Prüfstand. Baden-Baden: Nomos.

Schuppert, G. F. (2005b). Der Gewährleistungsstaat – modisches Laben oder Leitbild sich wandelnder Staatlichkeit. In G.F. Schuppert (Hrsg.), Der Gewährleistungsstaat – Ein Leitbild auf dem Prüfstand(S. 11-52). Baden-Baden: Nomos.

Schuppert, G. F. (2008). Der Staat bekommt Gesellschaft. Warum die Bilder „Rückzug" und „Zerfaserung" nicht weiterhelfen. WZB-Mitteilungen, H. 121, 15-17.

Schwäbischer Turnerbund (STB) (2007). Abschlusserklärung zum 6. Stuttgarter Sportkongress. Zugriff am 06. Juli 2010 unter: www.sportkongress.de/dokumentation.html.

Seitz, B. (2002). Corporate Citizenship: Zwischen Idee und Geschäft: Auswertungen und Ergebnisse einer bundesweit durchgeführten Studie im internationalen Vergleich. In J. Wieland (Hrsg.), Corporate Citizenship. Gesellschaftliches Engagement - unternehmerischer Nutzen (S. 23–194). Marburg: Metropolis-Verlag.

Simmel, G. (1999). Untersuchungen über die Formen der Vergesellschaftung, Gesamtausgabe Band 11 (3. Aufl., Druckvorlage 1908). Frankfurt am Main: Suhrkamp.

Solzbacher, C. & Minderop, D. (2007). Bildungsnetzwerke und regionale Bildungslandschaften : Ziele und Konzepte, Aufgaben und Prozesse. München: LinkLuchterhand.

Strasser, G. (2001). Netzwerke für Integration – Planung und Management. In U. Mehrländer & G. Schultze (Hrsg.), Einwanderungsland Deutschland. Neue Wege nachhaltiger Integration (S. 174-194). Bonn: Dietz.

Streeck, W. (1987). Vielfalt und Interdependenz. Probleme intermediärer Organisationen in sich ändernden Umwelten. Kölner Zeitschrift für Soziologie und Sozialpsychologie, 39, 471-495.

Streeck, W. (1999). Korporatismus in Deutschland. Zwischen Nationalstaat und Europäischer Union. Frankfurt am Main: Campus.

Streeck, W. (Hrsg.). (1994). Staat und Verbände, Kölner Zeitschrift für Soziologie und Sozialpsychologie, Sonderheft 25. Wiesbaden: Westdeutscher Verlag.

Strob, B. (1999). Der vereins- und verbandsorganisierte Sport: Ein Zusammenschluss von (Wahl)Gemeinschaften? Münster: Waxmann.

Thiel, A. & Braun, S. (2009). Steuerung im Sportsystem. In E. Balz & D. Kuhlmann (Hrsg.), Sportentwicklung – Grundlagen und Facetten (S. 77-88). Aachen: Meyer & Meyer.

Thränhardt, D. (2005). Integration und Zivilgesellschaft. Der Beitrag bürgerschaftlichen Engagements zum sozialen Zusammenhalt. In Bundesnetzwerk Bürgerschaftliches Engagement (Hrsg), Herausforderungen an die Einwanderungsgesellschaft. Anfragen an zivilgesellschaftliche Akteure. Dokumentation der Fachtagung am 28. und 29. Oktober 2005 im Neuen Rathaus in Hannover (S.11-33). Zugriff am 14. Oktober 2010 unter http://www.gustav-heinemann-initiative.de/typo3/ext/naw_securedl/secure.php?u=0&file= uplads/media/Migrationstagung2005.pdf&t=1303921030&hash=f07cecb168cbd406ed7066e2926df8c2.

Treibel, A. (2003). Migration in modernen Gesellschaften: Soziale Folgen von Einwanderung, Gastarbeit und Flucht. Weinheim: Juventa.

Voges, W. & Borchert, L. (2008). Soziale Ungleichheiten und Heimkarrieren. In: Harald Künemund & Klaus Schroeter (Hrsg.), Soziale Ungleichheiten und kulturelle Unterschiede in Lebenslauf und Alter – Fakten, Prognosen und Visionen (S. 195-218). Wiesbaden: VS Verlag für Sozialwissenschaften.

Welt, J. (2001). Von der gesellschaftlichen Selbsttäuschung zum Zuwanderungs- und Integrationskonzept. In U. Mehrländer & G. Schultze (Hrsg.), Einwanderungsland Deutschland. Neue Wege nachhaltiger Integration (S. 23-40). Bonn: Verlag J.H.W. Dietz.

Weßels, B. (2000). Die Entwicklung des deutschen Korporatismus. Aus Politik und Zeitgeschichte, 26-27, 10-17.

Wiesenthal, H. (1987). Strategie und Illusion. Rationalitätsgrenzen kollektiver Akteure am Beispiel der Arbeitszeitpolitik 1980-1985. Frankfurt am Main: Campus.

Winkler, J. & Klarhausen, R.-R. unter Mitarbeit von Meier, R (1985). Verbände im Sport. Schorndorf: Hofmann.

Wippermann, C. & Flaig, B.-B.(2009). Lebenswelten von Migrantinnen und Migranten. Aus Politik und Zeitgeschichte, 59 (5), 3-10.

Zimmer, A. (1996). Vereine – Basiselemente der Demokratie. Opladen: Leske + Budrich.

Zimmer, A. (1998). Vereine und lokale Politik. In H. Wollmann & R. Roth (Hrsg.), Kommunalpolitik. Politisches Handeln in den Gemeinden (2. Aufl., S. 247-262). Bonn: Bundeszentrale für politische Bildung.

Zimmer, A. (2007). Vereine – Zivilgesellschaft konkret. Wiesbaden: VS Verlag für Sozialwissenschaften.

Zimmer, A. (2000). Das Sozialstaatsmodell Deutschland – Bedeutung des Dritten Sektors. Theorie und Praxis der Sozialen Arbeit, Nr. 3, 83-90.

Zimmer, A. & Nährlich, S. (Hrsg.). (2000a). Engagierte Bürgerschaft. Traditionen und Perspektiven. Opladen: Leske + Budrich.

Zimmer, A. & Nährlich, S. (2000b). Zur Standortbestimmung bürgerschaftlichen Engagements. In A. Zimmer & S. Nährlich (Hrsg.) Engagierte Bürgerschaft. Traditionen und Perspektiven (S. 9-24). Opladen: Leske + Budrich.

Zimmer, A. & Priller, E. (1997). Zukunft des Dritten Sektors in Deutschland. In H. K. Anheier, E. Priller, W. Seibel & A. Zimmer (Hrsg.), Der Dritte Sektor in Deutschland. Organisationen zwischen Staat und Markt im gesellschaftlichen Wandel (S. 249-383). Berlin: Edition Sigma.

Zimmer, A. & Priller, E. (2001). Mehr als Markt oder Staat – Zur Aktualität des Dritten Sektors. In E. Barlösius, H.-P. Müller & S. Sigmund (Hrsg.), Gesellschaftsbilder im Umbruch. Soziologische Perspektiven in Deutschland (S. 269-288). Opladen: Leske + Budrich.

Zimmer, A., Priller, E. & Anheier, H. K. (1997). Der Nonprofit-Sektor in den neuen Bundesländern: Koninuität, Neuanfang oder Kopie? Zeitschrift für öffentliche und gemeinwirtschaftliche Unternehmen, Band 20, 1, 58-75.

Die Autoren

Univ.-Prof. Dr. Sebastian Braun
Universitätsprofessor (W 3) an der Humboldt-Universität zu Berlin, dort Leiter des Forschungszentrums für Bürgerschaftliches Engagement, Leiter der Abteilung Sportsoziologie, Direktor des Instituts für Sportwissenschaft, Stellvertretender Vorsitzender des Centrums für Sportwissenschaft und Sportmedizin Berlin (CSSB); Mitglied in zahlreichen Beiräten, Expertengremien, Jurys und Sachverständigenkommissionen. Arbeitsschwerpunkte: bürgerschaftliches Engagement und Engagementpolitik, Nonprofit-Organisationen und Vereine, Integration und Migration, Sozialkapital und Partizipation, Corporate Citizenship bzw. bürgerschaftliches Engagement von Unternehmen.

Dr. Stefan Hansen
Wissenschaftlicher Mitarbeiter im Forschungszentrum für Bürgerschaftliches Engagement und in der Abteilung Sportsoziologie an der Humboldt-Universität zu Berlin. Arbeitsschwerpunkte: Bildung und Lernen; Nonprofit-Organisationen und Vereine, bürgerschaftliches Engagement im Bildungsbereich

Dipl.-Soz. Tina Nobis
Wissenschaftliche Mitarbeiterin im Forschungszentrum für Bürgerschaftliches Engagement und in der Abteilung Sportsoziologie an der Humboldt-Universität zu Berlin, Vorstandsmitglied des Centrums für Sportwissenschaft und Sportmedizin Berlin (CSSB). Arbeitsschwerpunkte: bürgerschaftliches Engagement, Integration und Migration, Migrantenorganisationen, Vereine und Demokratie, Sozialkapital und Partizipation.

Doreen Reymann, M.A.
Wissenschaftliche Mitarbeiterin im Forschungszentrum für Bürgerschaftliches Engagement und in der Abteilung Sportsoziologie an der Humboldt-Universität zu Berlin. Arbeitsschwerpunkte: Sport und Bewegung im Alter, bürgerschaftliches Engagement im Alter, kommunale Vernetzung von Bildungseinrichtungen, Gesundheitsförderung.

Printed by Publishers' Graphics LLC